한호선교125주년기념

# 호주선교사
# 존 브라운

변조은

한국장로교출판사

# 호주선교사 존 브라운-변조은

John P. Brown : Man with a Mission


초판인쇄 2013년 9월 9일
초판발행 2013년 9월 16일

발행처 한호기독교선교회
발행인 인명진
편집인 양명득

펴낸이 채형욱
펴낸곳 한국장로교출판사
주 소 110-470 / 서울특별시 종로구 연지동 135 한국교회100주년기념관 별관
전 화 (02) 741-4381 / 팩스 (02) 741-7886
영업국 (031) 944-4340 / 팩스 (02) 944-2623
등 록 No.1-84(1951. 8. 3.)

Publication Mission for Christ Church of Korea and Australia
Publisher Myung Jin In
Editor Myong Duk Yang

ISBN 978-89-398-0040-3 / Printed in Korea
값 13,000원

# WORDS OF APPRECIATION

John P. Brown

Thank you!

I do not know where to start to thank all the people who have helped me along the way over these eighty years.

I grew up in the isolated village called Nelson and my parents struggled to bring up their eight children. Our family were poor, but our parents fed us, clothed us and provided a warm home for us. My father taught me hard work and farming and how to serve the Church ; and from my mother I learned love, perseverance, vegetable growing and the development of a flower gardens and prayer.

I attended the local village primary school, where at most

there were 14 students and sometimes as few as 10-and these few students were spread over 8 years! So when I graduated primary school I was both dux of the school and also bottom of the class I was the only one in the year! When I was in primary school, my mother's younger sister came as a volunteer to the school each week and taught me to read. In year 8, I sat for a government scholarship and was successful. So to my aunt and to the primary school teachers Thank you!

By coincidence my uncle was teaching at a school near Hamilton at that time, and so I boarded with him during year 3 of High School, and for the last three years of high school I boarded in Hamilton. My elder sister had not been allowed to go on to High School for financial reasons. But she obtained employment at the local post office/telephone exchange, and with her meagre wage paid my board. Thanks to her generosity I completed high school and continued on to the University of Melbourne. Thanks to all these family and teacher, I became the first person ever from our village to have the opportunity to enter university.

At the university I majored in philosophy and Semitic languages-Hebrew, Aramaic and Arabic. I received much encouragement in these studies from the elderly Jewish Professor Goldman.

But whether it was because I had grown up in an isolated village and attended a tiny school, and attended church with a very conservative minister, my beliefs was very conservative and narrow. I was a leader in conservative Christian groups in both high school and university. My mind was opened somewhat in theological college as I wrestled with intellectual dimensions of belief. The Professor of Old Testament, Dr. Maclean, and Rev Dr. Davis McCaughey who later became President of the Uniting Church helped me greatly, and in 1966 when I undertook a year of post-graduate study, Professor Robert Anderson opened my mind greatly.

During the 12 years I spent in Korea, I became greatly indebted to the farming and fishing people of Koje Island. I learned a great deal from them. Although they lived in poverty they welcomed me a foreigner with different customs–and taught me much about farming and traditional customs.

From 1964 until 1972, I taught Hebrew and Old Testament Studies at the Presbyterian Theological College in Seoul. This was during the time of the military government. Among the students were some who were ministering to industrial workers and others working among the urban poor. So, as we studied the prophets such as Amos and Micah, their preaching became alive for us wrestling with situations of exploitation and oppression, and great distances between rich and poor, daily. As one appointed to teach the students, rather it was I who learned much from the students about what it meant to be a disciple of Jesus.

During the 1970's Rev In Myung Jin and Rev Kwon Ho Kyung who were working in Industrial Mission, and Rev Moon Ik Hwan and others who were working at human rights and challenging the military regime challenged me greatly. These movements in the end gave birth to the movement for democracy. I am grateful to all these people. And to Rev In Myung Jin, Rev Hong Kil Bock and Rev Cho Sung Gi and others who were involved in the struggles in Korea and also spent time in Australia, working or recuperating, I am very grateful.

I always acknowledge that during my 12 years in Korea, my world-view doubled in size.

During the period 1972 to 1992 when I was working at developing mission policy in the Presbyterian and then the Uniting Church my colleagues helped me greatly. I mention in particular the late Dr. Reg Walker, the Chair of the Commission for World Mission, Rev Richard Wootton who was responsible in the Commission for human rights, and Rev Bernie Clarke and Rev Charles Harris who were responsible for the development of policies in relation to mission with Aboriginal people. These people all taught me much.

At the same time as a member of the Central Committee of the World Council of Churches for seven years and learned a great deal from the leadership of Philip Potter, and the Biblical exegesis in his annual reports. I then learned much in the following years as a member of the Commission on World

Mission and Evangelism under the leadership of Rev Christopher Duraisingh.

From 1972 onwards I have spent much time in Aboriginal communities and with Aboriginal people, and had the opportunity to learn something of their customs, religion and faith. Above all, I have learned deeply something of the oppression and violence that they have experienced since the coming of white people in 1788. I have participated in their struggles, and received from them friendship beyond expectation, and have been able to participate in their struggles. I think that my life in collaboration with Aboriginal friends has once again doubled my world-view.

Besides all of these people, there are many people to whom I am forever indebted : My language teachers, and in particular Mrs Myung Ja Lee, and her husband Rev David Chi ; Mrs Kathy Williams who was my wonderfully efficient and patient personal assistant for many years ; and above all to my wife, Norma, and our children. For all the years I travelled to other countries, sometimes for a month at a time, and to Aboriginal communities, it was she who managed the household and family affairs while also developing her own professional life as a teacher, and later a Minister of the Uniting Church.

And to the Korean friends who in celebration of my 80th birthday, have published this book and have invited Norma and me to Korea to celebrate the event Thank you!

Among those I have mentioned some have passed from this life, but to all of them I express my profound gratitude and give thanks to God.

Canberra, Australia
2013. 8. 7.

# 감사의 글

변조은

고맙습니다!

어디서부터 시작해야 한평생 동안 나를 도와주신 분들께 나의 사의를 다 표현할 수 있겠습니까?

나는 퍽 외딴 마을인 넬슨에서 자라났고 부모님은 남매 여덟 명을 기르느라 고생했습니다. 우리는 가난하게 자라났지만 그래도 부모님이 우리를 늘 먹이고, 입히고, 따뜻하게 재워 주셨습니다. 아버지께로부터 중노동, 농업, 기초적인 교회 봉사를 배웠고, 어머니에게서는 사랑, 근면, 채소 재배, 정원 가꾸기, 기도를 배웠습니다.

나는 동네 초등학교에 다녔는데 학생이 많을 때는 14명이 되었고 적을 때에는 10명에 불과했으며, 이 숫자는 전체 학생 수를 말하는 것입니다. 따라서 내가 학교를 졸업할 때 일등이면서도 꼴등으로 졸업했지요! 그때 학교에 다닐 때에 우리 이모가 자원하여 학교에 매주 오셔서 나에게 책 읽기를 가르쳐 주셨습니다. 그래서 나는 8학년 때에 시험을 쳐서 정부에서 주는 장학금을 받을 수 있었습니다. 이모와 학교 선생님들에게 감사를 드립니다.

마침 나의 작은아버지가 해밀턴 근처에서 교편생활을 하고 계셔서 나는 그분의 집에서 하숙하면서 중학교 3학년까지 공부하였고, 고등학교 1학년부터 3년간 해밀턴 시에서 하숙생활을 하였습니다. 셋째 누나는 자기가 진학할 기회를 가지지 못 하면서도 동네의 우체국 겸 전화국에서 일하면서 받는 적은 보수로 나의 하숙비를 3년 동안 지불했습니다. 그 덕택으로 고등학교를 졸업하고 멜버른 대학교에 입학할 수 있게 되었습니다. 여러 친척과 선생님의 도움으로 나는 우리 동네에서 첫 번째로 대학교에 진학할 기회를 가진 사람이 되었습니다.

멜버른 대학교에서는 철학과 중동어학(히브리어와 아람어와 아랍어)을 전공했습니다. 교수 가운데서 학식이 많고, 여러 언어에 익숙하신 골드맨 박사님에게서 격려를 많이 받았습니다.

그런데 내가 외딴 마을에서 자라나고 조그마한 학교에 다니면서 매우 보수적 신앙을 가진 목사를 만나서 그런지 나의 신앙은 보수적이며 매우 좁았습니다. 나는 고등학교와 대학교에서도 복음주의 학생운동에 앞장섰습니다. 신학대학에서 마음을 조금 열어 학문적인 신학 과제를 좀 다루기 시작했습니다. 구약학 교수이시던 맥그레인 박사와 후에 호주연합교회 총회장이 되신 맥카키 박사님이 나를 많이 도와주셨고, 1966년 한 해 동안 나를 대학원에서 지도하신 로봇 앤더선 교수님이 내 머리를 깨우쳐 주셨습니다.

한국에 12년이나 있는 동안, 특히 가난하게 사는 거제도의 농어민에게 신세를 많이 진 한편 그들에게서 배운 점이 많았습니다. 그들은 빈곤 가운데서도 외국인이며 풍속이 다른 나를 따뜻하게 환영해 주고 농사와 전통적 풍속을 가르쳐 주었습니다.

저는 1964~1972년까지 장로회신학대학교에서 히브리어와 구약학을 가르쳤습니다. 군정 시절이었습니다. 학생들 가운데 근로자와 목회하는 학생도 있었으며, 빈민운동과 함께하는 학생들도 있었습니다. 따라서 빈부 차이가 심한 사회에서 하나님을 증거하던 아모스나 미가의 말을 공부할 때 그들의 신학적 통찰력이 학생들이 일하는 환경과 연결되었습니다. 학생을 가르치는 사람으로서 도리어 예수님을 따르려는 제자의 도에 대하여 그들에게 많이 배우게 되었습니다.

1970년대에 군사 정권에 도전하는 산업선교 사역을 하시던 인명진 목사나 권호경 목사를 포함하여 몇 분들과 인권 문제를 다루던 문익환 목사 외 여러분이 나에게 큰 도전을 주었습니다. 이 운동이 결국에 민주화운동을 탄생시키게 되었습니다. 모든 분들께 감사를 드립니다. 그리고 1969년부터 나와 친하게 지낸 인명진 목사, 홍길복 목사, 조성기 목사, 그리고 여러분들로 인하여 항상 하나님께 감사를 드립니다.

내가 언제나 고백하는 것은 내가 한국에 가 있는 12년 동안에 나의 세계관이 배나 넓어졌습니다.

내가 1972~1992년까지 호주장로교회와 호주연합교회의 선교 정책의 방향을 세우는 데 나의 동료들이 크게 도와주셨습니다. 그 당시 위원장이던 레지 와커 박사, 인권 문제를 다루던 리차드 우튼(우택인 목사님)과 원주민선교 정책 책임자인 버니 클락 목사와 찰스 해리스 목사가 나를 많이 가르쳐 주셨습니다.

동시에 내가 7년 동안 WCC 중앙위원회의 한 사람으로 제네바에 다니는 동안 필립 포터 박사와 위원회로 모일 때마다 하시던 성서해석이 나에게 매우 큰 도움이 되었고, 선교위원회 총무이시던 크리스 둘라이싱 목사에게서도 격려를 많이 받았습니다.

1972년부터 지금까지 나는 호주의 원주민인 아보리지니 족을 많이 알게 되었으며, 그들의 동네에서 오래 머물기도 했고, 그들의 풍속과 종교와 신앙을 배울 수 있는 기회를 갖게 되었습니다. 무엇보다도 백인들이 1788년에 호주 땅에 들어와 살면서 그들이 당한 탄압과 폭압을 배우게 되었습니다. 그들의 인권 투쟁에 나도 참여할 수 있게 되면서 예기치 못한 사랑을 받아 왔고 그들과 연대할 수 있게 되었습니다. 호주 아보리지니 족과 관계하면서 나의 세계관은 또다시 배나 늘었습니다.

이외에도 의인이 많았습니다. 어학 선생인 이명자 선생과 그분의 남편 지태영 목사, 오랫동안 저의 비서로 일하던 캐시 윌리암스 선생, 그리고 누구보다도 내가 수시로 집을 떠나 해외에 있던지 원주민 동네에 다녀오든지 우리의 아이들을 돌보며 집안의 모든 일을 처리하며 56년 동안 나의 동료가 되어 온 아내 노마에게 감사를 드립니다.

그리고 이번 나의 팔순을 축하하면서 우리 부부를 한국으로 초대하며 이 기념 책을 발행해 주신 여러분에게 심심한 사의를 표합니다.

이 모든 분 가운데서 이미 세상을 떠나신 분도 계시지만 저를 팔십년 동안 도와주신 모든 분들에게 깊은 감사를 드리며 하나님께 영광을 돌립니다.

2013년 8월 7일
호주 캔버라

# PREFACE

Myung Jin In
(Minister at Galilee Church, President of Mission for Christ Church of Korea and Australia)

It is not easy for any person to live a life adhering to a chosen path with steadfast determination. In many cases, those whose actions portrayed them as if they could devote their lives to the act of revolution for the poor, at some point, began to love a life engrossed in all the pleasures of the world, as if their former selves never existed. For this reason, people develop respect for those who live their lives from start to finish with unwavering heart and integrity.

On such man of respect is the Reverend Dr. John P. Brown. John came to South Korea as a young missionary who did much work for the people of South Korea. His return home to Australia has done little to diminish his love for Korea even as he turned eighty years of age.

John's love for Korea is stronger and he has done more for our country in his absence from it than when he was here as a young missionary. He has sacrificed much for Korean people. Most recently, not only has he worked hard for peace in the Korean Peninsula, he has also cared for the many Korean students in Australia seeking out talented individuals and giving his utmost to educating them. The single most surprising thing about John is the fact that he continues to speak fluent Korean even though it has been years since his departure from the Korean Peninsula. It would not have inconvenienced him much had he relinquished his knowledge of the Korean language. This is just one more proof of the extent of his love for Korea.

There is another distinguishing quality of John that has remained unchanged, his love for the underprivileged. It is a struggle for justice for which there is no end. While in Kyungsangdo as a missionary he dedicated himself to help the poor farmers and as a professor of seminary, he provided assistance to impoverished students while teaching them that to follow Jesus is to practice justice. He supported and cared for his students as he encouraged them to devote themselves to justice.

After his return to Australia, he immersed himself to establishing the legal rights and a system of justice for the aboriginal people. Like his work with the aboriginal people, John is a man devoted the justice and assistance for the underprivileged and the impoverished. He has tenaciously, without ceasing endeavored to obey this teaching of Jesus his entire eighty years of life. How can we not honor a man who, even today at the age 80, is leading efforts to help the children of North Korea?

This man whom many have found worthy of honor is eighty years old this year. Twenty years ago, on Pastor Brown's 60th birthday celebration, some of his disciples published a book titled 'With Jesus at the Fringes' as tribute to him. This time, as he celebrates his 80th birthday, several of those who love and honor him have published a book containing collections of their memoirs of John to commemorate the happy occasion. We would like to extend our appreciation to those who have contributed their memories, especially to Dr. Myong Duk Yang who has worked tirelessly to produce a book worthy of the person and the occasion.

Lastly, we would like to honor John's wife and co-worker in faith, Rev Norma Brown, who followed Jesus Christ with John. We give our respect to John for his sacrifice and love. We pray that God would bestow abundant grace, joy and health upon John and Norma.

# 발행의 글

인명진
(갈릴리교회 담임목사, 부산일신기독병원 이사장)

사람이 한평생을 살면서 초지일관 한마음을 가지고 한길을 걷는다는 것은 쉬운 일이 아니다. 대개의 경우 한때는 가난한 이를 위해 목숨을 바쳐 혁명이라도 할 것처럼 행동하던 사람들이 어느새 세상에 누릴 것은 다 누리며 언제 그런 적이 있었냐는 듯이 감각 없이 세상을 살기도 한다. 그래서 사람들은 초심을 잃지 않고 한결같은 마음으로 시종여일하게 인생을 사는 사람을 존경하게 된다.

그런 존경을 받는 분 중의 한 분이 변조은 목사님(John P. Brown)이시다. 그분은 젊은 시절 한국에 선교사로 와서 한국 사람들을 위해 일하셨는데, 그 후에 호주에 돌아가서도 한국을 사랑하는 마음이 변치 않고 80세에 이르도록 한평생 '한국 사랑', 한마음을 가지고 살고 계시다.

한국에 계셨던 때보다 더 한국을 사랑하고 한국을 위해 일하셨다. 특별히 한국의 민주화를 위해서 헌신하셨고, 최근에는 한반도의 평화를 위해 일하시며, 호주에 있는 한인교회들을 돌보시는 일, 인재를 발굴해서 양성하는 일 등에 최선을 다하고 계신다. 모두가 놀라는 것 중의 하나는 한국을 떠난 지 오래 되었는데도 여전히 한국말을 잊지 않고 더 유창한 한국말을 구사하시니 이 또한 그분이 한국을 얼마나 사랑하는지를 증명하는 일이라 하겠다. 이제는 한국말을 잊어버려도 불편이 없으실 텐데 말이다.

또 한 가지 변조은 목사님에게 한평생 변하지 않는 것이 있다. 그것은 가난한 이들을 사랑하는 일이다. 정의를 위한 쉼 없는 투쟁이다. 한국에 있을 때에는 경상도의 가난한 농민들을 위해 헌신하셨고, 신학교에서 가르칠 때는 학생들에게 가난한 이들을 돌보고 정의를 실천하는 것이 예수님을 따르는 것이라고 가르쳐 주셨고, 그의 가르침을 따라 정의를 위해 헌신하는 제자들을 격려하며 여러 가지로 뒷바라지하는 일에 최선을 다하셨다. 호주에 돌아가서도 원주민을 돌보며 그들의 권리를 찾아주며 정의를 세우는 일에 매진하셨다. 그분은 이처럼 평생 동안 변하지 않고 정의를 실천하는 일과 가난한 이들을 돌보는 이 한 가지 예수님의 가르침을 따라 고집스럽게 한 길만을 팔십 평생 살아온 분이다. 지금도 팔십 노구를 이끌고 북한 어린이들을 돕는 일에 앞장서고 계시니 참으로 존경스럽다 하지 않을 수 없다.

이처럼 많은 이들의 존경을 받는 변조은 목사님이 올해로 팔순이시다. 20년 전 변 목사님이 환갑을 맞이했을 때 그의 제자들 몇 사람이 변 목사님의 글을 모아 「변두리에 계신 예수에게로」(*With Jesus At The Fringes*)라는 책을 내서 헌정한 일이 있었는데, 이번에 목사님의 팔순을 맞아 그동안 변 목사님을 사랑하며 존경하는 몇 사람들이 변 목사님을 회고하는 글을 모아 팔순 기념 책으로 펴내게 되었다. 귀한 글을 써 주신 분들에게 이 자리를 빌려 감사드리며, 특별히 이 책이 나오기까지 기획과 편집의 모든 실무로 수고한 양명득 목사께 감사드린다.

마지막으로 평생 동안 변조은 목사님과 믿음의 동지로서 그분과 함께 그리스도의 뒤를 따랐던 부인 노마 브라운(Norma Brown) 목사님의 헌신과 사랑에 존경을 보내며, 부디 하나님께서 두 분에게 큰 은혜를 주셔서 남은 여생이 더 건강하고 행복하시기를 기도드리는 바이다.

# 축하의 글

조성기
(세계교회협의회 부산총회 한국준비위원회 사무총장)

엊그제 호주의 신학대학이나 호주의 한인교회 출신들이 함께 모여 종로 5가의 한 한식집에서 저녁 식사를 하였다. 마침 북한선교 회의로 변조은 목사님이 한국을 방문하시던 차였다. 변 목사님을 중심으로 여러 가지 인연을 가진 목회자들이 팔순을 맞이하는 변 목사님과 덕담을 나누며, 각자 호주에서의 생활을 회고하였다.

그런데 한 가지 공통점은 참석한 모두가 다양한 모양으로 변 목사님께 신세를 졌다는 것이다. 예장 총회 기획국장 변창배, 과천교회 담임 주현신, 서울장신대 교수 정병준, WCC 한국준비위원회 국제협력국장 양명득, 그리고 나까지 변 목사님과의 인연이 남달랐다.

나는 장로회신학대학교 시절 학교 내 민주화를 위한 시위운동으로 수업을 잘 참석하지 못하여 학점이 좋지 않았다. 그런데 유독 구약개론만 A학점을 받았는데, 담당 교수가 바로 변조은 목사님이셨다. 그때 나를 잘 보아주셔서 그런지 그것이 인연이 되어 변조은 목사님이 주선해 준 장학금을 받고 호주 멜버른에 가게 되었다.

호주에서의 목회를 마치고 한국에 돌아와 교회 목회와 총회 사무총장으로서의 사역 기간에도 변 목사님과의 관계는 계속되었고, 특히 그분의 협력으로 호주교회와 한국교회와의 관계를 한층 발전시킬 수 있었다. 이러한 분을 선생님으로, 목회자로, 선교사로, 총회 행정가로 가까이 할 수 있었다는 것은 한국과 호주교회에 큰 축복이지만 나 개인에게 특히 그러하였다.

팔순을 맞으셔도 여전히 건강한 체격으로 한국을 오고 가시지만, 이마에 받은 암 수술로 인하여 매 3개월마다 병원을 찾으셔야 한다니 염려스럽다.

아무쪼록 사모님과 더불어 건강하셔서 구순 때도 후학들이 생신 잔치를 열어 드릴 수 있게 되기를 기도한다.

# 축하의 글

강병도
(창신중·고등학교 학원장, 창신대학교 설립 총장)

존경하는 변조은 목사님(Rev Dr. John P. Brown)의 팔순(八旬, 80회 생신)을 충심으로 축하드립니다.

변조은 목사님은 노미연 사모님(Rev Norma Brown)과 함께 호주선교사로서 한국전쟁 후 우리나라가 매우 어려울 때 한국의 기독교선교와 사회 구제 및 교육 사역을 위하여 1960~1972년까지 12년간 우리나라의 기독교 발전과 사회 발전에 크게 공헌하신 선교사님입니다.

특히 변조은 목사님은 1960년대 초에 경남 마산 시에 주재하시며 당시 농촌교회 선교와 빈민 구제에 많은 정성을 쏟았습니다.

또한 마산 창신중·고등학교 명예교장으로서 창신중·고등학교 발전에 기여한 바가 매우 크므로 창신중·고등학교에서는 그 공덕을 잊을 수 없습니다.

지난 2013년 12월 16일 김해 시 주안교회에 강사로 가서 선교에 관한 특강을 한 적이 있습니다. 한국전쟁 후 농촌교회가 매우 어려워서 교역자들이 굶주리고 있을 때, 변조은 선교사님이 호주로부터 염소 20쌍을 선박 밑창에 싣고 한 달여 간이나 항해를 하며 염소와 같이 생활하셨습니다. 그리고 한국에 도착한 다음 그 염소를 극빈한 농촌교회 교역자들에게 한 쌍씩 나누어 주고, 그 염소의 젖을 짜서 교역자들이 살 수 있도록 한 선교일화를 소개했었습니다. 그때 주안교회 목사님이 손을 들면서 "우리 집(거제) 아버님이 교회 전도사셨는데 당시 염소를 받아서 내가 그 우유를 먹고 자라서 살게 되었습니다."라고 하여 교인들이 박수를 친 일이 있습니다.

이와 같이 변 선교사님은 호주에서 한국까지 오는 선박 밑창에서 염소들에게 때를 따라 사료를 먹이며, 염소들의 독한 분뇨 냄새를 견디며, 한국의 농촌교회와 가난한 교역자들을 위하여 헌신하신 훌륭한 봉사자요, 선교사였습니다.

1960년대 창신중학교가 경영난으로 어려울 때 변조은 목사님이 지원해 준 은덕에 힘입어 창신중·고등학교가 유지 발전을 거듭한 끝에, 오늘날 4년제 창신대학교로 발전한 놀라운 역사가 있게 되었습니다.

올해 팔순을 맞이하여 그간에 한국선교 활동과 창신중·고등학교에 기여하신 변조은 목사님의 은덕을 창신 가족을 대표하여 진심으로 감사를 드립니다.

앞으로 변조은 목사님께서 하나님의 은총 가운데 99세(白壽)까지 장수하시며 강건하시기를 기도드립니다.

# 편집의 글

양명득
(세계교회협의회 부산총회 한국준비위원회 국제협력국장)

본 책에 실릴 글 초안을 완성한 후 필자는 몇 부분에서 내용의 사실적 확인이 필요하였다. 마침 변조은 목사께서 한국을 방문하여 우리는 WCC 한국준비위원회 사무실에서 만나 확인 작업을 하고 근처 식당에서 함께 점심 식사를 하였다.

식사를 다 마치고 식사비를 서로 내겠다는 상황이 왔는데 필자는 "여기는 한국이니까 제가 내겠습니다." 하고 지갑을 열었다. 변 목사님은 잠시 뜸을 들이다가 "목사님은 한국 사람입니까, 호주 사람입니까?" 물으시는데 필자는 어리둥절하며 "한국 사람입니다."라고 대답하였다.

변조은 목사님의 다음 말씀 한 방이 필자의 지갑을 다시 닫게 하였다. "한국 사람이면 어른에게 양보해야지." 돈을 받던 식당 아주머니가 배꼽을 잡고 웃었다.

변조은 목사님 팔순을 맞이하여 이런 책이 출판될 수 있다는 것이 얼마나 다행인지 모른다. 변 목사께서는 그동안 우리 주변에 가까이 계셨기 때문에 그분의 선교와 목회에 관한 자료의 수집이나 연구의 필요성을 특별히 느끼지 못하였는지 모른다. 그러나 한국과 호주, 그리고 세계교회협의회에서의 그분의 공헌을 생각하면 누군가가 이 작업을 벌써 시작했어야 했다. 마침 내년이 한호선교 125주년인데 조금 이른 감이 있지만 겸사겸사 기념집으로 출간하게 되었다.

본 책을 위하여 글을 써 주신 필자 여러분들 한 분 한 분께 진심으로 감사드린다. 다양한 모습으로 변조은 목사님과 관계를 맺어 온 필자들의 애정과 노고가 있었기에 이 작업이 가능하였다.

편집의 글을 쓰고 있는 이 시간, 마침 한국을 방문한 변 목사께서 바로 앞 책상에서 컴퓨터를 사용하고 계신다. 두 손가락으로 한 자 한 자 타이핑을 치시는 모습이 옛날 분이구나 하는 인상을 주지만, 그가 쓰고 있는 내용은 우리와 같은 현시대 목회자들이 감히 따라갈 수 없는 교회와 선교의 큰 비전을 담고 있는 것이다.

# contents

Words of Appreciation : John p. Brown / 5
감사의 글 : 변조은 / 11
Preface : Myung Jin In / 15
발행의 글 : 인명진 / 18
축하의 글 : 조성기 / 21
축하의 글 : 강병도 / 23
편집의 글 : 양명득 / 25

## 제1장 변조은 - 그의 삶과 생각(한글)

1. 변조은 그의 삶과 생각 / 홍길복 _ 34
2. 변조은 목사를 회고하다 / 인명진 _ 52

3. 내가 만났던 변조은 목사 / 이상규 _ 70
4. 나의 친구 브라운 씨 부부 / 박명화 _ 77
5. 변조은 목사님과 한국선교 / 지태영 _ 84
6. 변조은 목사님과 사모님과의 관계에서 오는 회고 / 이명자 _ 96
7. 호주교회의 부산지역 신학교육, 1952-1968 : 변조은과 서두화 선교사의 기록을 중심으로 / 탁지일 _ 105
8. 존 브라운에게 경의를 표하며 / 바바라 마틴 _ 121
9. 생명의 물 / 그레고 핸더슨 _ 125
10. 존 브라운 목사님께 감사하며 / 총회 선교와 전도국 _ 130
11. 존 퍼시벌 브라운 박사 / 로날드 윌슨 _ 132
12. 존 브라운 선교의 사람 / 마조리 루이스 존스 _ 134
13. 호주선교사 존 브라운 – 변조은 / 양명득 _ 139

## 제2장 John P. Brown Man with a Mission
## 존 브라운 – 선교의 사람(영문)

1. 상황신학 – 실험과 제약들 / 제임스 헤어 _ 160
2. 존 브라운에게 경의를 표하며 / 바바라 마틴 _ 186
3. 존 브라운과 호주 원주민 목회 / 버니 클락 _ 191
4. 존 브라운 : 화해의 중보자 / 아이반 로버츠 _ 207
5. 생명의 물 / 그레고 핸더슨 _ 218
6. 존 브라운에게 감사하며 / 총회 선교와 전도국 _ 223
7. 존 퍼시벌 브라운 박사 / 로날드 윌슨 _ 226
8. 나의 친구 브라운 씨 부부 / 박명화 _ 229
9. 존 브라운 : 선교의 사람 / 마조리 루이스 존스 _ 239
10. 호주선교사 존 브라운 – 변조은 / 양명득 _ 246

## 제3장 변조은의 글(한글과 영문)

1. 은혜의 증인 _ 276
2. 제자이면서, 이웃을 제자로 초청하며, 예언자적인 목회 _ 292
3. 이라크 파병 반대 집회 연설문 _ 304

변조은의 약력 _ 315

# Contents

Words of Appreciation / John P Brown _ 5
Preface / Myung Jin In _ 11
Congratulations / Seong Gi Cho _ 21
Congratulations / Byung Do Kang _ 23
From the Editor / Myong Duk Yang _ 25

## Chapter 1. John P. Brown – His Life and Thought (Korean)

1. John P. Brown–His Life and Thought / Kil Bock Hong _ 34
2. Some Memoirs on John Brown / Myung Jin In _ 52
3. The Rev John Brown I met / Sang Gyoo Lee _ 70
4. My friends, the Browns / Myung Hwa Park _ 77
5. Rev John Brown and Mission in Korea / Tae Young Chi _ 84
6. My Personal Recollections of Rev & Mrs Brown / Myung Ja Lee _ 96
7. Australian Mission and Theological Education in Busan, 1952~1968 / Ji Il Tark _ 105
8. Tribute to John Brown / Barbara Martin _ 121
9. Living Water / Gregor Henderson _ 125
10. Appreciation to Rev Dr John P. Brown / National Mission and Evangelism _ 130
11. Rev Dr. John Percival Brown / Ronald Wilson _ 132
12. John Brown : Man with Mission / Marjorie Lewis–Jones _ 134

13. John P. Brown–An Australian Missionary / Myong Duk Yang _ 139

## Chapter 2. John P. Brown – Man with a Mission (English)

1. Contextual Theology–Experiments and Limits / James Haire _ 160
2. Tribute to John Brown / Barbara Martin _ 186
3. John Brown and ministry to Indigenous Australians / Bernie Clarke _ 191
4. John Brown : Agent for Reconciliation / Ivan Roberts _ 207
5. Living Water / Gregor Henderson _ 218
6. Appreciation to Rev Dr. John P. Brown / National Mission and Evangelism _ 223
7. Rev Dr. John Percival Brown / Ronald Wilson _ 226
8. My friends, the Browns / Myung Hwa Park _ 229
9. John Brown : Man with a Mission / Marjouie Lewis–Jones _ 239
10. John P. Brown–An Australian Missionary / Myong Duk Yang _ 246

## Chapter 3. Sermon from John P. Brown (Korean and English)

1. Witnesses to Grace / John P. Brown _ 283
2. Disciples, Invite to be Disciples, and Prophetic Ministry / John P. Brown _ 297
3. Address at Anti–War Rally Outside National Press Club / John P. Brown _ 309

Brief History of John Percival Brown _ 315

# John P. Brown

제 1 장

# 변조은 목사
# 그의 삶과 생각
## (한글편)

Man with a Mission

# 변조은 그의 삶과 생각

홍길복
(시드니 우리교회 은퇴목사, 시드니신학대학 교수)

## 1. 들어가는 말

한국 이름으로는 변조은, 출생지를 따른 영어 이름은 John Percival Brown, 그는 금년 9월 24일로 80회 생신을 맞이하게 된다.

이분은 1970년 장로회신학대학교에서 나에게 히브리어와 구약신학을 가르쳐 준 선생님이시다. 이후 1980년에는 나를 호주로 초청하여 지난 33년간 호주교회와 한국인 이민교회, 그리고 나그네와 행인 같은 이 디아스포라 사회와 역사 속에서 하나님과 인간, 세상과 교회, 목회와 신학, 그리고 인생과 죽음에 대하여 생각을 함께 나누어 온 스승이요, 선배요, 또한 친구이다. 신학생 시절부터 치자면 40여 년이 훨씬 지나 그의 인생 80세의 절반도 더 되는 긴 시간을 그와 함께해 온 나는 진심으로 그의 생신을 축하하며, 변 목사의 인생길에서 그와 함께 동행해 온 것을 크게 기뻐하고 감사한다.

변 목사는 나에게 있어서 신학하는 길을 가르쳐 준 선생님이요, 목회자의 길을 지도해 주신 선배요, 또 사람은 어떻게 살아야 하는지를 가르쳐 주신 스승이요, 이 땅 호주에서 복합문화 사회를 경험하며 함께 인생길을 걸어온 친구이다.

## 2. 출생과 성장

변 목사의 조상은 본래 영국 스코틀랜드 사람이었으나 1800년대 중반에 호주로 이민을 왔다. 그의 할아버지는 호주가 죄수들의 유형지로만 알려져 있던 시절을 지나 호주에 골드 러쉬(Gold Rush)가 불어닥칠 즈음에 자유이주자로서 호주로 건너왔다. 그들은 남부 호주(South Australia)의 동부지역에 자리를 잡고 농사와 목축을 하면서 삶의 터전을 넓혀 갔다. 그러나 초기 이민자요, 동시에 개척자로서 농토를 일구어 가며 목초지를 만들어 가는 하루하루의 삶은 몹시 힘들었으며 아주 많이 가난했다.

변 목사는 1933년 9월 24일, 그곳의 한 작은 시골 마을인 마운틴 갬비어(Mt. Gambier)에서 팔 남매 가운데 다섯째로 태어났다. 변 목사의 가문은 이미 영국에서부터 경건한 기독교 신앙을 갖고 있었으며 그는 태어날 때부터 깊은 신앙적 분위기 가운데서 낳고 자라났다.

다른 한편 할아버지 때부터 농업과 목축을 가업으로 해 온 변 목사의 어린 시절을 한마디로 하자면 가난한 삶이었다. 공부하는 것은 말할 것도 없고 그 많은 자녀들이 먹고 입고 생활하는 것 자체가 결코 만만한 일이 아니었다. 어머니가 아무리 많은 빵을 화덕에서 구워 내도 며칠이

못 갔다. 존을 비롯하여 자라나는 아이들은 먹성이 너무나도 좋았다. 그래서 그런지 변 목사는 지금도 무엇이나 참 잘 먹는다. 한국음식뿐만이 아니라 어느 나라 음식이든 가리는 것이 전혀 없다. 그는 자신이 어릴 때 가난하게 살았던 삶이 모든 경우에 있어서 인간을 이해하고 선교사로서의 삶을 살아가는 데 있어서 하나님이 주신 특별한 은총이라고 말하곤 했다. 변 목사는 우리와 함께 식당에 가서 밥을 먹을 때 심지어는 손가락에 묻은 쨈이나 버터까지도 다 빨아먹는다. 어떤 때는 좀 창피할 때도 있다. 그러나 그의 이런 몸에 배인 근검절약과 인간적인 모습은 늘 우리 마음에 신선한 감동을 준다. 언젠가 변 목사는 나에게 이런 말을 했다. "그 시절 우리는 1년에 꼭 한 차례, 어머니가 레모네이드나 코카콜라를 나누어 주셨는데, 그날이 바로 크리스마스 전날 저녁이었어요."

뿐만이 아니다. 변 목사는 다 해어져서 이젠 버려야 할 것 같은 옷도 잘만 입고 다닌다. 체면이나 겉치레 같은 것은 생각지도 않는다. 그분의 떨어진 양복, 해어진 와이셔츠, 구멍 난 양말, 십여 년도 넘게 쓰고 있는 넥타이와 지갑을 볼 때마다 나는 숙연해지며 마음속 깊이 존경을 드리게 된다. 사실 변 목사에게서 묻어나는 이런 체질적 검소함 때문에 우리는 인간과 인간이 내적으로 친밀해질 수 있는 생활 감정의 동질성을 발견하게 된다.

초등학교에 들어갈 무렵 소년 변조은의 아버지는 식구들을 이끌고 빅토리아(Victoria) 주의 넬슨(Nelson)이라는 마을로 이사를 했다. 넬슨은 해변가에 있었지만 어촌이 아니라 농촌이었고, 브라운 가문은 여기에서 또다시 새로운 목초지와 농토를 개간하게 되었다. 같은 나라에서의 이사이긴 했지만 이 또한 제2의 이민이라고 해야 할 만큼 멀고, 험하고, 고달픈 길이었다. 이곳에서 존 목사는 초등학교에 입학을 했다. 그러나 어느 나라의 농촌에서나 마찬가지로 브라운 가정 역시 늘 일손이 딸렸다. 변 목사는 항상 공부하면서 일하는 어린 시절을 보냈다. 새벽같이 일어나서 젖소들에게 여물을 먹이고, 우유를 짜고, 한바탕 아침 일을 마친 후에야 학교에 갔다. 하교 후에도 그는 아무리 해도 끝이 없는 농사일을 거들 수밖에 없었다. “목초지를 개간할 때 어느 해엔 제가 뱀을 삼십여 마리나 잡았을 때도 있었습니다.” 고생스러웠던 옛 이야기를 들려주면서 변 목사가 한 이야기이다. 아마도 변조은 목사의 타고난 근면성은 이때부터 형성되었을 것이라고 본다.

오래전에 나는 변 목사와 같이 한두 주간 해외여행을 한 적이 있었는데 그때 우리는 한 호텔에서 같은 방을 쓰게 되었다. 그때 나는 변 목사에 대하여 전에는 알지 못했던 것 두 가지를 알게 되었다. 첫째로 변 목사는 참 부지런한 사람이구나 하는 것과 둘째로 이분은 참 경건한 신앙인이구나 하는 것이었다. 그는 새벽기도회가 없는 호주교회에서 나고 자랐음에도 불구하고 새벽 4시만 되면 어김없이 혼자 자리에서 일어나서 샤워를 하고 말씀을 읽고 묵상한 후 퍽 긴 시간 기도하는 것이 생활화되어 있었다. 넬슨에서의 소년 시절이 그에게 준 은혜의 선물이라고 할 수 있겠다.

총 인구가 약 80여 명 정도 되던 시골 마을 넬슨에도 예배당이 하나 있긴 했지만 목사님 한 분을 모시기에는 너무나 작은 교회여서 한 달에 한 번 정도만 목사님이 오셔서 예배를 인도했다. 하지만 소년 변조은은 목사님이 오시는 주일은 물론이고 그렇지 않을 때에도 주일이면 늘 교회에 나가서 혼자라도 말씀을 읽고 기도를 드렸다. 이는 그의 부모님들에게서 받은 영향이었는데 특히 그의 어머니의 깊은 신앙심과 영적 감화력이 그에게 크게 아로새겨졌다.

## 3. 부르심

초등학교밖에 없는 넬슨 마을을 떠나 고등학교에 진학하기 위하여 소년 변조은은 작은아버지가 사시는 해밀턴(Hamilton)으로 갔다. 13살 때였다. 십대의 나이에 부모님 곁을 떠나 객지에서 겪는 경험들은 변조은에게 인생과 신앙을 성숙하게 해 주는 좋은 기회가 되었다. 이때부터 그는 열심히 공부에 전념했고 교회에서의 학생 활동에도 적극적으로 참여하였다. 그즈음 흔히 그 나이의 건강한 소년들이 마음먹듯이 존 역시도 장차 의과대학에 들어가서 의사가 된 다음 보다 더 가난하고 어려운 나라에 가서 선교사가 되어 불쌍한 사람들을 위하여 살겠다는 꿈을 지니게 되었다. 그런데 한 2년 후 먼저 의사부터 되리라고 했던 그의 희망이 사라지게 되었다. 의과대학에 진학하기 위해서는 고등학교에서 반드시 수학과 물리, 화학을 공부해야만 하는데, 그곳 해밀턴 시골 고등학교에는 화학과목을 가르칠 선생님이 없었기 때문이었다. 이과 과정을 제대로 마칠 수가 없게 되었으니 의과대학 진학은 불가능하게 된 것이다.

의사에 대한 꿈을 잃어버리게 된 변조은은 해밀턴 고등학교를 마친 후 실의와 좌절감을 안고 다시 아버지가 계신 넬슨으로 돌아왔다. 그는 낙심 가운데 장래 문제를 놓고 고민하면서 약 2년 정도 아버지의 농사일을 거들며 시간을 보냈다. 그런데 시간의 흐름과 더불어 변조은의 마음속에는 새로운 변화가 일기 시작했다. 그는 틈이 있을 때마다 부쉬(Bush)에 들어가 기도하고, 명상하며, 하나님과 더불어 대화하던 가운데 장차 목사가 되어 선교사가 되겠다는 새로운 비전을 발견하게 되었다. 진짜 토박이 호주 사람들이 대체로 그러하듯이 변조은 목사도 호주의 부쉬를 참 좋아했다. 그것은 부쉬가 그의 육체적, 영적 고향이기 때문이다. 그는 부쉬 속에서 나고 성장했으며 부쉬 가운데서 배우고, 생각하고, 깨닫는 경험을 했다. 소년 변조은은 부쉬 가운데서 하늘과 바람과 별과 시를 보고 하나님의 음성을 듣고 하나님과 대화하는 법을 배웠다. 오래전 모세가 시내 산 떨기나무 불꽃 가운데서 하나님의 부르심을 받았던 것같이 변조은도 빅토리아 넬슨의 부쉬에서 하나님의 부르심을 받았다.

마침내 그는 멜버른 대학에 가기로 작정하고 장학생 시험에 응시하여 합격했다. 여기서 변조은은 철학과 고대 중동어를 복수 전공하여 문학사 학위를 얻었다. 중동어 가운데서도 특히 고대 히브리어와 아람어를 전공하였다. 그가 훗날 서울의 장로회신학대학교에서 히브리어를 가르칠 수 있게 된 것은 이때 준비해 둔 것이다. 곧이어 그는 멜버른 대학교 안에 세워진 장로회신학대학교인 오몬드 칼리지(Ormond College)에서 신학을 공부하여 신학사학위를 받고 목사로 안수를 받았다. 25살의 젊은 나이에 그는 목사가 되었다.

한편 신학도 변조은이 대학과 신학교에서 공부하던 즈음인 1950년대 중반기 한국은 한국전쟁 후 정치, 경제적으로 어려운 시절이 계속되고 있었다. 한국전쟁에 참여하여 3백여 명이 넘는 호주 젊은이들이 목숨을 바친 미지의 땅 한국에 대한 소식이 호주의 방송에서도 자주 전해지고 있었다. 피난민들과 가난, 질병과 굶주림을 비롯한 각종 사회적 비극들에 대한 뉴스들이 전파를 탔다. 지구의 어느 쪽에 있는지도 모르는 한국의 슬픈 뉴스가 전해질 때마다 이를 유심히 들어 오던 변조은은 전에 부쉬에서 하나님께 약속한 대로 공부를 마친 다음 목사가 되면 선교사가 되어 한국에 가서 일을 하리라 다짐하고 장로교 총회선교부에 한국 선교사 지원서를 보냈다. 그는 영적으로 대단히 민감한 사람이었다. 그러나 얼마 후 그는 이를 잊어버리고 말았다. 주어진 현실의 학업 속에서 때때로 소명은 잊혀지거나 보류되는 경우가 적지 않은 법이다. 시간은 흘러 목사안수를 받은 변조은 목사는 빅토리아 주 번스데일(Bairnsdale)에 있는 성 앤드류(St. Andrew) 장로교회로부터 청빙을 받아 3년째 목회를 하고 있었다. 당시 그는 교회에서의 목회뿐만이 아니라 깁슬랜드(Gippsland)와 라트로브 밸리(Latrobe Valley)를 중심한 여러 지역에서 노회 청년 지도 목사로서 젊은이들을 지도하며 바쁜 날들을 보내고 있었다. 1957년 8월엔 노마 비어(Norma Beer)와 결혼도 했고, 이듬해엔 아들 마이클(Michael)도 낳았다. 행복하고, 보람 있고, 뜻있는 시간이 흘러가고 있었다.

그러던 어느 날이었다. 변조은 목사는 총회 세계선교부로부터 한 통의 편지를 받았다. 당신이 신학교 재학 중에 한국선교사로 지망했던 것을 지금 이행할 것인지 아니면 포기할 것인지 확실히 결정해 달라는 내용이었다.

## 4. 보내시다

'내가 너희에게 말한 것을 생각나게 하시는 성령'의 편지를 받은 변조은 목사는 즉시 성 앤드류 교회를 사임했다. 그는 망설이지 않았다. 변 목사는 노마와 함께 선교사 훈련기관인 올 세인트 칼리지(All Saints College)에 입학하여 선교사로서의 기본적 훈련을 받았다. 그리고 1960년 9월 25일 두 살배기 아들 마이클을 데리고 4·19 이후 혼란스런 일들이 연이어지는 우리나라 부산항에 도착했다. 멜버른과 시드니, 브리스번과 다윈, 그리고 홍콩과 일본을 거쳐 한 달이 넘는 긴 항해 끝에 당도한 땅이었다. 28살의 청년 변조은 목사가 넬슨의 부쉬에서 부르심을 받고 신학생 때 흘러나오는 방송 뉴스를 통하여 하나님과 맺었던 그 약속을 지키기 위하여 고요한 아침의 나라를 찾아온 것이다. 이후 그는 1972년 7월 호주장로교 총회선교부로 부름을 받기까지 만 12년 동안 선교사로, 목사로, 신학교의 교수로, 그리고 무엇보다도 참 진실한 한국인들의 친구요, 색깔이 다른 또 하나의 한국인으로 우리들 곁에서 우리와 함께 삶을 나누어 왔다. 그의 나이 중 가장 젊고 활기차고 또 뜨거운 정열과 빛나는 지성과 아름다운 신앙의 기간을 그는 우리들에게 나누어 주었다.

부산에서 하룻밤을 지낸 다음날 변 목사와 그의 가족은 서울로 올라

왔다. 그들은 미국연합장로교회 선교사였던 포만 목사(K. J. Foreman)의 집에 짐을 풀었고 변 목사는 곧 연세대학교 한국어 학당에 입학하여 한국어를 공부하기 시작했다. 이후 만 2년 동안 그는 이 학당과 또 개인 언어 선생에게서 집중적으로 언어훈련을 받음으로 한국어뿐만이 아니라 한국인의 정서와 생각, 한국의 역사와 문화, 한국의 전통과 풍습을 익히게 되었다.

때때로 변 목사를 만나 본 한국 사람들은 그의 뛰어난 한국어 구사에 크게 감탄하며 "아마도 변 목사님은 언어에 있어서 타고난 자질이 있는 것 같다."라고 말한다. 그러나 변 목사 자신은 이런 말을 듣게 될 때마다 매우 섭섭해 한다. 한국말을 배우느라 고생한 그의 피눈물 나는 노력을 인정해 주지 않는 듯해서 그런 것이다. 실제로 지금도 가끔 변 목사는 한국말로 설교를 하거나 원고를 써야 할 경우 자주 필자에게 전화를 걸어 보다 정확한 어휘를 물어보고 확인하는 노력이 끊이지 않는다. 변 목사는 때때로 '웃기네', '미치겠네' 하는 식의 한국말도 곧잘 사용하곤 하는데, 사실 이런 말들은 한국인의 의식구조를 지니지 않고는 사용하기가 쉽지 않은 말들이다. 캔버라에서 살고 있는 그의 아파트를 방문하면 한자로 만들어진 한국식 문패가 붙어 있다. 집 안에 들어가 사방을 둘러보면 온통 동양화와 병풍과 매듭들이 우리를 맞아 주어서 우리는 이 집 주인이 정말 한국 사람임을 실감하게 된다. 그는 한글만이 아니라 한자도 천자 이상이나 알고 있어 천지신명이니 천고마비니 하는 한문자들도 곧잘 사용한다. 그러나 그가 이렇게까지 한국말을 익히기 위해서 얼마나 많은 노력을 했는지 그의 끈질긴 노력을 기억하는 사람은 그리 많지 않다. 그는 처음 한국말을 배운 후 설교 한 편을 준비하여 각기 다른 곳에서 48번이나 되풀이해서 설교를 한 적이 있다고 나에게 말한 적이 있다. 사실 과정 없이 얻어지는 결과란 없는 것이다.

변조은 목사가 한국에서 선교사로 활동한 12년 가운데 처음 7년은 주로 거제도와 창원, 그리고 김해지역을 중심하여 경남 지방의 농촌교회를 돌보는 일에 헌신했다. 물론 창신학교를 비롯한 교육기관에서 가르치는 일도 일정 부분은 감당했으나 경남 지방의 미자립교회를 돌아보며 목사가 없는 교회들을 찾아가 설교와 세례, 그리고 성례를 집행하는 일이 큰 사역이었다. 어떤 때는 16개나 되는 교회의 담임목사(당회장) 직을 맡아 순회하며 시골교회에서 일하는 전도사들과 평신도 지도자들을 교육하였다. 1960년대의 가난한 한국 농촌교회에서 순회선교사로 교회를 돌보는 동안 그는 한국의 온돌방을 사랑하게 되었고, 재래식 변소에 익숙해졌으며, 김치와 된장국, 그리고 밥그릇 위에 수북이 올라온 밥보다 더 많은 한국인들의 따뜻한 사랑을 귀하게 여길 줄 알게 되었다. 자신의 아들과 딸들을 보통 20리, 30리 길은 걸어서 한국학교에 보내 공부하도록 하여 시골 어린이들 틈에서 자라도록 하였다. 변 목사를 대할 때마다 느끼는 것은 그는 참으로 한국인을 사랑하고 한국을 아끼는 사람이라는 것이다.

언젠가 한번은 우리 한국 목사들이 함께 자리한 곳에 변 목사도 동석한 적이 있었는데 이야기 도중에 어떤 목사가 "우리 이 문제는 변 목사님이 가신 다음에 우리끼리 해결합시다."라고 말하자 변 목사는 아주 정색을 하면서 이렇게 말하는 것이었다. "나 정말 많이 섭섭합니다. 나도 한국 목사입니다."

## 5. 신학적 반성과 방향 전환

거제도에서 교회를 돌보던 시절, 변 목사는 농부들이 가축 개량 사업을 통하여 농가 수입을 높일 수 있겠다고 생각하여 호주에서 양과 염소와 돼지를 들여왔다. 1966년 한국 농촌교회 교우들의 어려움을 조금이라도 덜기 위하여 그는 호주 산 대형 흰 돼지와 자넨 염소(Saanen goats)

들을 수입했다. 이 일을 그를 파송한 빅토리아 선교회가 적극 지원하였다. 기도와 눈물로 헌금하는 교우들을 생각하며 그는 선교비를 조금이라도 아껴서 한 마리의 돼지라도 더 가져오고 싶었다. 변 목사는 자신이 직접 호주에 와서 성도들이 돈을 모아 사 준 돼지와 염소들을 배에 싣고 친히 43일 동안이나 같은 배를 타고 가축들에게 여물을 먹여 가면서 같이 먹고 자며 부산까지 왔다. 변 목사는 그의 조수요, 동역자였던 권오성 씨의 협력을 받아 이들 돼지와 염소들을 분양해 주고 또 번식시켜 나갔다.

분양된 돼지와 염소들은 새끼를 치기 시작했고 변 목사는 이것이 밑거름이 되어 거제도지역의 농촌 경제를 개선하는 데 크게 보탬이 되리라는 희망에 젖게 되었다. 그러던 어느 날 돼지를 분양받은 한 농가를 방문했는데 돼지들이 한 마리도 없이 다 사라져 버리고 축사가 텅 비어 있었다. 도대체 어떻게 된 일이냐고 물었더니 그 농부는 이렇게 말하는 것이었다. "목사님, 그동안 농사짓느라고 고리로 사채를 써 왔는데 어제 채권자가 와서 돼지들을 다 빼앗아 갔습니다." 변 목사는 이런 과정을 경험하면서 한국의 농촌이 지닌 구조적 문제들이 무엇인지 하나씩 깨닫게 되었다. 아직도 부자 지주들이 토지와 자본을 비롯한 일체의 모든 것을 독점하고 있으면서 소작인들을 착취하고 있는 현실을 알아 가게 되었다. 동시에 그는 없는 사람들은 영원히 그 가난을 면하기가 어려운 정부의 정책이 지닌 모순을 알게 되었다.

본래 변조은 목사는 단순한 복음주의적 열정에 이끌리어 선교사가 된 사람이었으나 1960년대 이후 한국 농촌이 지닌 구조적 악을 체험적으로 자각하게 된 이후 점점 강경한 어조로 사회정의의 실천과 구조 악에 대한 교회의 책임적 행동을 요구하게 되었다. 그는 거듭된 한국 농촌교회 교우들의 고난을 목격하고 그들의 고통에 직접 참여하면서 교회가 해야 할 일, 선교사가 가야 할 길은 이 주어진 가난을 이겨 내고, 잘못된 정책을 바로잡고, 제도적 악과 싸우며, 병든 자와 가난한 자들을 돌아보며 정의로운 인간공동체를 만들어 가는 데 있음을 자각하는 신학적 반성으로 연결되었다.

간혹 변조은 목사에 대하여 오해를 갖고 있는 이들은 변 목사가 지나치게 한국의 정치문제나 사회문제에 간여하며 또 신학적으로는 진보적이라고 말한다. 그러나 그것은 그렇지 않다. 변조은 목사는 복음과 말씀에 충실한 하나님의 종이요, 가난하고 어려운 이들을 진정으로 사랑하는 예수님의 제자요, 우리 한국을 참으로 좋아하는 우리들의 친구이다. 그는 군사 독재 시대 우리 조국의 민주화를 위하여 한국과 호주의 정부나 각계 사회단체는 물론 세계교회와 연대하며 온갖 힘을 기울여 왔다. 그는 한국에서 선교사로 일할 때는 물론, 호주로 돌아온 후에도 줄기차게 군사 독재정권의 종식과 인권의 신장과 경제적으로 정의로운 사회를 위하여 기도하고, 편지하고, 설교하고, 방송하고, 투고하며 글을 쓰면서 온몸을 다하여 노력해 왔다. 나는 보통의 경우 내가 우리 조국에 대하여 비판하는 것은 당연시하면서도 외국인들이 우리나라에 대하여 비판적으로 말을 하거나 글을 쓰는 데 대해서는 언짢아 할 때가 많다. 그러나 변조은 목사가 우리나라 문제에 대하여 말할 때는 좀처럼 화가 나지 않는다. 그 이유는 변 목사는 진정으로 우리나라를 자기 나라처럼 사랑하고, 우리 사회를 안타까워하며, 우리나라 국민들이 잘살게 되기를 바라는 진심이 묻어나기 때문이다.

경상남도에서 농촌 전도자로 출발한 선교사 변 목사가 사회정의를 향한 신학적 반성을 할 즈음이었다. 그는 이미 1964년부터 간간히 마산에서부터 야간 기차를 타고 서울로 올라와 장로회신학대학교에서 히브리어와 구약신학을 가르쳐 왔는데 1969년부터는 아예 서울로 선교지를 변경하였다. 이때부터 그는 대한예수교장로회 총회 산하 호주선교부의 대표가 되어 총회에서 일하게 되었다. 변 목사는 총회의 각종 선교 사역에 협조하며 영등포도시산업선교회를 비롯한 여러 가지 사회선교 활동에 헌신하면서 장로회신학대학교의 전임 교수로 학생들을 가르치게 되었다.

신학교수로서의 변조은 목사는 성실하고 자상하면서도 친구 같은 선생님이었다. 특히 그의 한국어 강의는 권세열 목사와 함께 모든 학생들이 신기해할 정도였다. 변 목사는 우리들이 제출한 리포트나 시험지에 일일이 코멘트를 달고 잘못 쓴 맞춤법까지도 교정해서 되돌려 주었다. 당시 한국인 교수들 중에는 그렇게 하는 이가 한 분도 없을 때였으니 참 신선한 느낌을 주었다. 한 사람의 교수가 끼치는 영향이 얼마나 큰지 내 나이 70세가 되어 지금 호주의 신학교에서 가르치고 학습을 평가하는 모든 기준은 이때 변 목사에게 물려받은 것이다.

변 목사의 구약신학 강의는 예언자적 전통과 비전에 그 초점이 있었다. 지금도 눈에 선한 것은 주전 6세기 이스라엘 예언자들에 대한 그의 열정적 강의이다. 아모스서를 비롯하여 호세아서와 남북왕국의 부패한 정치와 이에 대한 예언자들의 저항 정신에 대한 그의 열변이 우리들의 가슴을 뜨겁게 해 주었다. 분명히 그분의 영향이 컸을 것이다. 당시의 시대적 아픔과 더불어 변 목사의 구약·신학으로부터 크게 도전을 받은 우리 반에서는 남달리 민주화와 인권, 그리고 사회정의와 빈민선교에 뛰어든 친구들이 많이 배출되었다.

하지만 세월이 흘러 지금까지도 변 목사가 진정으로 존경스럽고 또 참으로 아름답게 인생을 살아오신 분이라고 평가하는 것은 그의 구약신학이나 예언자신학에 대한 강의 때문이 아니다. 오히려 넬슨에서부터 시작하여 거제도를 거쳐 시드니와 캔버라에 이르기까지 그의 변치 않는 삶의 태도와 일관성 때문이다. 40년 전이나 지금이나 변함없이 불의를 미워하고, 정의를 추구하며, 약한 자를 변호하며, 자신은 검소하고 겸손하게 살아가는 그의 일관성 있는 사람됨의 바탕이 그를 존경받게 해 준다. 변 목사는 한국에서뿐만이 아니라 호주에서도 총회나 교회나 에큐메니컬 기관이나 각종 NGO를 비롯한 그 어디를 동원해서든지 우리 사회의 소수자들과 약자들의 편을 들어 주었다. 호주 원주민들의 편에 서서 그들의 슬픈 역사와 과거의 아픈 상처를 어루만지며 그들의 권익에 앞장서 왔다. 호주를 찾아오는 난민들을 위하여 교회가 정부의 정책에 영향을 미치도록 주도해 왔다. 한국인 이민자들을 비롯하여 아시아 이민자들을 위하여 동분서주하면서 온갖 뒤치닥거리를 마다하지 않았다. "진실로 이 지구 위에 단 한 사람의 가난하고 억울한 사람이 남게 된다 하더라도 우리 믿는 사람들과 교회가 그를 책임져야 합니다." 변 목사는 자주 그렇게 말하곤 했다. 그는 그가 신학교에서 가르친 신학과 그 자신의 삶을 구분하지 않고 살아온 예수님의 좋은 제자이다.

이제는 세월이 많이 흘러 지난날 조국의 민주화와 인권과 정의로운 사회를 위하여 고난받았던 친구들이 현실 정치에서 권력도 잡고 가진 자들의 편에 편입이 되어 허무한 생각이 들 때가 참 많이 있다. 예언자 선생님은 여전히 예언자의 자리를 지키고 있는데 예언자를 공부한 사람들은 아합도 되고 이세벨도 되어 버렸다. 며칠 전 우리 집을 방문한 변 목사는 한국 사회가 예전보다 좋아진 점도 있기는 하지만 오히려 교회가 더 크게 걱정이 된다고 하면서 이런 말을 하셨다. "내가 참 미안합니다. 그때 신학교에서 좀 더 잘 가르쳐야 했는데 내가 그만 잘못 가르쳤습니다."

## 6. 호주로 돌아온 후

1972년 7월 변조은 목사는 12년에 걸친 한국선교 사역을 마치고 호주 장로교 총회 에큐메니컬 선교와 국제 관계부에서 책임자로 일하게 되어 호주로 돌아왔다. 한국으로 파송을 받았을 때는 배를 타고 긴 항해를 했었는데 이제는 단숨에 비행기로 돌아왔다. 가난한 농촌교회의 전도자로, 존경받는 신학대학의 교수로, 그리고 한 시대의 고뇌하는 지성인으로서의 역할에 대해 대구 계명대학이 수여한 명예박사학위를 받고 호주가 준비하고 있는 에큐메니컬 시대, 새로운 사명을 위하여 부르심을 받았다.

1974년 변 목사는 시드니에서 최초의 한인교회를 설립하는 데 중심적 역할을 했다. 당시 시드니 한인 사회에는 약 30여 세대의 한인들이 살고 있었으며 때마침 월남전쟁이 종식되면서 월남에 가 있던 많은 한국인들이 호주로 모여들었다. 이들을 중심하여 자연스럽게 한국말로 예배와 친교를 나눌 수 있는 한인교회의 필요성이 제기되었다. 한국에서 선교사로 일했던 변조은 목사는 이 일을 위하여 준비된 사람이었다. 물론 이 교회는 어디까지나 한국인들이 중심이 된 최초의 한국인 이민교회였지만, 변 목사의 노력과 헌신적인 협조로 출발이 되었다. 변조은 목사는 한국 땅에 있는 한국 사람이든, 호주에서 살고 있는 한국 사람이든 운명적으로 한국인들과는 결코 그 인연을 끊을 수가 없는 사람이었다.

시드니 시내 남서부에 있는 워터루(Waterloo)에서 시작된 이 최초의 시드니 한인교회의 특징은 에큐메니컬 교회였다. 물론 여기에는 처음부터 교파의 구별이란 없었으며 심지어는 신구교의 장벽까지도 허물어졌다. 개신교 목사뿐만이 아니라 호주에 유학차 온 천주교회의 신부들까지도 함께하여 예배와 설교, 미사와 강론, 그리고 성도의 친교를 나누었다. 교우들 역시 과거 한국에서 통합 측이든 합동 측이든, 고신이든 기장이든, 감리교이든 성결교이든, 순복음이든 천주교인이든, 그 어떠한 구별도 없이 모두 하나가 되어 한 예배당에서 주님을 찬양하고 성도의 교제를 이루어 갔다. 그래서 교회 이름도 호주연합교회가 생기기 전부터 이미 '시드니한인연합교회'로 시작이 되었다. 이것은 지도자로서의 변조은 목사가 지닌 신학적 성격을 반영한 것이었다.

1977년 호주장로교회, 감리교회, 그리고 회중교회가 통합하여 호주연합교회(The Uniting Church in Australia)가 되기까지 호주교회는 일치를 위한 긴 신학적 여행을 했다. 물론 그중에는 지난날 주님의 몸을 찢어 놓았던 분열의 시대를 마감하고 새로운 에큐메니컬 시대를 맞이하여, 새로운 땅 호주에서 '족속과 방언과 백성과 나라'를 초월하여 생명수 강가에서 주를 찬양하는 천국의 환상을 바라본 믿음의 선각자들이 많이 있었다. 변조은 목사도 바로 이런 사람들 중 하나였다. 그는 '주께서 하나 되게 하신 것을 힘써 지켜 나가도록' 호주연합교회를 만들어 나가는 데 일익을 감당하였다. 변 목사는 스코틀랜드와 웨일즈와 잉글랜드만이 아니라 지구촌 모든 나라와 민족이 다 그리스도 안에서는 하나라는 사실을 확신하는 사람이었다. 호주연합교회가 형성될 당시 한국 파송선교사들을 비롯하여 대부분의 선교사들이 이 새롭게 만들어진 호주연합교회로 옮겨 온 것은 변조은이라고 하는 장로교 총회선교부 책임자의 신학적 노력이 가져다준 결과라고 할 수 있다. 호주연합교회가 탄생된 후 15년 동안, 그리고 일선 책임자의 자리에서 은퇴할 때까지 지난 20여 년에 걸쳐 변 목사는 세계선교부의 책임자로서 줄기차게 에큐메니컬 정신에 입각한 평화와 정의, 일치와 평등을 위하여 헌신했다.

한때 그는 교회의 성장보다는 교회의 사회적 책임이 보다 더 강조되어야 한다는 그의 신학적 확신을 넓혀 가기 위하여 호주연합교회 총회장에 입후보자로 나선 적이 있었으나 당선되지는 못했다. 하지만 그는 오히려 그가 있는 자리에서 '호주연합교회는 다문화교회'(The Uniting Church is A Multicultural Church)라고 하는 대단히 중요한 신학적 선언문을 만들어 내는 데 주도적인 역할을 해냈다. 호주연합교회 제3차 총회가 공식적으로 채택한 이 문서는 호주연합교회뿐만이 아니라 오늘날 세계교회가 지향해 나가야 할 신학적 성격과 선교의 방향을 지시해 주는 대단히 중요한 문서 가운데 하나이다. 변 목사가 이후 호주연합교회 원주민 총회(UAICC, The Uniting Aboriginal and Islander Christian Congress)에 깊은 관심과 애정을 갖고 개입하고 또 은퇴 후까지도 온 힘을 기울여 지난날 백인들이 이 땅에서 저지른 잘못을 회개하며 '참회의 날'(The Sorry Day)을 이끌어 내도록 교회의 목소리를 모으면서 뛰어다닌 것 역시도 모두 다 그의 이런 'Doing Theology'에 대한 성실함 때문이다. 변 목사는 호주연합교회 안에서만이 아니라 호주교회협의회(Australian Council of Churches)의 대표와 세계교회협의회(World Council of Churches) 중앙위원과 선교와 전도위원회의 위원을 비롯한 각종 에큐메니컬 기관에서 쉼 없이 교회를 새롭게 하고 세상을 바르게 하는 일에 정성을 다하여 일해 왔다. 본래부터 교회는 그리스도를 머리로 하는 하나의 지체이며 따라서 갈라서거나, 대립되거나, 경쟁적이 되어서는 안 된다는 것이 그의 신앙이며 신학이다. 분열된 교회는 세상에 대하여 도덕적 충고를 할 수 없다는 신학적 태도 위에 굳게 서서 종교개혁 후 계속되어 온 우리 교회의 쓰라렸던 분열의 시대를 마감하고 이제는 일치를 향하여 피차 겸손히 마음의 문을 열자는 것이었다. 변 목사는 이러한 원칙 위에 서서 한 시대 호주교회의 지도자로서 맡겨진 길을 잘 걸어왔다. "우리가 함께할 수 있는 일들은 함께해야 합니다. 함께할 수 없는 일만 따로따로 해야 합니다. 함께할 수 있는 일인 데도 불구하고 따로 하는 것은 죄를 짓는 것입니다." 이것이 그분이 내게 자주 들려준 에큐메니컬 신학이다.

## 7. 나가는 말

변조은은 목사이다. 그는 예수님의 뒤를 따라가는 선한 목자이다. 특히 그는 잃은 양과 울타리 밖에 있는 양들에 대하여 더 많이 마음을 쓴다. 사회적 약자와 소수자들을 위하여 평생 기도하며 그들에 대하여 관심을 기울이고 그들을 대변한다. 원주민들, 이민자들, 특별히 아시아 이민자들, 보트피플, 난민들, 가난한 사람들, 병든 이들, 버려진 사람들, 집 없는 이들, 북한 사람들과 탈북자들, 인권을 침해당하는 사람들, 억울한 사람들, 사회적으로·정치적으로·인종적으로·성적으로 차별받는 사람들, 가난과 내전과 전쟁으로 인하여 고통당하는 사람들, 동남아시아와 아프리카와 제3세계의 가난한 사람들, 변 목사는 이런 사람들을 편들어 주고 이런 사람들과 자신을 동일시하면서 이런 사람들을 섬기고 이들을 위해서 일해 왔다. 그는 선한 일에 참 부지런한 사람이다. 그는 악과 불의에 대해서는 분노하고 선과 의에 대해서는 기뻐한다.

변조은은 신학자이다. 그는 말씀을 깊이 연구하고 끊임없이 말씀을 묵상한다. 그는 성서 언어에 대하여 해박한 지식을 갖고 있으며 성서 해석에 있어서 남다른 통찰력을 지니고 있다. 그는 본문과 상황을 연결하는 데 있어 민감한 영안을 부여받았다. 그는 끊임없이 연구한다. 나이는 들었지만 늘 새로움을 향하여 목말라하며 새로운 학문적 세계를 향해 열린 마음을 갖는다. 그는 가르치는 것을 즐거워하며 말씀 따라 사는 것을 행복으로 여긴다. 그는 단순히 학자만이 아니라 교육자이다. 그의 학문적 입장은 교실 안에 머무는 것이 아니다. 그는 상아탑의 학자가 아니라 교회의 학자이다.

변조은은 착한 사람이다. 그는 선한 양심을 지니고 있다. 자신의 잘못은 머뭇거리지 않고 그 자리에서 인정하고 진심으로 사과한다. 그는 미안하다든가 잘못했다고 말하는 것을 하나도 부끄럽게 생각하지 않는다. 변 목사는 표정을 숨기지 못하는 사람이다. 잘못된 일이나 그릇된 사람에 대해서는 금방 얼굴을 붉힌다. 그런가 하면 다른 사람의 기쁨과 행복에 대해서는 어린아이처럼 좋아하며 어쩔 줄을 모른다. 그는 정이 많은 목회자이다. 우는 자들과 함께 울고, 웃는 자들과 같이 웃는 사람이다. 지난날 내가 한 교회를 떠나 몹시 우울해하고 아파할 때 그는 나를 찾아와 아침부터 저녁때까지 온종일 같이 이야기도 하고 기도도 하며 놀아 준 적이 있다. 그는 목사들의 목사이며 적어도 나에게는 영원한 선생님이다. 그런데도 불구하고 변 목사는 또한 나의 친구이다. 해마다 크리스마스 때가 되면 변 목사가 늘 우리 집을 방문한다. 선생님이기 때문에 내가 찾아뵈어야 할 것 같지만 그렇지 않다. 변 목사는 정말 좋은 친구요, 그저 순수하고 맑은 사람이라는 점을 잘 보여 주는 모습이다.

# 변조은 목사를 회고하다

인명진
(갈릴리교회 담임, 부산일신기독병원 이사장)

## 1. 영등포산업선교회와 변조은 목사

영등포산업선교회는 1958년 한국 최초로 세워진 노동자선교기관이다. 놀라운 사실은 한국 내에서 비교적 보수 교단이라 일컬어지는 대한예수교장로교(통합)에서 노동자들에 대한 선교를 소위 진보적 교단이라는 다른 교단에 앞서 시작했다는 것이다. 영등포산업선교회는 1970~1980년대 세계교회에 널리 알려졌고 한국의 민주화운동이나 노동운동 역사의 중심에 있었다. 한국교회나 세계교회에 알려진 대로 기장이나 감리교에 의해서 주도된 것이 아니라 사람들이 전혀 기대도, 짐작도 하지 못한 보수적인 예장 소속인 영등포산업선교회에 의해 이루어졌다는 사실은 이제쯤 바로잡아야 할 역사적 진실이다. 이는 무슨 교단주의나 주도권 다툼이 아니다. 사실을 사실대로 역사에 기록해야 한다는 당위성 때문이다. 시작된 역사가 그렇고 그 활동의 내용에 있어서 그렇다.

영등포산업선교회는 1958년 대한예수교장로회 경기노회에 의해 시작되었다. 이보다 앞서 예장총회는 총회의 결의로 1957년 총회 전도부 안에 산업선교중앙위원회를 설치하고 산업선교를 추진해 오던 중, 당시 공장이 밀집해 있던 영등포지역 관할 노회인 경기노회가 이 일을 시작하게 되었다. 물론 예장총회가 이렇게 하기까지 당시 EACC(East Asia Christian Council)의 산업선교 담당 총무였던 미국장로교 선교사 헨리 존스 목사의 강력한 권고가 있었고, 우리 총회 지도자들의 "고기가 많은 곳에 그물을 던져야 한다."는 복음전도의 열정과 전략에 기인했다 하겠다.

## 2. 호주교회와 영등포산업선교회와의 관계 시작

영등포산업선교회의 역사를 보면 아주 초기를 제외하고는 외국교회와의 긴밀한 협력 속에 진행되었는데, 그 직접적인 협력 관계가 호주교회—처음에는 호주장로교회, 후에는 호주연합교회(Uniting Church of Australia)—와 이루어졌다. 영등포산업선교회에 처음 온 선교사는 호주선교사 딕 우든(Rev Dick Frank Wootton)이었고, 그 이후 연이어 무려 7명의 호주교회 파송선교사가 영등포산업선교회에 와서 함께 동역하였다. 그 기간이 수십 년에 이르는데 이 같은 예는 한국 내에 있는 그 어떤 선교 기관에서도 찾아볼 수 없는 특이한 일이다.

결론적으로 말할 수 있는 것은 영등포산업선교회가 공헌한 한국교회 역사뿐만 아니라 노동운동의 역사, 민주화운동의 역사, 인권운동의 역사는 호주교회와의 협력 속에서 이룩한 성과였다고 해도 과언이 아니다. 그러므로 한국의 현대사와 한국교회 속에 영등포산업선교회의 공헌이 있었다고 한다면 그 공은 마땅히 호주교회와 나누어야 할 것이다.

## 3. 영등포산업선교회와 우택인 목사

우택인 목사(Rev Richard Frank Woottoon, 1964-1969)는 호주장로교회 파송선교사로서 1964년 7월에 한국에 와서 한국어를 익힌 다음 영등포산업선교회에 와서 조지송 목사와 협력하여 그의 선교 사역을 시작하였다. 우택인 목사는 호주에서 면허를 가진 배관기술자로 난방, 용접, 에어컨디션 설비의 전문가였다. 목사가 되기 전 그 방면에서 일을 한 노동자로서의 경험이 있었기에 그가 한국에서 노동자선교를 위해 영등포산업선교회에 온 것은 너무도 당연한 일이었다. 우택인 목사가 영등포산업선교회에서 한 일은 홍콩산업선교회(CIC), 일본산업선교회, 필리핀과 다른 아시아 국가들의 산업선교 조직과 연대를 맺고 그들과 영등포산업선교회 간의 교류를 증진하는 일이었다. 우택인 목사는 영등포산업선교회에서 5년 남짓한 선교 협력 사역을 마치고 1969년 호주로 귀국하였는데, 그는 호주에 귀국한 이후 오히려 한국의 노동자선교, 인권선교, 민주화운동을 위해 더 많은 일을 하였다. 즉, 그는 호주장로교회 총회(후에 호주연합교회) 세계선교위원회의 인권총무로서 그리고 아시아기독교교회협의회(CCA)와 세계교회협의회의 국제관계위원회(WCC-CCIA)의 위원으로서 한국의 인권과 민주화를 위한 운동을 강력히 지원하여 큰 업적을 남겼다. 뿐만 아니라 남북의 평화 문제에도 깊은 관심을 가지고 북한을 여러 번 방문하여 남북교회 간의 교류와 북한 그리스도연맹과 세계교회와의 관계를 증진하는 일에 큰 기여를 하였다.

우택인 목사는 한국에 있었을 때보다 한국을 떠났을 때 더 많이 한국을 위해 일했으며, 영등포산업선교회에서 일한 기간보다 훨씬 더 오랜 세월 동안 영등포산업선교회의 동역자로서 더 많이 헌신하였다. 그래서 우택인 목사는 영등포산업선교회의 영원한 선교 동역자라고 할 수 있다.

## 4. 인명진 목사와 호주교회

필자가 영등포산업선교회에서 일한 것은 산업선교 훈련을 시작한 1972년 4월부터 그곳을 떠난 1984년 4월까지 만 13년이다. 이때는 영등포산업선교회의 40여 년 역사 가운데 가장 주목할 만한 시기였다. 수많은 노동자 투쟁이 영등포산업선교회를 중심으로 일어났고 그래서 한국의 노동운동, 인권운동, 민주화운동에 영등포산업선교회가 구심적인 역할을 담당하던 시기였다. 그만큼 정부의 탄압이 심했던 시기로 필자는 4차례에 걸쳐 3년여의 감옥생활을 했으며, 다른 산업선교 실무자들도 체포, 조사, 구금 등의 탄압을 받았던 시기였다. 그래서 영등포산업선교회는 세계교회의 주목을 받았고, 기도의 대상이 되었다.

반면 영등포산업선교회가 한국교회와 가장 심한 갈등과 대립 관계에 있던 시기였다. 노회의 비우호적인 태도와 때로는 억압 단계까지 이르러 그동안 이어져 온 한국교회로부터의 재정적 지원 중단, 심지어는 군사정부의 중앙정보부로부터 압력을 받은 총회로부터 탄압과 산업선교 폐지의 위기, 교회 안팎의 산업선교 반대자들의 반산업선교운동과 산업선교 비난과 흑색선전의 책자, 방송, 신문의 왜곡보도 등 산업선교의 암흑 시기였다.

그럼에도 불구하고 산업선교가 그 역사상 노동자들의 가장 많은 신뢰와 가장 강력한 연대를 이룬 자랑스러운 역사를 가진 때도 이때이다. 바로 이때 필자는 영등포산업선교회의 실무자와 총무로 일하였다. 그때 조지송, 명노선, 신철영, 송진섭 등 훌륭하고 헌신적인 동역자들과 함께 일할 수 있었음을 지금도 자랑으로 생각한다. 필자가 산업선교에서 일하게 된 것은 전적으로 당시 호주선교사로서 장로회신학대학교에서 구약학 교수로 있던 변조은(John P. Brown) 목사의 권고와 주선으로 이루어졌다.

필자가 신학교 3학년 졸업반으로 앞으로의 진로를 고민할 때 변조은 목사는 교회 목회로 가는 것보다 외국 유학이든지 산업선교로 가는 것이 어떻겠느냐는 권고를 했고, 필자는 산업선교를 하기로 결정했다. 물론 필자가 산업선교를 선택한 것은 당시 누구의 권유 때문만이 아니라 가난한 이들을 사랑하시던 예수님의 삶을 본받으려는 신앙고백적 결단이었다. 산업선교를 하기로 작정하고 영등포산업선교회를 찾아간 필자에게 조지송 목사는 아주 뜻밖의 말을 하였다. 그것은 누구든 산업선교를 하려는 사람은 1년간 공장에 가서 노동자로서 노동 경험을 해야 한다는 것이었다. 물론 충분히 이해가 가는 일이었고 얼마든지 받아들일 수 있는 조건이었다. 그리고 또 한 가지 자신의 생활비에 대한 재정적 지원을 교회 혹은 기관에서 약속받아야 한다는 것이었다. 다시 말하면 자기 월급을 직접 후원받을 곳을 찾아야 한다는 것이었다. 당시 조지송 목사는 영락교회에서 주는 월급을 받고 있었으며, 여성 실무자였던 강행림 전도사는 서울노회 여전도회연합회에서 월급을 후원받고 있었다. 그러므로 필자에게도 그런 재정적 후원을 약속받아 오라는 것이었다.

당시에 영등포산업선교회는 실무자 인건비는 각자 후원교회 혹은 기관에서, 선교사업비는 노회와 지역교회의 후원헌금으로 충당하는 아주 재미있는 제도를 가지고 있었는데, 나중에 생각해 보니 이 제도 때문에 영등포산업선교회가 외국교회의 원조에 기대지 않고 선교 활동을 할 수 있었다. 한국의 다른 사회선교 기관들이 외원이 끊어지자 모두 없어졌던 것과 같은 일 없이 영등포산업선교회가 오늘날까지 유일하게 생존할 수 있는 요인이 되었다. 그런 의미에서 크게 평가받을 만한 선교

구조였다.

그러므로 당연히 영등포산업선교회 실무자들은 이중 소속을 갖게 되었다. 즉, 조지송 목사는 영락교회 소속목사로서 영등포산업선교회에 파송되어 영등포산업선교회의 실무자로서 일을 하는 것이었다. 따라서 영등포산업선교회 실무자들은 늘 자기를 파송한 교회나 기관과 긴밀한 관계를 갖고 정치적으로 산업선교 활동을 보고하곤 하였다. 물론 이와 같은 훌륭한 제도는 1970년대 말 한국 정부 정보기관이 파송교회나 기관에 압력을 가해서 할 수 없이 중단하게 되었고, 결국 영등포산업선교회도 1980년 초부터 다른 사회선교단체처럼 선교회 스스로가 재원을 마련해서 실무자들의 월급을 줄 수밖에 없었다. 하여간 이러한 상황 속에서 영등포산업선교회가 필자에게 재정후원자를 찾아오라고 한 것은 너무도 당연한 일이었고, 필자는 이 일을 변조은 목사와 의논하여 호주선교부가 필자의 재정후원자가 되겠다는 약속을 받고 드디어 영등포산업선교회의 일을 할 수 있게 되었다.

그리고 이와 같은 필자에 대한 호주장로교회(후에는 호주연합교회)의 재정적 지원은 필자가 영등포산업선교회를 떠나는 날까지 13년 동안 계속해서 이어졌다. 필자는 호주교회가 파송한 한국인선교사였던 셈이다. 그래서 필자는 13년 동안 영등포산업선교회가 한국의 민주화와 인권 증진 활동, 노동운동에 끼친 공헌이 있었다면 그것은 필자를 재정적으로 지원하며 그런 일을 하게 한 호주교회에 돌려야 한다고 늘 생각하고 있다. 그리고 다른 한편 필자가 한국교회의 지원을 받지 못하고 한국교회가 파송한 실무자로서 활동하지 못한 것에 대한 아쉬움과 섭섭함이 있다. 결과적으로 1970년대 영등포산업선교회 활동은 호주교회와 함께한 선교의 사역이었다는 사실을 잊지 말고 기억해야 하며 역사에 기록해야 할 것이다.

또한 호주교회는 필자에 대한 계속되는 재정적 지원뿐만 아니라 영등포산업선교회가 정부의 탄압으로 고난을 받을 때 온 교회가 기도와 격려, 그리고 한국 정부에 대한 항의로 또 세계교회와의 연대와 협력을 통해서 영등포산업선교회를 눈물겹게 지원해 왔다는 점이다. 산업선교와 노동운동을 지원하기 위한 모금 활동, 기도모임, 호주교회에서 관심을 불러일으키는 일 등을 열심히 해서 우리를 지원하였다. 주일학교 공과책의 한 단원을 영등포산업선교회를 소개하는 내용으로 실었고, 매해 영등포산업선교회 활동을 소개하는 달력을 만들어 호주교회 안에 배포하여 영등포산업선교회 활동에 관심과 기도를 불러일으켰다. 이와 같은 호주교회의 적극적인 관심과 지원과 협력은 호주교회가 우택인 목사의 뒤를 이어 1976년 나병도(Steven Lavender) 선교사를 보낸 후 6명의 선교사를 계속해서 영등포산업선교회로 보낸 사실에서 더욱 분명하게 증명하고 있다.

필자에 대한 호주교회의 지원은 필자가 영등포산업선교회를 떠난 1984년에 이어 그 후 2년간 그리고 1981년 1년간 호주에 머무를 수 있도록 온 가족에 대한 재정적 지원까지 계속되었다. 결론적으로 영등포산업선교회는 한국교회와 호주교회가 함께 협력하여 수행한 선교 활동이었다 해도 과언이 아니다. 그러므로 영등포산업선교회가 받는 칭찬과 역사 속에서 인정받는 업적이 있다면 그것은 당연히 호주교회의 몫도 있다는 사실을 잊지 말아야 할 것이다.

## 5. 영등포산업선교회에 파송된 호주선교사

영등포산업선교회 초기 호주장로교회선교부가 파송한 우택인 목사가 호주로 돌아간 후 영등포산업선교회에는 미국 남장로교선교부 소속선교사인 함부만 선교사가 와서 일하게 되었다. 함부만 선교사는 그의 할아버지 때부터 우리나라에서 선교를 해 왔던 집안의 사람이었지만 노동자선교에 특별한 사명이나 관심이 없어 보였다. 그러다 보니 영등포산업선교회의 실무자들과도 잘 협력하지 못하다가 결국 실무자들의 요청으로 본국으로 돌아가게 되었고, 영등포산업선교회는 다시 선교동역자를 찾게 되었다.

당시 영등포산업선교회가 선교사를 필요로 하는 것은 몇 가지 이유에서였다. 첫째는 산업선교가 하는 일의 성격상 외국선교 기관(CCA, WCC 및 각 나라의 산업선교 단체)과의 긴밀한 연락을 갖기 위해서 영어에 능통한 사람이 꼭 필요했고, 둘째는 외국에서 찾아오는 손님들에게 산업선교 활동 내역을 잘 설명할 수 있는 사람이 있어야 했고, 셋째로는 외국교회가 파송한 선교사가 있으므로 산업선교를 탄압하던 정부가 산업선교를 함부로 대하지 못하게 하는 효과가 있었고, 마지막으로 산업선교 활동을 못마땅하게 여기던 한국교회에 오랜 선교 협력 관계에 있는 정통 협력 교단(미국장로교, 호주장로교 등) 대표가 산업선교에 관심을 가지고 협력하는 모습을 보여 주므로 한국교회 안에서 산업선교의 정당성을 확인하는 의미가 있었다. 또 선교사를 파송한 교회로부터 약간의 재정적 지원을 기대하는 면도 있었다. 이와 같은 다양한 이유로 선교사가 꼭 필요했고 영등포산업선교회는 호주장로교회에 선교사 파송을 요청하기에 이르렀다. 당시 영등포산업선교회에 많은 관심을 가지고 필자를 영등포산업선교회에 보내어 인건비 등 재정적 지원을 하고 있던 변조은 목사가 호주장로교회 해외선교부 총무로 있었으니 호주장로교회에 선교사 파송을 요청하는 것은 당연한 일이었다.

당시 영등포산업선교회 총무였던 필자는 호주장로교회에 선교사 파송을 요청하면서 다음과 같은 조건을 제시하였다. 첫째, 한국 사람이 사는 집에서 살아야 한다. 둘째, 영등포산업선교회 실무자들이 받는 사례비 기준으로 월급을 받아야 한다. 셋째, 선교사에 대한 사례비는 호주교회가 직접 주어서는 안 되고 영등포산업선교회 위원회로 보내서 영등포산업선교회가 지급하게 한다. 넷째, 영등포산업선교회 실무자들과 똑같은 시간, 똑같은 조건으로 일해야 한다. 마지막으로 산업선교 일을 하기 전 어학연수 이외에 영등포산업선교회 실무자로서의 최소한의 훈련을 받아야 한다. 호주교회에 내세운 이와 같은 조건은 당시로서는 파격적인 제안이었다. 왜냐하면 당시만 하더라도 미국선교사들은 한국 사람과 같이 살지 않고 연희동에 선교사 타운을 지어 놓고 살면서 월급은 자기네 나라 기준으로 자기 나라 선교부에서 직접 받았고, 행정적으로 한국교회의 지시를 받지 않고 독립적으로 일하고 있었다. 그러므로 이 같은 영등포산업선교회의 선교사 파송 조건은 한국에 있던 선교사 사회는 물론 한국에 선교사를 오랫동안 파송해 오던 다른 나라 교회의 해외선교부에 큰 충격과 파장을 불러일으켰다. 그런데 재미있는 일은 이 제안을 받은 호주장로교회 세계선교부는 이를 흔쾌히 동의하고 이런 조건으로 한국에 갈 선교사를 찾는 광고를 게재하였고, 이에 자원하여 나선 사람이 나병도(Steven Victor Lavender, 1976-1978) 선교사였다. 그는 그동안 한국에 온 그 수많은 해외교회 선교사들 가운데 전례를 찾을 수 없는 전혀 새로운 차원의 선교 협력 관계를 시작한 최초의 선교사가 되었다.

나병도 선교사는 호주 빅토리아의 부유한 집안 아들로 멜버른에 있는 명문 링우드 고등학교와 멜버른 대학을 졸업했다. 그는 대학을 졸업한 후 그의 전공을 따라 회계사로 일했고, 인종 착취에 반대하는 운동에도 참여하였는데 이는 그가 대학생활 중 해 왔던 기독학생운동의 영향이었을 것이다. 나병도 선교사는 1976년 6월 7일 서울에 도착했고 곧바로 영등포산업선교회가 마련한 양평동의 판잣집에서 살면서 낮에는 연세대학교 한국어학당에서 한국말을 배웠다. 나병도 선교사가 살던 양평동의 판잣집 방은 집 옆으로 비스듬히 달아낸 방으로 키가 큰 나병도 선교사는 방의 반은 허리를 펴지 못하고 구부리고 있어야 하는 열악한 환경이었다. 또 그해 여름 장마철에는 지붕이 새서 방 안에 그릇을 들여놓고 빗물을 받았고 재래화장실을 사용했다. 이런 환경 속에서 그가 어떻게 버텼는지 지금 생각하면 참으로 미안하고, 훈련이기는 하지만 너무 심했다는 생각을 한다. 하지만 당시 그가 함께 일해야 할 여성노동자들은 그보다 더 열악한 환경 속에서 살고 있었으므로 그런 훈련이 필요하다고 생각했다. 이와 같은 6개월 동안의 훈련은 그가 영등포산업선교회에서 일할 때 그가 만나는 노동자들을 더 이해할 수 있고, 일체감을 가지며 노동자들의 아픔을 함께 느낄 수 있는 좋은 훈련이 되었다. 그래서 그의 영등포산업선교회에서의 선교 사역 기간이 비록 짧았지만(약 2년) 그 어느 누구보다도 큰 역할을 할 수 있었다 하겠다.

나병도 선교사는 영등포산업선교회에서 소그룹 모임에 오는 노동자들을 만나서 이야기를 나누고 영등포산업선교회와 관련된 각종 노사 문제에 적극적으로 참여하였다. 노동자들을 탄압하는 군사 정부에 반대하는 노동자집회가 열릴 때마다 빠지지 않고 참여하였고(사실 이런 일은 선교사들에게 매우 조심스럽고 주저되는 일이었다.) 키가 큰 그의 모습은 산업선교를 감시하며 반정부집회에 참석하는 사람을 체크하는 한국 군사 정부의 정보기관에 뚜렷하게 노출되었을 것이 틀림없었다. 특별히 나병도 선교사의 중요한 활동은 영등포산업선교회에서 일어나는 일과 당시 한국의 민주화운동의 일들을 영문으로 작성하여 온 세계 매스컴과 해외교회와 CCA, WCC 등 해외교회에 알리는 일이었다. 나병도 선교사는 영등포산업선교회를 찾아오는 수많은 외국 언론 기관의 기자들과 에큐메니컬 관계자들에게 한국 안에서의 노동자 인권의 억압 상황과 그들의 투쟁에 대한 이야기를 설명하는 일에 열심을 다하였다. 또한 그는 다국적 기업 종사자들의 인권에 대해 관심을 가졌고 이에 대한 국제적 연대와 관심을 불러일으키는 일에 참여하였다.

당시 영등포산업선교회에는 한 달에도 수천 명의 노동자들이 드나들었고 이것은 정부나 기업에 큰 골칫거리였다. 다시 말해 거대한 반정부 조직이요, 군사 통치에 반대하는 민주화운동의 중심지였기 때문에 정부는 여러 가지 방법으로 영등포산업선교회를 탄압하고 와해시키려는 시도를 하였다. 영등포산업선교회를 용공으로 몰아서 교회와 사회로부터 격리시키려고 온갖 비난과 모략과 거짓 책자들을 펴내어 노동자들과 교회에 배포하였고 매스컴을 동원하여 선업선교를 공격하는 선전 활동을 자행하였지만 영등포산업선교회나 그와 관련된 노동자들이 동요하지 않고 오히려 그 활동이 강화되자 정부는 1978년 5월 1일 필자를 긴급조치 9호 위반혐의로 긴급체포 구속하였다. 청주산업선교회의 고난받는 농민들을 위한 기도회에서 행한 설교의 내용이 긴급조치 위반이라는 것이었다. 나중에 공소장을 받아 보니 필자가 설교 본문으로 읽은 구약 미가서 2 : 1~2 말씀과 7 : 2~3 말씀을 글자 하나 틀리지 않고 공소사실로 기록한 것이다. 즉, 하나님의 말씀이 긴급조치 9호를 위반한 꼴이 되었고 필자가 아닌 미가 선지자가 긴급조치 9호 위반으로 법정에 서서 재판을 받아야 하는 형국이 되었다. 더욱 기가 막힌 것은 이 사건을 지휘한 부장검사가 본 교단 소속 소망교회 이진우 장로라는 사실이었다. 장로가 목사를, 그것도 성경 본문을 긴급조치 위반이라고 구속하고 재판에 넘긴 것이다.

이 와중에 당연히 정부 당국의 탄압과 표적은 나병도 선교사에게 돌아가 그가 종교 활동이 아니라 정치 활동에 관여했다는 이유로 비자 갱신을 거부하고 6월 20일까지 한국을 떠나라는 추방명령을 내렸다. 결국 나병도 선교사는 6월 20일 많은 노동자들과 한국교회 지도자들의 눈물 속에 한국을 떠나 호주로 돌아가게 되었다. 이때 나병도 선교사는 자신의 심경을 이렇게 고백했다. “예수님이 세상에 계실 때 보여 주신 모범을 따라 살기 위해 애쓰는 중에 나의 신앙이 가난하고 억압받는 사람들과 함께 일하도록 나를 강제하고 있다”(변조은 저 「은혜의 증인들」 중에서 인용). 결국 나병도 선교사는 예수님이 가난하고 억울함을 당한 사람들과 함께한 것이 정치적인 것이었다고 하여 십자가에 처형을 당했던 것과 똑같은 경우를 당하게 된 것이다.

영등포산업선교회를 탄압하고 없애려고 했던 정부의 시도는 성공하는 것처럼 보였지만 결국 실패하고 오히려 영등포산업선교회 활동은 더욱 강화되었다. 미가서 성경 구절로 필자를 기소한 사건은 보수적인 한국교회를 분노하게 했고, 그동안 산업선교를 비난하고 탄압한 정부의 정책이 얼마나 거짓된 것이며 산업선교가 얼마나 그리스도의 말씀에 든든히 서서 일하는 선교 기관인가를 한국교회 안에 그리고 온 세상에 적나라하게 드러내는 사건이 되었다. 호주로 추방된 나병도 선교사는 한국에 있을 때보다도 더 많이 한국의 노동자 인권을 위하여 그리고 한국의 민주화를 위하여 일을 하였다. 특별히 호주 국민들에게 또 호주교회에 한국의 인권과 민주화를 위한 지원을 이끌어 내는 일에 크게 공헌하였다. 하나님이 하시는 일은 때로 사람의 생각을 뛰어넘는 역사로 나타나는데 호주의 젊은 청년선교사 스티븐 빅터 라벤더의 경우가 그러하다.

그 후 변조은 목사는 안도선 선교사(Antony David Francis Dawson, 1981-1985), 임경란 선교사(Kelly Yim, 1986-1991) 등 6명의 선교사를 한국에 보내는 일을 직접 혹은 간접으로 지원하므로 오늘의 영등포산업선교회가 있게 하였다. 실로 변조은 목사는 영등포산업선교회의 역사 속에서 잊지 못할 동역자이며 영등포산업선교회가 이룩한 성과 중에 상당한 몫을 감당한 분이라 할 것이다.

## 6. 변조은 목사와의 개인적 관계와 몇 가지 에피소드

필자가 한국신학대학교를 졸업하고 장로회신학대학원에 입학했을 때 당황스러워했던 일 중의 하나가 교수님들의 강의 내용이었다. 필자가 한국신학대학교에서 공부할 때 그곳에는 한국 신학계의 거두들이 교수진으로 있었다. 구약신학의 김정준, 문익환, 신약신학의 전경연, 안병무, 기독교 원리의 정하은, 기독교교육의 문동환, 조직신학의 서남동, 교회사의 이장식, 주재용, 그리고 김재준, 이수정 등 대단한 신학자들이 있었다. 필자는 그들에게 신학을 배웠는데 그것은 필자에게 큰 행운

이었으며 지금도 그것을 자랑으로 삼고 있다. 그런데 장로회신학대학원에서의 교수진은 솔직히 학문적으로 그들의 수준에 도달하지 못한다고 생각했다. 그러나 장로회신학대학원 교수들은 인격적으로 훌륭한 분들이었다. 그래서 필자는 한국신학대학교에서는 학문을 배웠고 장로회신학대학원에서는 인격을 배웠다고 술회하곤 한다.

1) 구약신학을 가르치는 파란 눈의 교수

그런 가운데 유독 구약신학을 가르치는 호주선교사인 변조은 목사의 학문은 깊이가 있고 세계적인 신학계의 흐름을 따르고 있었다. 필자는 그 강의를 들으면서 구약을 좋아하게 되었으며, 졸업논문도 구약의 모세오경에 대한 것을 썼고, 필자의 신학사상도 구약적이며, 교회에서 설교할 때도 구약 본문을 주로 선택하게 되었다. 사실 한국신학대학교를 다닐 때는 기독교교육에 몰두하였고 일반교회에 가서 교육적 목회를 해야겠다는 다소 평범한 생각을 가지고 있었다. 그런데 이 같은 필자의 신학적 취향이 장로회신학대학원에 와서 변조은 목사 때문에 바뀌게 된 것이다. 필자가 미가서 본문을 읽고 긴급조치 위반으로 감옥에 가게 된 것도 사실은 구약에 관심이 없었더라면 미가서를 본문으로 선택하지도 않았겠고, 그러면 감옥에도 가지 않았을 텐데 구약을 좋아하다가 감옥까지 가게 된 것이다. 이 모두가 변조은 목사 때문에 생긴 일이다. 변조은 목사는 우리들에게 모세오경의 모세전통, 예언자들의 정의를 위한 외침 등에 대해서 가르쳤으며 이것이 성경이 가르치는 중심적인 하나님의 뜻이라고 강조하였다. 그래서 그는 구약이 진짜 성경이라고 농담처럼 말하곤 했다. 한번은 영등포산업선교회에 와서 설교를 하게 되었는데 필자가 신약성경을 갖다 드렸더니 "진짜 성경을 달라."고 해서 구약을 갖다 드렸던 적도 있다.

변조은 목사는 당시 점점 군사독재로 치닫는 우리나라 정치 현실에 대해서 깊은 우려를 가지고 있었으며 조심스럽게 이에 대해 말하곤 했다. 그러나 그 무엇보다도 그는 노동자나 가난한 이들에 대한 관심을 가지고 있었다. 필자가 신대원 재학시절 2학년 때 전태일 분신 사건이 일어났고, 3학년 때는 김진숙 사건이 터졌는데 변조은 목사는 늘 이 문제에 깊은 관심을 가졌고 우리들이 이 문제에 관여하는 것을 적극 지지하고 응원해 주었다. 특별히 김진숙 사건은 당시 장로회신학대학교 동료 교수인 한철하 교수와 관련된 아주 미묘한 사건이었음에도 변조은 목사는 아주 분명하게 노동자 편이었고 노동자들을 지원하는 우리들 편이었다. 쉽지 않은 일인데 말이다. 필자는 이러한 일에 많은 감명을 받았다.

### 2) 변조은 목사의 권유로 산업선교를 하게 되다

학교를 졸업하고 진로 때문에 고민하는 필자에게 큰 교회 부목사로 들어가서 의미 없는 심부름이나 하지 말고 가난한 노동자들을 위한 산업선교를 하라고 권고한 분도 변조은 목사이다. 사실 필자는 변조은 목사 때문에 산업선교를 하게 되었다고 해도 과언이 아니었다. 생각해 보면 필자가 산업선교를 하는 13년과 그 후 2년간의 호주에서의 생활 등에서 필자와 가족을 재정적으로 도운 것은 자신 때문에 필자가 산업선교를 하면서 고생하게 되었다는 변조은 목사의 자책 때문이 아니었을까 하는 생각이 든다. 감옥에 들어갔을 때, 군인들에게 잡혀가서 두 달이나 행방불명이 되었을 때 호주교회와 호주 정부를 움직여서 생사를 확인하고 결국 호주로 망명처를 마련한 것도 필자에 대한 변조은 목사의 책임감 때문이었을 것이라 짐작이 된다.

변조은 목사 때문에 산업선교를 하게 되었고 이로 인해 온갖 고생을 다 하고 있다는 걸 알게 된 필자의 부모는 변조은 목사에 대한 유감이 대단했다. 그래서 필자가 감옥에 들어가 있을 때 한국을 잠시 방문한 변조은 목사가 그 바쁜 틈을 내서 시골 필자의 고향을 찾아가 부모님에게 위로의 말을 했다는 이야기를 후에 들었다.

### 3) 36세에 배운 영어

한 가지만 더 변조은 목사와 엮인 에피소드를 글로 남기려 한다. 1980년 호주교회와 호주 정부의 주선으로 호주로 쫓겨난 필자에게 변조은 목사는 앞으로 무엇을 하고 싶으냐고 물었다.

"어떻게 하면 혁명이 성공할 수 있으며, 혁명에 성공한 나라는 어떤 사회를 이루었는가를 찾아가 보고 싶다."고 대답했다. 그 말을 들은 변조은 목사는 "좋은 생각이다. 그러려면 세계 여러 나라를 찾아다녀야 하는데 한 가지 문제는 인 목사가 영어를 못하는 거다. 우리 교회가 인 목사 비행기 값을 줄 수는 있지만 통역비는 못 준다. 그러니 영어를 배워야 한다."고 했다.

사실 그동안 필자가 일부러 영어를 안 배우고 안 쓰고 영어를 싫어하는 것을 변조은 목사가 너무 잘 알고 있었기 때문에 이번 기회에 영어를 배우게 하려는 깊은 배려가 있었다는 것을 나중에 알게 되었다. 그래서 할 수 없이 필자는 시드니 소재 NSW대학 언어학당에 입학해서 아침 9시부터 저녁 4시까지 굿모닝부터 시작해서 영어를 배우게 되었다. 한국 사람들 하고 살면 영어가 늘지 않는다면서 은퇴한 장로님 댁에 하숙을 얻어 주어서 영어공부에 열중할 수 있도록 세심한 배려를 해 주어서 필자 나이 36세 때 영어를 배우게 되었다. 그 나이에 배운 영어가 얼마나 신통하겠느냐마는 변조은 목사 때문에 억지로 배운 영어 덕분에 얼마나 많은 덕을 보게 되었는지 때때로 변조은 목사에게 이 일로 감사드리고 있다.

### 4) 호주교회에서의 2년

1980년대 호주에 있는 동안 변조은 목사는 우리 가족을 호주에 데려오는 일에 앞장섰다. 한국 정부를 설득하고 호주 정부에 협조를 구하여 머무를 집이나 재정을 마련하는 등 어려운 일이 한두 가지가 아니었을 것이다. 하여간 그래서 필자가 호주에 간 지 6개월 만에 가족이 모두 호주에 오게 되었다. 정말로 모처럼 평화로운 가정의 삶이 시작된 것이다. 우리 가족이 호주에 온 날 변조은 목사는 "온 가족이 호주에 와서 살게 된 것을 축하한다."며 퇴근길에 꽃을 사들고 우리 집에 오셨다. 아마도 그런 상황은 자신 때문에 식구들이 고생한다고 생각하여 늘 미안한 마음을 가지고 있던 변조은 목사가 가장 바라는 일이었을 것이다. 그런데 변조은 목사가 한 달 생활비라고 봉투를 놓고 갔는데 열어 보니 생각했던 만큼의 액수가 아니었다. 이상하다는 생각이 들어 그길로 옆집에 사는 호주교회 목사님 댁을 찾아가 호주교회 목사들은 한 달에 얼마를 받느냐고 물었다. 생각했던 대로 턱없이 차이가 나는 액수였다. 막 짐을 풀려는 아내에게 가방을 풀지 말고 그냥 놓아두라고 하고 자초지종을 말하니 아내도 더 이상 어쩌지 못하고 가방을 풀지도 않은 채 호주에서의 첫날 밤을 보냈다.

다음날 아침 일찍 변조은 목사를 찾아가 그만 고국으로 돌아가겠다고 하자 변조은 목사는 깜짝 놀라며 도대체 무슨 일이냐고 물었다.

"그동안 호주교회가 저와 산업선교회를 재정적으로 도와주어서 늘 감사하게 생각한다. 그리스도 안에서 한 형제라는데 바로 이런 것이구나 생각하고 감동했는데 이제 보니 그 모든 것이 거짓말이라는 것을 알게 되었다. 당신들은 말만 그럴싸한 말로 포장된 위선자들이다. 당장 한국으로 돌아가겠다."

이 말을 듣고 변조은 목사가 도대체 왜 그러냐고 다시 물었다.

"한 달 월급으로 준 봉투를 열어 보니 호주교회 목사들과는 차이가 많이 나는 액수이다. 어떻게 한 형제라고 하면서 어떤 형제는 많이 주고 어떤 형제는 조금 주는가? 차라리 형제라고 하지 말아야 한다. 아무튼 고국으로 돌아가겠다. 내가 가난한 나라에서 온 목사니까 이 돈만 가지고 생활하라고 하는데 물론 나는 한국에서 노동자처럼 살았지만 이건 경우가 아니다. 분명한 차별이고 위선이다."라고 말하자 변조은 목사가 "오해다. 그동안의 관례가 그렇다. 그리고 인 목사는 이곳에 공부하러 온 학생으로 되어 있기 때문에 그렇다."고 했다.

"아니 내가 무슨 공부를 하러 식구들까지 다 데리고 이 나라에 왔는가? 공부하러 온 것이 아니라 목사로서 왔는데 어떻게 그럴 수 있는가? 그리고 관례라면 그동안 수많은 사람들에게 잘못을 저질렀다는 것 아닌가? 그러니 나는 이제 돌아간다. 비행기 표 값을 주면 좋고 안 주면 내 돈으로 사서라도 돌아가겠다."고 강경하게 말했다. 그날 저녁에 변조은 목사가 찾아와 하는 말이 "아침에 인 목사 이야기를 듣고 생각하니 우리가 너무 생각이 모자랐다. 그래서 오후에 긴급선교위원회가 모여서 이 문제를 진지하게 논의한 결과 인 목사에게 사과하고 호주교회 목사와 똑같은 월급을 주기로 결정했으니 섭섭한 마음을 풀고 머물러 있어라."는 것이었다.

그러나 나는 "그것은 아주 잘된 결정이다. 다음 사람부터는 꼭 그렇게 하기를 바란다. 그러나 나는 돈에 연연한 사람이 아니다. 내가 이야기한 것은 돈 문제가 아니고, 내 문제가 아니라 성경에 대한 이야기이고 형제로서의 관계에 대한 이야기이다. 내 말을 들어준 것은 고맙지만 나는 돌아가겠다."고 하였다.

변조은 목사와 몇 번이나 실랑이를 하던 중 변조은 목사가 이런 말을 했다. "인 목사, 인 목사가 성경 이야기를 하는데 우리 호주교회가 잘못한 것을 깨닫고 용서해 달라고 하는데 그것을 받아들이고 용서를 해 주는 것이 성경의 가르침이 아니냐?"는 말에 더 이상 고집을 부릴 수가 없어 고집을 꺾고 그냥 있기로 하였다. 사실 그때는 내가 이긴 것처럼 생각되어 의기양양했는데 지나면 지날수록 호주교회가 이겼고 변조은 목사가 이겼다는 생각이다. 아니 누가 이기고 지고가 아니라 호주교회와 변조은 목사가 한국에서 망명 아닌 망명을 온 젊은 목사에게 베풀었던 넓은 마음에 감사할 뿐이다.

청년의 시절에 스승으로 만난 변조은 목사는 그렇게 내 인생 전체의 방향을 바꾸게 했다. 물론 그 길이 평탄한 것은 아니었고 그렇다고 사람들에게 지지와 환호를 받는 길도 아니었다. 때론 감옥에 들어가기도 하고 사람들에게 배반을 당하기도 하고 모욕을 당하기도 했던 길이었다. 그러나 그 길을 간 것에 대한 후회는 없다. 또 그 길로 인도한 나의 스승 변조은 목사에 대한 원망은 더더욱 없다. 그로 인해 목사로서 더 가까이 예수님을 따라 살 수 있었으며 더 가까이 가난한 사람들과 살 수 있었다. 이제 은퇴를 앞두고 야곱이 했던 말처럼 짧지만 평탄하지만은 않았던 지난날을 되돌아보니 묵묵히 내 옆에서 함께 가셨던 스승의 발자국이 보인다. 스승의 기도소리가 들린다. 스승이 내밀었던 따뜻한 손이 보인다. 그리고 울컥 스승을 향한 존경심으로 가슴이 벅차오른다.

오래 건강하시고 늘 부족한 제자 바른길로 가도록 돌보아 주시기를 멈추지 않는 스승이 되소서.

참고도서

「한국교회와 호주교회 이야기」(대한예수교장로회총회 편, 2012) 중 필자의 글 "영등포산업선교회와 호주교회"에서 많은 부분을 재인용함.

# 내가 만났던 변조은 목사

이상규
(고신대학교 교수, 부총장)

편집자로부터 변조은 목사님이 산수(傘壽)를 맞게 되었다는 소식과 함께 그를 기념하는 문집에 회고의 글을 써 달라는 부탁을 받았다. 그러나 내가 글을 쓸 자격이 있을까 하는 생각이 들어 다소 주저되는 바가 없지 않았지만 후일의 증거를 위해 변 목사님과 관련된 이야기를 소개하고자 한다. 우선 1960년 내한하여 1972년 한국을 떠나기까지 12년간 창원, 김해, 거제도 등 경상남도 지방과 서울에서 봉사하신 일에 대하여 깊이 감사드리고, 그 후에도 한국교회, 그리고 호주의 한인교회를 위해 귀한 가르침을 주신 일에 대하여 감사하지 않을 수 없다. 그의 봉사와 가르침의 결실들이 오늘의 한국교회 형성에 값진 초석이 되었을 것이다.

내가 그를 처음 만난 것은 1987년이었지만 그에 대해서는 그 이전부터 알고 있었다. 고등학교를 마치고 어느 신학대학에서 공부할 것인가를 두고 고심할 때 장로회신학대학교 안내서에서 그의 존명을 처음 듣게 되었고, 고려신학대학에 입학한 이후 성경신학을 공부하면서 「교회와 신학」 5집인가에 실린 그의 "한국교회 성서해석사"라는 논문을 읽으면서 그를 좀 더 알게 되었다. 그러다가 우연한 기회에 마산에 사는 이로부터 사진 한 장을 얻게 되었는데, 그것이 1963년 어떤 장지(葬地)에서 찍은 변 목사님 내외분의 사진이었다. 그 후에 변 목사님의 한국에서의 사역, 그리고 귀국 후 호주교회에서의 그의 사역에 대해 듣게 되었다.

그러던 중 나는 한국에 와서 일하던 호주 출신 OMF 선교사 세실리 모어(Cecelly Moar)의 추천으로 호주 유학을 생각하게 되었고, 호주장로교회의 한국선교사(宣教史)를 연구 주제로 생각하게 되었다. 그때 세실리로부터 이 분야 전문가인 변조은 목사님을 소개받았고, 1985년 10월 30일 나는 변 목사님께 자문을 구하는 한 통의 편지를 썼다. 이것이 변 목사님과의 공식적인 만남의 시작이었다. 꼭 한 달이 지난 11월 29일에 쓴 그의 답신을 12월 초에 받았는데, 호주교회의 한국선교 역사는 미개척 분야로서 연구해 볼 만한 가치가 있다는 점과 나의 연구 구상을 격려해 주면서 멜버른 신학대학(MCD)의 John Henley 교수와 접촉하라고 안내해 주었다. 그러나 그와 접촉하지는 못했다.

도리어 세실리의 안내로 호주신학대학(ACT)과 접촉했는데, 호주신학대학과 장로교신학대학(PTC)이 나의 학위논문 프로포잘을 받아 주어 1987년 2월 말 나는 호주 멜버른으로 유학을 떠났다. 나는 멜버른 교외 복스 힐(Box Hill)이란 곳에 살면서 장로회신학대학에서 공부하고 있었는데, 3월 24일에는 통합 교단 사무총장으로 있었던 조성기 목사님을 만나게 되었다. 그는 내가 호주에서 만난 첫 한국인이었다. 그는 유학 후배인 나에게 많은 도움을 주었고, 특히 3월 28일 그의 집으로 초대하여 주었는데 처음으로 한국음식을 대접 받았던 일을 잊을 수 없다. 그 후에도 그는 나에게 여러 호의를 베풀어 주었다.

때로는 조 목사님과 함께 멜버른 시내에 있는 주립 도서관을 비롯하여 이곳저곳 산재한 자료를 찾아 도서관을 수색하던 중 변조은 목사님을 만나 그의 조언도 듣고 자문도 받으면 좋겠다는 생각이 들어 1987년 8월 3일 시드니에 계시던 변조은 목사님께 편지를 썼다. 호주장로교회의 한국선교 역사를 연구하기 위해 호주에 왔다는 점과 그를 만나 조언을 듣고 싶다는 내용의 편지였다. 8월 11일 자로 쓴 그의 답신에서 헬렌 매켄지(매혜란)와 조성기 목사, 그리고 장로교신학대학의 스완스톤(Robert Swanston) 교수로부터 나의 이야기를 들었다며 멜버른에 갈 때 만나자고 했다. 그래서 약속대로 1987년 8월 27일 목요일 오후 2시 10분 경 멜버른 시내 130번지 Little Collins Street에 있는 Uniting Church Center 5층 Dick Wooton(우인택) 목사 사무실 옆에서 그를 만났다. 이것이 변 목사님과의 첫 만남이었다.

딕 우튼 목사는 1964년 내한하여 도시산업선교회에서 봉사하고 1969년 호주로 돌아간 한국선교사 출신으로서 당시에 호주연합교회선교위원회 총무로 일하고 있었다. 그는 한국어를 거의 알지 못했고 겨우 인사할 정도였다. 한국을 떠난 지 15여 년이 지난 때였기 때문에 한국말을 잊으신 것으로 이해되었다. 그래서 영어로 대화할 수밖에 없었다. 그의 사무실에는 민주화를 요구하는 군중과 그들을 감시하는 군인, 군인 옆에 군인견이 떡 버티고 서 있는 한국 사진이 붙어 있었다. 이 사진을 보는 이들은 한국은 군사독재 국가라고 여기겠구나 하는 생각이 들어 한편 부끄럽기도 했지만, 이 40×30cm 정도의 액자에 들어 있는 사진은 인상적이었다. 그날 딕 우튼과 인사하고 그의 사무실 옆방에서 변조은 목사님과 여러 대화를 나누었다. 그날 조성기 목사님과 동행했는데, 우선 변 목사님의 한국어 실력에 놀라지 않을 수 없었다. 이런저런 교계 이야기를 하던 중 "아이구 머리야, 골치 아픕니다."라고 했던 한국말이 기억에 남아 있다. 이런 말까지도 잊지 않고 계시구나 하는 생각이 들었다.

나는 내한했던 호주선교사 중에 특히 주요한 기여를 했던 이들이 누구라고 생각하느냐고 물었더니 그는 데이비스(J. H. Davies), 멘지스(B. Menzies), 커를(Dr. H. Currell), 엥겔(G. Engel), 커닝햄(F. Cunningham), 매켄지(J. N. Mackenzie) 등을 꼽았고, 해방 후 인물로는 매켄지(Dr. H. Mackenzie), 던(E. Dunn), 그리고 자신도 다소 기여한 것이 아니겠느냐고 했다. 이때 변 목사님은 호주선교사들에 의해 시작된 부산진교회가 초량교회보다 적어도 6개월 먼저 설립되었다는 점을 헬렌 매켄지에게 들었다고 말하면서 나에게 한번 검토해 보면 좋겠다고 말했다.

이때 이후 때로는 편지로, 때로는 메일로 그와 대화하고 의견을 나누었다. 현재 남아 있는 나의 기록을 보니 2000년 이후로는 주로 전자 메일로 통신한 것 같다. 간간이 만난 적도 있지만 일상적인 대화였고, 마음의 대화를 나누지는 못했다. 2001년 내가 「부산 지방 기독교 전래사」를 출판했을 때나 2009년 영어로 쓴 책 *To Korea With Love*를 출판했을 때, 나는 이 책을 그에게로 보낸 바 있고 잘 받았다는 회신도 받은 일이 있다. 친근한 관계는 아니었을지 몰라도 1985년 이후 그와 접촉했으니 30여 년간 그를 알고 지낸 셈이다.

뒤돌아보면 내가 고신 출신이라는 점이 그와 친숙한 교제를 나누지 못한 이유가 아닌가 하는 생각이 든다. 고신 교단은 변 목사님이 속한 호주연합교회와 교류하지 않았고, 신학 입장에서도 큰 차이가 있어 내적인 이질감이 있었을 것이라고 생각된다. 헬렌 매켄지와도 그러했다. 내가 헬렌을 처음 만난 것은 멜버른에 도착한 지 한 달가량 된 1987년 4월 21일이었다. 영어로 이야기하던 중 나의 출신 배경 이야기를 듣더니 헬렌이 갑자기 한국말로 "고려파?"라고 물었다. 그때 나는 그의 말에서 고신교회에 대한 뭔가 부정적인 것을 감지할 수 있었다. 아마 한국에서 사역할 당시 고려파의 쓴 맛(?)을 본 것이 아닌가 하는 생각이 들었다. 헬렌도 마찬가지이지만 변 목사님과 깊이 교류하지 못하고 가르침을 받지 못한 일은 후회스런 일로 남아 있다.

변조은 목사님과의 관계에서 두 가지 일이 특별히 기억에 남아 있다. 첫째는 그가 내 박사학위 논문 심사위원(external examiner) 중에 한 분이었다는 점이다. 호주에서는 지도교수가 제외된 가운데 소속 학교의 심사를 거쳐 세 사람의 외부 전문가가 심사위원으로 위촉되는데, 그 한 사람이 변조은 목사님이었다. 나의 논문이 호주장로교회의 한국선교사를 다룬 논문이었으므로 변조은 목사님은 적절한 심사자로 학계에서 인정받고 있었다. 특히 한국의 장로회신학대학교에서와 계명대학교에서 명예신학박사학위를 받았으므로 호주신학대학 학위관리위원회는 그를 심사위원으로 위촉한 것이다. 그는 부족한 내 논문을 꼼꼼히 읽어 주었고, 유익한 지적을 해 주셨다. 심사보고서는 A4 용지 7장 분량이었는데, 첫 쪽 서두에서 "이 논문은 미개척 분야를 연구한 독창적이고 사려 깊은 연구이며…….."라고 하는 내용으로 논문의 장점을 한 문단 정도 지적한 후, 'However'라고 한 다음 논문의 문제점과 약점, 심지어는 오탈자에 이르기까지 6장에 걸쳐 자세히 지적해 주셨다. 다른 심사위원들도 마찬가지이지만 박사학위 후보자의 논문을 이처럼 철저하게 읽고 평가해 주는 일은 한국에서는 거의 찾아볼 수 없는 감동적인 일이었다. 그의 지적은 논문을 수정하고 보완하는 데 큰 도움이 되었다. 나는 논문에서 호주장로교회의 한국선교 배경이 되는 서구교회, 특히 영국을 중심으로 전개된 근대선교 역사와 선교의 동기에 대해 언급했는데, 변 목사님은 19세기 이후 서구교회선교에서 식민주의, 혹은 식민주의적 경향성에 대한 언급과 비평이 없다고 지적한 점이 기억에 남아 있다. 그의 지적과 충고 덕분에 Max Warren, van den Berg에 만족하고 있던 나는 19, 20세기 영국 중심의 개신교선교와 식민주의 문제를 다룬 *Brian Stanley*의 책에 관심을 갖게 되었다. 학위를 수여할 때 학위논문의 공헌 혹은 학술적 기여에 대해 언급하는 표창장(Citation)을 낭독하는데, 학위수여위원회는 변조은 박사가 평가한 부분을 인용해 주었다. 이 일도 내 기억에 남아 있다.

또 한 가지 기억에 남는 일은 그를 고신대학교 신학과 수업에 초청한 일이다. 2001년 3월 15일(목)의 일이었다. 이날 아침 부산역으로 가서 10시 30분 서울에서 기차로 내려온 변조은 목사님을 만났고, 그를 안내하여 부산 YMCA 사무실로 가서 사무총장 임동규 목사님을 만나게 했다. 약속대로 오후 1시 40분경에는 YMCA 직원의 차로 변조은 목사님이 영도의 고신대학교로 오셨고, 나의 사무실에서 환담했다. 이날 호주선교부의 초기 사역에 대해 의견을 나누었고, 내가 「기독교 사상」 5집에 쓴 호주장로교의 한국선교에 관한 글을 좋은 글이라고 격려해 주셨다. 나는 복병산의 위치, 데이비스의 무덤 등에 대해 안내해 주었다. 3시부터는 신학과 3학년 학생들에게 자신의 '한국에서의 선교 사역'에 대해 강연하고 학생들의 질문을 받았다. 4시에는 여자신학원 수업에서도 동일한 내용을 강의했다.

이날 강의에서 변 목사님은 자신이 28세의 나이로 1961년 9월 25일 내한한 이야기, 서울에서의 어학공부 및 한국에서의 초기생활, 마산을 거점으로 하여 창원, 통영, 거제도지역에서의 활동, 첫 안식년과 영농증대사업, 서울의 장로회신학대학교에서의 교수 사역, 한국에서의 은퇴와 은퇴 이후의 활동 등 자신이 살아온 삶의 여정을 소개해 주었다. 특별한 원고 없이 강의했으나 내가 강연 내용을 정리하였고, 혹 참고가 될 것 같아 정리한 원고를 그에게도 보내 주었다.

이날 강연에서 기억에 남는 것은 그가 한국으로 나올 당시 냉전 체제 속에서 자신도 반공사상이 강했고, 공산주의를 타파하려는 생각이 없지 않았지만 지금 생각해 보면 자신도 모르게 그런 냉전 구조 속에 있었다는 사실이 부끄럽게 생각된다고 했고, 자신이 속한 교회가 통합 교단과 협력했기 때문에 고신이나, 합동, 혹은 기장교회와 접촉하지 못한 일이 안타까웠다고 했다.

한국어를 공부한 지 얼마 안 되어 서울 회화동의 어떤 감리교회에서 설교를 하게 되었다고 한다. 그때는 영어로 설교하고 누군가가 통역해 주었는데 집으로 와서 녹음된 한국어 통역 설교를 반복해서 들으면서 한국어로 설교를 암기했다고 한다. 통역인의 발음은 물론, 억양, 음성의 고저와 장단까지 똑같이 완전하게 익혔다고 한다. 그 후에 마산문창교회에서 그동안 암기한 한국어로 설교했는데, 설교가 끝나자 장로님들이 한국어 설교가 아주 놀랍다는 표정으로 인사했지만 사실은 한마디도 알아듣지 못했다고 했던 말이 잊혀지지 않는다.

변조은 목사님에 대해 기억나는 몇 가지를 소개했다. 산수를 맞게 된 것을 축하드리고, 그를 기억하는 한국인이 적지 않다는 점은 한국교회에 대한 그의 기여와 영향이 적지 않다는 반증일 것이다. 그의 남은 생애도 더욱 복되기를 바랄 뿐이다.

# 나의 친구 브라운 씨 부부

박명화
(캔버라 콜롬바연합교회와 캔버라시티교회 담임)

"그냥 존이라고 불러요. 호주에서는 누구나 호칭을 부르지 않고 이름을 부르는 것이 자연스러워요. 그렇지 않으면 나도 명화를 박 선교사님이라고 불러야 하니까."

Rev Dr. John Brown AM, 변조은 목사, 박사, 호주 국민 훈장 수상자는 호주에 익숙하지 않은, 자식의 나이밖에 안 되는 나에게 자신을 그냥 존이라고 부르라고 했고, 26년 동안 나는 변조은 목사님을 존이라 부르면서 지내 왔다. 나는 존을 목사로, 신학교 교수로, 교계의 선교국 총무로, 내가 소속한 교회 목사님의 사부님으로, 나의 결혼 주례자로, 내 이력서의 신원 보증인으로, 뜻을 함께하는 운영위원으로, 친구로, 주 안에서 인연이 된 가족으로 지난 26년을 알아 왔다.

내가 존을 처음 만난 것은 선교지인 파키스탄을 떠나 호주에 있는 가톨릭 단체의 선교사를 위한 프로그램을 하고 있을 무렵인 1987년 11월이었다. 프로그램이 끝날 무렵 내가 개신교선교사이니 연합 교단의 해외 선교담당을 만나 보라는 제의를 받고 연합선교국을 찾아갔다. 존은 만나는 순간부터 아주 친절히 반기면서, 내가 이곳 호주에서 무엇을 해야 할지 생각한 것을 듣고는 지금 총회 사무실에 연합 교단 신학교 학장이 와 있으니 소개를 시켜 주겠다며 바로 나에게 그레엄 퍼거슨 신학교 학장을 소개시켜 주었다. 이것이 나를 연합 교단과의 인연을 가지게 한 첫 출발점이었다. 존은 항상 다른 사람의 필요가 무엇인지를 진지하게 들었고, 만일 자신이 징검다리 역할이라도 할 수 있다 생각하면 바로 실천에 옮기는 사람이었다. 존에게 실천이 따르지 않는 사려는 거의 없었다.

신학공부를 시작하면서 나는 목회 실습을 해야 되었는데 내가 한국 학생이었으므로 신학교의 실습 책임 교수는 나를 노마 브라운 목사가 시무하는 라켐바 교구로 보냈다. 노마 브라운 목사는 존과 함께 한국에서 선교사생활을 하였고, 호주로 돌아와서는 교사로, 교목으로 지내다가 쉰이 넘어 신학을 한 후 첫 목회지로 라켐바 교회의 담임 목사로 재직을 하고 있었다.

노마는 아주 규칙적인 분이었고, 아주 겸손하며 솔직하신 분이셨다. 나는 매주 노마와 만나 목회에 대한 이야기를 나누었는데, 노마 앞에 앉으면 마치 맑은 거울 앞에 선 것처럼 나의 부족함이나 서투름을 보게 되었다.

노마는 딸 같은 나이의 신학생인 나를 늘 동료로 대했고, 목회 상황에 나를 참여시켰으며, 목사들의 행사에도 항상 나를 데리고 갔다. 비록 짧은 기간의 실습이었지만, 나를 호주교회에 익숙하게 만들어 주었고 나로 하여금 아주 자신감 있는 목사 후보생으로 목회를 시작하게 해 주셨다. 이런 특별한 지도가 나를 포함한 다른 한국 여자 신학생들에게도 이어졌다. 노마는 존과 함께 보낸 12년의 한국에서의 선교가 이렇게 호주 안에서 한국 여자 신학생들에게 계속 이어진 것으로 생각하실지 모르겠다.

신학교에서 존에게 배운 과목은 구약 예언서인 이사야서였는데 나는 존과 예언자 이사야를 혼돈할 정도로 두 사람의 예언자적인 모습이 비슷하다고 생각했다. 존은 우리 학생들로 하여금 하나님의 사역을 사회에서 잘 감당하기 위해서 우리는 항상 무엇을 해야 할지 깊이 생각하며 기도하도록 부르심을 받았다고 했다.

오랫동안 일했던 선교국 총무직을 그만두면서 원주민 화해 사역을 교회 안에서 시작하였다. 이것은 하나님의 정의와 공의를 교회뿐 아니라 호주 사회 전체에 실시하는 것으로 지난 200년 동안 호주 원주민들에게 저지른 엄청난 핍박과 피해에 대해 회개하며 용서를 구하고, 나아가 화해를 이루고자 외치는 광야의 예언자와 같은 사역이었다.

존이 원주민과 호주 백인들, 그리고 후에 들어온 다양한 이민자들의 삶을 위한 노력은 교단 내 다문화교회 정책을 세우는 데서부터, 이민교회 설립을 돕는 일까지 다양하였다. 그리고 신학생인 내가 목회를 위해 하나님의 뜻을 구하고 있을 무렵, 과연 하나님께서 교회를 통해, 목회에 부르심을 받은 신학생을 통해 어떤 목회가 필요한지 기존 관념인 교회 목회지를 떠나 또 다른 새로운 목회의 장을 구상하는 데 노마와 함께 아주 중요한 역할을 해 주셨다.

노마와 존은 내가 불교, 기독교, 그리고 회교, 힌두교 등의 다양한 종교를 경험하였고, 이미 한국, 파키스탄, 그리고 호주에서 생활하면서 다문화를 경험하였기에 내게 특별히 주신 달란트를 적절히 쓸 수 있는 사역으로 초문화 사역을 시작하는 데 노마와 존은 큰 힘이 되어 주셨다.

존과 마찬가지로 노마 또한 연합 교단의 포용적인 다문화 사역을 장려하는 데 많은 기여를 하였다. 특히 노마가 시무하던 라켐바 교구에는 다양한 이민자들이 많이 살았는데, 특히 레바논에서 온 사람들이 이 지역에 오랫동안 살아온 영국, 아일랜드 계통의 호주인들과 거의 맞먹을 정도의 수였으며 거대한 회교 사원이 모슬렘 이민자들을 계속적으로 이 지역에 모여들게 하였다.

이러한 곳에서 기존의 전통적인 교회의 선교가 지역의 특수성에 맞추어 초문화 사역이라는 이름으로 이민자를 위한, 지역사회에 소외된 자들과 타 종교와의 대화를 이루는 사역을 시작하게끔 산파역할을 하신 분들이 존과 노마였다. 존과 노마가 만일 선교사를 하지 않았다면 과연 이 모든 일이 가능하였을까?

연합 교단에서 목사 안수를 받은 후 나는 얼마간 한국에 머물게 되었는데 그때가 마침 성탄에 가까운 강림주간이었다. 존은 내게 한국 가족에게 줄 선물로 1kg이나 되는 크리스마스 푸딩(건과를 많이 넣은 아주 맛이 강한 케이크의 일종)을 만들어 주셨다. 나는 이 1kg이나 되는 케이크를 한국까지 무사히 가지고 갔고, 한국에 도착해서는 가족들에게 호주떡이라고 소개하며 맛을 보게 하였다. 그러나 안타깝게도 나의 어머니는 이 케이크가 얼마나 단지를 모르고 떡 썰듯 큼직하게 썰어서 가족들에게 주었고 다들 한 입만 베어 먹고는 달아서 못 먹겠다고 접시를 밀어 놓았다. 크리스마스 푸딩은 한국의 떡 하고는 달라 조금씩 잘라서 먹는데 말이다.

나의 첫 임지는 노회 소속 초문화 사역의 목사로 라켐바 교구에서 일하는 것이었고 목사인 노마와 동역자로 5년간 함께 일을 하였다.

노마와의 관계는 신학생과 지도 목사와의 관계에서 동료의 관계로 바뀌었지만, 서로에 대한 신례와 존경은 여전하였고 우정 또한 깊어 갔다.

노마는 목회의 선배이며, 지도 목사로, 동역자로, 존과 함께 나의 결혼을 집도한 주례자로, 우리 아이에게 세례를 준 담임목사로, 그리고 인생의 선배로 내게 많은 지도와 도움을 주었다. 아이 엄마가 된 후배 목사인 나에게 아무리 바빠도 아이가 방과 후 집에 돌아올 때는 반드시 집에서 아이를 맞으라고 권하면서, 목회도 중요하지만 가정이 얼마나 중요한지를 잊지 않게 해 주셨다.

동역자로서의 노마는 미리 계획하고 충분히 준비하는 것이 얼마나 중요한지를 실천으로 보여 주셨는데, 매년 첫 성탄 카드는 언제나 노마로부터 온 것이었으며, 11월에 들어서부터는 노마의 탁자 밑에 작은 선물이 하나씩 차곡차곡 쌓여 가는 것을 보면서 성탄이 얼마나 가까이 왔는지를 가늠할 수 있을 정도였다. 존과 노마의 생활을 보면 다른 사람들과 함께하며 나누며 사는 삶이 얼마나 깊이 배여 있는지를 알 수 있었다.

노마는 또 아주 규칙적인 사람이었다. 매주 정해 놓고 침대 시트를 세탁하였는데 이것은 목회생활을 하는 데 규칙적인 생활이 자신뿐 아니라 다른 이들을 섬기는 사람으로서 얼마나 중요한지를 보여 주는 한 예였다.

노마는 존과 더불어 아주 검소한 삶을 사셨다. 평생을 사치와 낭비 없이 사신 것 같은데, 내가 기억하는 것은 노마의 부엌에서 함께 설거지를 할 때였다. 나는 한국 습관대로 수도물을 콸콸 틀어 놓은 채 설거지를 하였는데, 노마는 개수대 한쪽은 더운물을 받아 놓고 사용한 그릇을 씻고 다른 쪽 개수대는 헹구는 물로 간단하게 설거지를 하였다. 호주에 가뭄이 오랫동안 계속되었을 때는 설거지를 하는 물도 줄일 뿐만 아니라 샤워를 한 물을 받아서 정원에 있는 나무에 주는 것을 보았다. 비록 큰 변화를 가져올 수 있는 일 같지는 않았지만, 노마는 작은 일에서부터 의식을 가지고 솔선해서 실천을 하였다.

노마와 존의 부엌에는 30년도 넘었을 것 같은 구식 수동식 토스터가 있었는데, 자녀들이 현대식 자동 토스터를 선물해 주어서 비로소 신식 자동 토스터를 사용하기 시작하셨다. 빵을 별로 많이 먹지 않는 우리 집에서도 토스터를 몇 번이고 바꾼 것을 생각하면 노마의 검소한 생활은 아마 내가 죽었다 깨어나도 따라갈 수가 없을 것 같다.

노마의 찬장 서랍에 눈에 익은 숟가락이 있어 물어보니 한국에서 선교사로 있었을 때인 1960년도에 쓰던 것으로 50년이 훨씬 넘도록 계속 쓰고 있는 것이었다.

하루는 노마와 존의 집에서 휴가를 보내던 한국 교계 여 장로님이 커피 잔이 모두 짝짝이인 것을 보시고, 생신 선물로 커피 세트를 주신 적이 있었다. 물론 그 한국 여 장로님은 짝짝이 커피 잔들이 이곳의 특별한 커피 잔이라는 것을 모르셨기 때문이었을 것이다. 노마는 아마 처녀 때부터 이 짝짝이 커피 세트를 혼수로 고이고이 모았을 텐데 말이다.

교회 절기 중 존과 노마와 특별히 연결된 행사로는 부활절 새벽예배와 생선을 구워서 먹는 아침 식사이다. 이것은 존과 노마가 부활절에 시작한 의미심장한 행사로 이제는 두 분이 가는 곳에는 항상 전례 행사처럼 행하여지고 있다. 부활 아침 가까운 공원이나 호숫가에 모여서 해가 뜨는 것을 보면서 행해지는 부활 아침 예배의 아름다움은 그 어느 것과도 바꿀 수 없는 의미 깊은 새 생명의 경험이며, 예배 후 존이 낚시해서 잡은 물고기로 아침 식사를 하는 것은 싱싱한 생선 맛도 그렇지만, 일 년에 한 번 먹는 생선 아침으로 그 어떤 맛과도 비교할 수 없는 특별한 아침이 되어 버렸다.

노마는 10년 동안 섬긴 첫 임지 라켐바에서의 목회를 마치고, 캔버라 시티 교회 담임목사로 옮기셨다. 캔버라 시티 교회에는 호주 대학교에 유학을 온 학생들이 많이 참석하였는데, 노마와 존은 세계 각지에서 온 대학생들을 마치 친자식 돌보듯 하였다. 호주에서 성탄절은 한국의 명절처럼 가족이 오손도손 모이는 명절과 같은 날인데, 노마와 존은 외로이 성탄을 보내는 외국 학생이나 혼자 사는 사람들을 집으로 초대하여 성탄 식사를 함께하였다.

몇 해 전 나는 가족과 함께 15년간의 목회생활을 떠나 남편의 고향인 아일랜드에 가서 재충전과 함께 진정으로 하나님께서 원하시는 사역이 무엇인지 알기 위해 호주를 떠났다. 그때 존과 노마는 그 누구보다도 우리가 떠나는 것을 섭섭해 하셨고, 내가 호주를 떠나는 것이 호주교회로서는 손실이지만 아일랜드에는 유익이라고 말씀하셔서 어디에서 살든지 남에게 유익을 끼치는 삶을 살아야 됨을 늘 생각하게 하셨다.

4년간의 아일랜드 생활을 정리하고 호주로 다시 돌아올 때 나와 우리 가족은 다른 어떤 것보다 우리를 가족처럼 반기는 곳으로 돌아오는데 합의를 보았는데 그것이 존과 노마가 가까이 사는 캔버라로 와서 목회를 하게 된 한 가지 이유였다.

불행히도 내 남편이 뇌종양으로 생각의 기능을 조금씩 잃어 가게 되었다. 남편은 자신이 더 이상 기도를 할 힘이 없으니 누가 자신의 마음과 생각을 대신 해서 기도를 해 주었으면 좋겠다고 했다. 그때 나는 주저 없이 존과 노마에게 부탁을 했고, 존과 노마는 남편이 혼수상태에 들어갈 때까지 내 남편의 마음을 대신해서 기도를 대신 드려 주셨다. 부모인들 그렇게 할 수 있을까 하는 생각도 들었다.

존과 노마는 은퇴를 하였지만 하나님의 선교를 실천하는 신실한 기독인으로서의 열정을 가지고 살아가고 있다. 존과 노마는 80세에 가까운 나이임에도 불구하고 목사를 필요로 하는 곳이면 어디든지 가서 예배를 인도하며, 설교 요청에 기꺼이 응하고 있다.

존과 노마는 목회와 삶에 한 뼘의 차이도 없는 진실 된 그리스도의 제자들이며, 산증인으로 늘 살아가고 있다. 내게 그 두 분은 선생이며, 목사이고, 동역자이며, 그리스도 안에서 만나 인연을 맺은 가족이며, 처음 만났을 때부터 지금까지 26년 동안 항상 변함없는 친구인 존이고 노마이다.

# 변조은 목사님과 한국선교

지태영
(호주 연합교단 목사<은퇴>, 현 창신대학교 석좌교수)

## 1. 변조은 목사가 한국선교를 결심한 이유

1950년 6월 25일 북한이 남침하자 호주는 나흘 뒤인 6월 29일 파병을 결정하고, 6월 30일에 공군 77비행중대 무스탕 전투기를 한국전쟁에 투입했다. 이어 9월 28일에 호주 육군 제3대대와 해군 구축함과 프리깃함이 부산에 도착하여 호주 육·해·공군이 모두 한국전쟁에 투입되는 순간이었다.

1952년 변 목사님이 멜버른 대학교에 입학했을 때, 한국전쟁 소식과 피난민들의 사진이 멜버른 언론에 자주 보도되었다. 전쟁을 통해서 처음 알게 된 한국의 참상을 보고 깊은 슬픔에 빠지곤 했다. 처참하게 파괴된 도시와 기나긴 피난민 행렬 때문이었다. 저들은 어디로 가는 것일까? 밥 먹고 잠잘 곳은 있을까? 또 매혜란(Dr. Helen P. Mackenzie), 매혜영(Nurse Catherine Mackenzie) 선교사가 일신기독병원을 세우는 과정이 「장로교신문」을 통해서 거의 매주 보도되었다.

부상자들, 부모를 잃은 고아들, 이름조차 들어본 적이 없는 나라의 전쟁에 왜 그렇게 관심을 갖게 되었는지, 처음에 자기 자신도 이해가 되지 않았지만 그는 당시 연애 중인 노마와 신문을 놓고 이야기를 풀어 가며 "훗날 함께 한국에 가서 저들을 도와주어야 하겠다."고 뜻을 모았다고 한다. 그래서 대학을 다닐 때인 1954년에 한국선교사로 가겠다고 지원서를 장로교 본부에 제출했다. 목사 후보생이 선교사로 지원서를 낸 것은 처음 있는 일이라 하였다.

한국선교를 지원한 지 6년이 지난 1960년 호주장로회선교회(APBM)에서 한국선교사로 가겠느냐고 묻는 전보를 받았다. 바로 그날이 번스데일 교회에서 담임목사로 청빙하겠다는 날이었다. 그때 변 목사는 선교사로 가겠다고 결정하였다. 멜버른 하버필드에 세 교단(장로교, 감리교, 회중교회)이 1958년에 세워 선교 후보자들을 훈련하는 올 세인트 바이블 칼리지(All Saints Missionary Training College)에서 3개월의 선교훈련을 마치고 호주를 떠나 1960년 9월 25일에 아내 노미연 사모와 두 살 된 아들 마이클(Michael)과 함께 부산에 도착한다.

## 2. 한국에서의 새로운 시작

부산에서 서울로 올라와 종로 5가 연지동에 미 북장로교선교사 부성도 목사님(Foreman) 댁에서 한국어를 가르칠 이명자 선생을 만났다. 한국에 도착해서 제일 처음 만난 한국 사람이다. 그리고 6개월간 그 선교사님 댁에 하숙생으로 있으면서 집과 학교에서 한국어 공부를 했는데,

오전에는 집에서 4시간 오후에는 연세대학 한국어 학당에서 4시간씩 2년간 한국어 훈련을 받았다.

주일에는 옆집에 곽안전(Allen D. Clark) 선교사가 당회장이었던 38선 근처의 여러 교회에 다니면서 한국어 연습을 했다. 아내가 둘째 아기 때문에 먼저 경남 지방 마산으로 내려갔는데 한국어 교사인 이명자 선생이 함께 마산으로 가서 살면서 도와주었다.

## 3. 당시 호주장교교회의 한국선교 상황은?

빅토리아 장로교회에서 해방 후에 한국선교사로 나간 사람이 많지 않았는데, 1914년부터 1918년까지 1차 세계대전을 통하여 많은 젊은이들이 희생되었고, 각국의 경제사정도 약해졌고, 당시 선교부 회의록을 보면 원래 호주선교부는 1920년대부터 세계대전으로 여러 가지 상황이 어려워졌다. 1차 세계대전으로 젊은이들이 너무 많이 전쟁터로 가서 경제난이 왔고, 선교부도 인력이나 지원금이 항상 부족했다. 그때 한국에 선교사가 30명 정도였고, 재한 선교사들의 형제자매 중에서만 전쟁으로 죽은 사람이 12명이나 되었다.

해방 후 많은 선교사들이 한국으로 다시 돌아오지 못한 가운데, 1945~1950년까지 5년간 단 6명의 선교사가 한국으로 들어오게 되었다. 남자 3명은 나레인 목사(Rev Harold William Lane), 안대손 목사(Rev George Anderson), 권임함 목사(Rev Francis William Cunningham), 그리고 여자 3명은 매혜란 의사(Dr. Hellen Pearl Mackenzie), 매혜영 간호사(Nurs Catherine M. Mackenzie), 맥비나 선생(Miss Bena McNabb)이었다.

당시 빅토리아 주 선교국 총무는 서덕기 목사(Rev James Maitland Stuckey)였는데, 그는 해방 전 한국선교사로 일한 경험(1935-1941년까지 진주 사역)이 있고, 해방 후 1년 반 정도 한국에서 일했다. 그는 한국 선교에 관심이 많았지만, 부인이 한국 가기를 꺼려해서 다시 오지 못했다. 그러나 많은 선교사들이 한국으로 들어갔는데, 1953년에 강영도 목사(Rev Charles Richmond Kenyon), 1955년에 시드니에서 도은배 목사(Rev Fred Turvey), 1957년에 서두화 목사(Rev Alan Fyfe Stuart), 한성진 목사(Rev James Stuart Hazeldine), 그리고 구의두 목사(Rev James Andrew Croft) 등이 한국으로 왔다.

그때 같이 나간 여자선교사들도 좋은 분이 많았다. 1946~1956년까지 일을 많이 한 전은혜 선생이 그중 한 분이다.

1960년에 변조은 목사(Rev Dr. John Percival Brown), 이태선 목사(Rev Dr. Desmond John Neil), 원성희 교수(Professor Dorothy C. Underwood), 안덕희 목사(Rev Joyce Anderson) 등 총 12명이 한국으로 들어왔다. 호주 국내 경제 사정도 좋아지고 선교에 대한 관심도 커졌기 때문이다.

## 4. 마산노회에서 선교 사역

1962년 언어 훈련을 마치고 변조은 목사는 부인 노마(Norma)가 있는 마산선교부로 내려가 대한예수교장로회(통합 측) 마산노회에 속하여 선교 활동을 시작하였고, 호주장로교선교사 사택은 노비산 꼭대기에 있었다. 그 후 7년 동안 주로 거제도, 창원지역, 창녕지역, 그리고 김해지역에서 많은 교회들을 돌보았고, 17개 교회의 당회장 직을 맡아 봉사하였다. 한편 마산 창신중·고등학교, 부산에 금성중·고등학교의 재단 이사로서 학교의 각종 실험기재 도입을 도왔고, 학교 교실 증축에도 큰 도움을 주었다. 또한 그는 한국에서 활동한 12년 동안 마산 시내 각 학교의 불우학생들을 매년 30명씩 뽑아 장학금을 지급하여 인재양성을 도왔다

(당시 경남매일 기사 참조).

창신중·고등학교에서는 매년 신입생 모집 요강에 호주선교부 장학금을 지급한다는 것을 인쇄하여 광고하기도 했다. 결국 학교의 명예교장으로 섬기기도 했다.

주일이면 마산 변두리와 거제도까지 가서 예배를 인도하고 전도 활동을 벌였다. 교인이 한두 명만 있어도 먼 길을 찾아 나섰다. 1968년 초가을 필자와 함께 거제도 해금강 갈곶이라는 곳을 가기로 하고, 마산을 떠나 충무(지금의 통영)에 가서 뗏목 배에 차를 싣고 간 적이 있다. 거제 땅에 도착해서 산길을 가는 중에 차가 고장이 나서 그대로 차를 세워두고 산등성이 길을 4시간쯤 걸어서 갈곶이에 도착해 보니 할머니 혼자 사시는 집인데 그 동리에서 그 할머니 혼자 예수님을 영접했다고 하였다. 그 할머니는 호주선교사와 서울에서 오신 손님(필자)이 자기 집에 오신다고 방에 얼마나 많은 불을 때 놓았는지 뜨거워서 방석을 깔고도 앉아 있기가 힘들었다. 방 천장에는 파리가 빈틈없이 도배를 한 것처럼 가득 차 있었다.

생선국과 식사가 들어오니 파리 떼가 융단폭격을 하듯이 내려오기 시작하여 밥을 먹을 수가 없을 지경이었다. 나는 한국 사람이면서도 처음 겪는 일이고 많이 부끄러웠지만 변 목사님은 파리를 쫓아가며 식사를 잘하셨다. 저녁 후 예배를 드리고 할머니 사정을 듣고 자기로 했는데 방바닥이 뜨거워서 잘 수가 없어 밤 깊도록 이야기로 밤을 새우다가 새벽에 조금 잠이 들었는데 할머니는 또 불을 때기 시작하셨다. 그것이 순수한 농촌 할머니의 사랑이었다. 지금은 해금강이 관광지가 되면서 많은 외지 사람들이 들어왔고, 그 할머니를 중심으로 해금강교회가 세워져 온 마을이 교인들이 되어 사랑의 마을이 되었다.

"이와 같이 이 작은 자 중의 하나라도 잃는 것은 하늘에 계신 너희 아버지의 뜻이 아니니라"(마 18 : 14). 선교사님은 항상 이 말씀을 마음에 새기고, 작은 숫자가 모이는 교회를 방문하여 격려하며 그리고 말씀을 가르치셨다.

## 5. 호주 양, 돼지를 배에 싣고 태평양을 건너온 선교사

호주에서 한국으로 가는
배 위에서 양들과 함께

농어촌지역의 당회장을 맡아 섬기는 중에 항상 가슴 아픈 일은 농어촌지역 전도사들의 생활이 너무나 어렵다는 것이었다. 이때 예배인도는 전도사들 혹은 장로님들이 맡았는데, 변 목사는 순회 당회장으로 한 달에 한 번씩 예배인도자들을 한곳에 모아 한 달 동안 목회에 필요한 내용을 준비시키는 일을 하였다. 그 당시 전도사들 사례비는 아주 조금이었고, 교인들이 가져오는 성미(대부분 보리쌀)를 모아 1말(10L) 혹은 두 말을 드리는 것이 전부였다. 농어촌지역의 교인들도 너무 가난하여 주일헌금을 드릴 형편이 안 되고 식생활도 대부분 보리밥으로 연명하던 시절이었다. 그래서 식사 때마다 밥을 지으면서 다섯 식구 몫이면 다섯 숟가락을 떼어 내어 모았다가 교회로 가져오는 것이 성미였다. 한 사람이 매끼 한 숟가락의 밥을 적게 먹고 교회에 드리는 것이다.

그때 변 목사님이 생각한 것이 어떻게 하면 농어촌을 잘살게 할 수 있을까 하는 것이었다. 목사님 자신이 어릴 때 농장에서 일하면서 자란 경험을 동원하여 전도사들의 생계를 좀 더 향상시키고 한국 농촌을 잘살게 하기 위하여 호주의 양, 젖소, 그리고 돼지를 한국으로 가져와 창원군 내서지역에 '한·호 종축장'을 세우게 되었다. 당시 권오성 집사님의 관리 아래 호주에서 가져온 돼지와 한국 재래종을 교배해서 품종 개량에 노력한 결과 잘자라는 강한 종이 생겨났다. 지금 한국의 각 농촌에 흩어져 있는 흰 돼지는 그렇게 하여 번식된 것이다. 개량된 품종의 돼지를 농촌 각 가정에 나누어 주어 기르게 하고 새끼를 치면 한 마리씩 회수하여 다른 가정으로 분양하는 일을 하기로 하였다.

不信風潮를 없애기 위한 紙上캠페인 (36)
믿음을 심는 사람들
農漁村 찾아 溫情 심어
불우學生에 남몰래 奬學金도

당시 한국

그러나 한편으로 가슴 아픈 일은 돼지를 나누어 준 후 6~7개월 후에 방문해 보면 이미 돼지를 팔아 버린 경우가 한둘이 아니었다. 당시 농민들은 남의 돈을 빌려 쓰고(이때 이자가 50% 이상 : 이를 고리라고 함.) 갚을 길이 없는 상태에 이르러 돼지를 팔 수밖에 없다는 것이다. 변 목사님은 무척이나 화가 나는 일이지만, 현실적인 문제이므로 이 악순환을 해결할 방법을 생각하게 된 것이 사회정의 실현이고, 그 대안으로 도시산업선교가 태동하게 된 것이었다.

그리고 양과 염소, 젖소를 시험 사육하기 위하여 충북 영동군 매곡면 어촌리(추풍령) '기독교연합면양목장'을 세우고, 호주면양계의 권위자인 P. C. Lamb(한국명 : 양우남) 씨를 자비로 초빙하여 한국 기후 아래서의 면양 성장 가능성을 연구했으나 환경, 기후가 다르고 농민들이 사육 방법을 잘 몰라 성공적이지 못했다.

양과 돼지를 호주에서 한국으로 가져올 때는 변 목사님이 그 배에 승선하여 짐승들을 거두며 함께 40여 일 넘게 힘든 여행을 하기도 했다. 짐승들을 사랑하는 마음과 비용을 절감하기 위한 변 목사님의 희생 어린 방법이었다.

## 6. 농어촌 의료사업

다른 한편으로는 농민들이 대부분 의료 혜택을 받지 못함을 안타깝게 여겨 대구에서 활동 중인 미국 북장로교선교부의 협력을 얻어 1969년 거제도에 '거제기독교건강의원'(원장 : 미국선교사 Dr. John R. Siblev, 한국명 : 손요한)을 설립하도록 하였다. 당시 대한민국 보건사회부와 협력하여 농어촌 돕기 시범사업을 시행하였고 그 결과 대한민국 각 농어촌에 보건진료소 2,000개 소가 열리는 성과를 거두게 되었다.

변 목사는 그 병원의 이사직을 맡아 거제도민들의 사정을 잘 알아 큰 도움을 주었다. 선교사들이 떠난 후 여러 차례의 변화를 거친 이 병원은 '거제백병원'으로 거제 고현에 지금까지 자리하고 있다.

## 7. 산업선교의 태동

변 목사는 위에서 이미 언급한 일 외에도 도시빈민운동, 노동자인권운동, 정치민주화운동에 기여한 공로도 결코 그에 못지않다. 그가 가르친 제자 중에 도시산업선교회 총무로 일하신 인명진 목사와 빈민운동을 하면서 활빈교회(후에 두레교회)를 설립하여 평생을 섬기는 김진홍 목사의 활동을 생각해 보면 그의 민중사상과 사회의식이 얼마나 구체적이었는지 알 수 있다.

원래 도시산업선교는 1957년 미국연합장로교 루브랙 선교사가 장로교(통합 측) 총회 안에 산업전도위원회를 만들고, 화이트 선교사가 연세대학교 안에 도시산업선교연구소를 설립하면서 출발하였고, 호주선교사는 1965~1969년까지 우택인 목사(Rev Richard F. Wooton)가 영등포에서 조지성 목사와 5년간 일하였고, 1968년부터 변 목사가 장로회신학대학교에서 가르치던 학생 중에 인명진, 김진홍, 홍길복 목사처럼 이미 사역하던 분들이 있었다. 변 목사가 가르치던 예언서의 아모스, 호세아, 이사야의 입에서 선포되었던 사회정의 문제가 많이 강조되었다. 가르치는 내용을 이미 현장에서 실천하던 학생들이 있었다. 어떤 때는 학생들 중 김진홍, 인명진 등이 결석해서 알아보면 경찰서에 있다고 해서 가르치는 교수로서 더 신경을 써야 했다고 변 목사는 술회한다. 그래서 강의실에서 현실적인 사회정의를 다루었다고 한다. 그때를 회고하면서 변 목사는 사회정의 문제는 오히려 학생들에게 많이 배웠다고 한다. 변 목사는 YH 사건, 도시산업선교회 사건, 국제 어패럴 사건 등에도 관여했고, 김대중 선생의 석방을 위해서도 많은 활동을 하였다.

필자가 기억하기로는 호주로 가신 뒤에도 제자들 중에 긴급조치 위반으로 수감된 이들에게 편지로 격려하고, 관계 당국에 선처를 호소하는 일을 호주 정부가 하도록 하였으며, 매년 한국을 방문하여 이들을 찾아다니며 격려하는 일에도 힘을 쏟으셨다. 한국에 나오실 때에는 우리 집에 오셔서 며칠씩 주무셨는데, 그 일로 인해서 매년 나는 한국 경찰과 정보부로부터 홍역을 치르곤 했던 기억이 있다.

## 8. 장로회신학대학교 교수 사역

마산에 거주할 때인 1964년부터 서울 광나루 장로회신학대학교에 교수로 부름받고 출강을 시작하였다. 2주에 이틀씩 강의를 맡아서 했는데, 마산에서 밤 기차를 타고 삼랑진에 내려 부산에서 오는 보통 급행열차를 타고 밤새워 오면 새벽 6시경 서울역에 도착해서 남대문시장으로 가서 국밥 한 그릇을 먹고 옷감을 파는 포목점에 가서 필요한 것을 주문해 놓았다. 이것은 한국전쟁 이후 홀로된 미망인들을 돕는 수예품 사업을 위한 것이었다. 버스로 장로회신학대학교에 가서 강의하고 다음날 저녁에 남대문에 주문한 물건을 찾아 기차에 싣고 마산으로 돌아오는 힘든 스케줄을 감당하셨다.

강의를 한국말로 해야 하므로 며칠씩 밤새워 준비했고, 준비된 강의안을 교정받아 서울로 가는 기차 안에서 외우다시피 해서 강의를 하셨다고 한다. 또 강의를 하면서 학생들에게 배우기도 했다고 술회한다.

교수직 때문에 경남지역선교는 다소 소홀했지만, 예장 통합 총회의 일을 많이 했다. 3개 선교부(미국 남장로교, 북장로교, 호주장로교)의 모든 사업을 총회 아래 두고 협동사업부라고 칭하였고 한완석 목사가 총무, 변조은 목사는 영문서기로 함께 일하며 교제와 인맥을 넓혀 갔다(1969-1972). 1972년 변 목사는 호주장로교 총회선교회로부터 그 선교를 계승하는 '에큐메니컬 선교와 국제관계부' 총무로 초빙을 받았다. 그 해 7월 호주로 갈 때 기자와의 인터뷰에서 이렇게 말하였다. "한국 땅에서 선교하다가 이 땅에 뼈를 묻으려고 했는데 이렇게 떠나게 되어 섭섭합니다. 앞으로 하나님께서 허락하시면 다시 오겠습니다." 변 목사는 다시 선교사로 오지는 못했으나 호주에 살면서도 영원한 한국 사람으로 살고 있고, 지금도 북한 사역을 위해 적극적으로 일하고 계신다.

## 9. 필자와 변 목사님과의 관계

필자가 변 목사님을 처음 알게 된 것은 나의 학창시절 교회친구이자 훗날 나의 반려자가 된 이명자 양을 통해서였다. 나의 친구였던 이 양은 변 목사님께서 한국에 와서 가장 처음 만난 한국 사람이자 변 목사님께 수년간 한국어를 가르쳤던 한국어 교사였다.

필자는 1968~1978년까지 창신고등학교에서 교편생활을 하다가 1978년 말 마산 YMCA 총무 직을 맡아 일하게 되었다. 이때는 박정희 대통령 정권 말기라 YMCA 운동은 정부의 주요 감시대상 기관이었다.

1979년 10월 부마사태가 발생했다. 당시 마산 YMCA 회원은 2,000명이 넘었고, 그중 많은 YMCA 청년들은 밤을 새워 격렬하게 데모에 참가하였다. 그 일로 인하여 YMCA와 나에 대한 정보부와 경찰 감시는 날이 갈수록 심해지고 있었다. 그때 즈음 변 목사님이 한국을 방문해 우리 집에 오시어 주무시게 되었는데, 그것으로 인해 여러 가지 어려움이 많이 생겼다. 이것이 호주로 유학을 떠나게 된 첫 번째 이유였고, 두 번째는 필자가 쓴 석사학위논문이 "기독교 학교(Mission School)의 경영에 관한 연구"(고려대학교, 1976)였는데, 변 목사님이 이 논문을 높이 평가하고 이 분야를 좀 더 연구했으면 좋겠다고 생각하시어 시드니 대학교의 친분 있는 교수와 의논하여 필자의 유학을 주선해 주신 것이 그 이유이다.

1982년 시드니 대학에서 1년간 공부를 마치고 방학이면 한국에 다녀올 계획이었으나 변조은 목사님과 홍길복 목사님의 권고로 서부 호주 퍼스(Perth)로 가게 되었다. 당시 그곳은 한인교회가 설립되어 서부 호주 UCA 주총회가 지원하고 있었는데, 몇 분의 목회자가 다녀가신 후 1년 넘게 목회자가 없이 어렵게 한 주 한 주 이어 가고 있는 교회였다. 한국에서 M 목사님이 오시기로 되어 있었으나 수속이 지연되고 있을 때 2개월만 임시로 교회를 맡아 달라고 해서 목사도 아닌 필자(마산문창교회 장로)가 임시로 맡아 매 주일 예배를 인도하게 되었다. 한국에서 목사님은 오지 않고 지연되어 기도하는 중 목회는 임시로는 안 된다는 것을 깨닫고 마음을 바꾸어 신학을 공부하기로 결심하고 시작했다. 빅토리아 팍(Victoria Park) 노회는 필자의 신앙경력과 교사, YMCA 총무, 장로 등의 이력을 참고하여 평신도 목회자로 취임하게 되었는데, 취임 예배의 설교로 시작하여 그 이후 25년이 넘는 나의 목회 기간 동안 목사 안수식예배 설교, 서부 호주 한인교회 이임예배, 멜버른 한인교회 취임, 이임, 시드니 제일교회 취임, 은퇴예배 등 모든 설교는 언제나 변조은 목사님이 맡아 주셨다. 호주연합교회는 목사 임기 제도를 적용하고 있다. 이렇게 변조은 목사님과 필자는 떼려야 뗄 수 없이 함께 살아 온 영원한 주 안에서의 형제였으며, 변 목사님은 언제나 나에게 많은 배움과 도전을 안겨 주신 영원한 멘토(Mentor)셨다.

### 참고자료

호주신문 : *THE AGE* 1966. 12. 20., 1969. 7. 24.

교단신문 : *UCA NEWS* : Western Impact. 1962. 12.

한국신문 : 「경남매일」 1972. 7. 5., 「한국일보」 1969. 7. 3.

「크리스찬 리뷰」. 2012년 5월호, 6월호.

### 책

변조은, 정병준 역. 「은혜의 증인들」. 한국장로교출판사, 2009.

### 인터뷰

거제건강병원 설립 당시 의사로 일했던 정태산 박사(산청십자병원에서 은퇴).

당시 간호사였던 김정남 교수(동산간호대학).

# 변조은 목사님과 사모님과의 관계에서 오는 회고

이명자
(호주선교부 한국어 교사, 지태영 목사 사모)

"덕행 있는 여자가 많으나 그대는 모든 여자보다 뛰어나다 하느니라" (잠 31 : 29).

## 1. 노미연(Norma) 사모님의 배경

Norma Beer(한국 이름 : 노미연, 1935년 4월 19일생)는 멜버른 시에서 태어나 멜버른 대학교(University of Melbourne) 지리학과를 졸업하고 번스데일 고등학교(Bairnsdale High School)에서 영어, 프랑스어, 지리 교사로 교편생활을 하셨다. 1957년 8월 31일 멜버른 대학교 복음주의연합(Evangelical Union) 모임에서 만난 변조은 목사님과 결혼하여 일정

기간의 선교 훈련을 마친 후 1960년 9월 25일에 한국에 도착하여 선교사로서의 첫발을 내딛게 되셨다. 필자는 마산에서 수년간 변 목사님 내외분의 한국어 교사이자 선교협력자로, 또한 많은 것을 함께 나눈 친구로 오랜 시간을 같이 지내게 되었다.

## 2. 내가 본 변조은 목사님과 사모님

변 목사님 부부는 멜버른 대학교에서 만나 그들의 사랑을 키웠다. 호주에서는 21번째 생일을 아주 중요하게 생각한다. 변 목사님도 사랑하는 애인 Norma에게 줄 선물을 위해 2년간 남의 집 정원 관리사로 아르바이트를 하면서 돈을 모아 전기 재봉틀을 사 주었다고 한다. 이분들의 사랑은 그때부터 각별했던 것 같다.

그리고 결혼하여 선교사로 함께 한국에 가서 전쟁의 상처 입은 자들을 돕고, 위로하고, 복음의 증인으로 살아가기로 다짐하면서 사랑을 키워 왔다고 한다.

필자는 변 목사님 내외분을 옆에서 보면서 살아온 것이 어언 50여 년이 된다. 우리나라 1960년대 초는 전쟁 이후라 모든 경제가 불안정하고 특히 가정의 경제나 살림이 넉넉지 못했다. 부부가 동시에 생활 전선에 뛰어들어 살아가는 경우가 빈번했고, 부부 사이가 화목하기보다는 여러 가지 갈등과 문제들이 심각한 가정이 많았다. 남편들은 자기의 짝인 아내를 사랑해 주기보다 천대시하며(물론 사이좋은 부부도 있었지만) 서로가 소리 지르며 남편들은 부인을 윽박지르며 심지어 구타까지 하는 시대였다.

변 목사님 부부의 살아가는 모습은 20세 초반인 나에게 놀라운 신선함을 안겨 주었다. 성경에서 말해 주듯이 배우자를 내 몸같이 사랑해 주며 배려해 주는 모습을 늘 보게 되었다. "남편들아 이와 같이 지식을 따라 너희 아내와 동거하고 그를 더 연약한 그릇이요 또 생명의 은혜를 함께 이어받을 자로 알아 귀히 여기라 이는 너희 기도가 막히지 아니하게 하려 함이라"(벧전 3 : 7).

이 말씀을 피차 실천하며 살아가는 모습은 참으로 아름다웠다. 선교사로 활동하던 목사님 댁에는 낮에는 가정부가 있었지만 저녁은 그렇지 않았다. 아내가 저녁을 하면 남편이 꼭 설거지를 하는 것이 이들의 생활이었으며 주말에는 어김없이 남편이 식구들을 위해 음식을 준비해 주었다. 당시에는 거실에 연탄난로가 있었는데 남편인 변 목사님이 아이들 목욕물을 데우며 연탄도 꼭 갈았다. 사모님이 난로나 연탄을 직접 만지는 경우는 거의 보지 못했던 것 같다. 아내를 내 몸같이 사랑하는 모습을 그 속에서 볼 수 있었다. 또한 사모님은 목사님을 예수님을 섬기듯이 그가 말하는 의견에 절대 순종하는 모습을 보여 주셨다.

그때는 선교회 창고에 구제품들이 많이 있었다. 창고에 가득한 물건들은 농어촌교회나 고아원을 경영하는 전도사들이 와서 필요한 것들을 가지고 갔다. 전도사들이 오면 목사님은 언제나 친절하게 식사하고 가시라고 권하면서 집 안으로 모시고 오고, 사모님은 정성껏 대접하며 용기를 북돋아 주시는 말씀을 하시는 것을 종종 보았다.

1963년 거제도 소랑리의 작은 어촌 마을에 3주 전도 여행을 떠난 적이 있었다. 변 목사님의 어린 두 아이들을 데리고 간 여행이었다. 전기도 물도 없는 환경 조건이 이루 말할 수 없이 열악한 곳이었지만 사모님은 불평 한 번 내지 않고 동행해 주셨다. 매주 육지에서 강사들이 두세 사람 들어와 우리 제작진과 같이 지낼 때 8~10명의 식사를 어떻게 준비하셨는지 지금 생각해 보아도 참 대단한 분이셨다. 요즘 같이 인스턴트 음식이 있는 것도 아니었고 화장실의 불편은 말할 수도 없었지만, 그래도 낮에는 아이들과 같이 집집에 전도 방문을 하셨던 기억이 그분들을 평생 존경할 수밖에 없었던 이유가 되었던 것 같다.

## 3. 수예 사업(Sewing Project)

1960년도 초 한국에는 전쟁 후 혼자 사는 미망인들이 주위에 많았다. 성경에서 말하는 과부나 고아들을 긍휼히 여기라는 말씀을 실천하기 위해 변 목사님 내외분은 "어려운 이들을 도울 길이 없을까?" 기도한 끝에 수예 사업을 시작했다. 먼저 집이 없는 가족들을 위하여 작은 방이 하나 딸린 연립주택을 마산시 회원동 동중학교 근처에 20여 채 짓고, 형편이 아주 어려운 가정부터 거기에 살게 하여 수예 일을 할 수 있도록 했다. 그때 한국 여자들은 대개 수예를 할 줄 알았다. 책상보, 베개 커버, 앞치마, 손님타올, 손지갑 등에 한국적인 민속 그림을 그리고 가정에서 쓰는 소품들을 만드는 작업이었다.

완성된 물건들은 바로 호주로 보내져 호주 내 여전도회에서 각 교회로 분배하여 판매하게 하였고, 그 수입으로 한국의 많은 미망인들이 생활을 꾸려 갈 수 있게 된 중요한 사업이었다. 그중에 삼남매가 사는 한 가정이 있었는데 수예품을 만들어 생활비에 보탬은 되지만 남동생을 공부시키기는 불가능했다. 노미연 사모님께서는 자매의 남동생에게는 장학금을 주어 고등학교를 마치게 하고 연세대학교에서 공부하는 동안에도 후원을 중단하지 않으셨다. 이렇게 성장한 이 학생이 훗날 마산문화방송 대표가 된 박진해 사장이다. 또한 신학을 공부하겠다는 학생들에게 학비를 지원하여 많은 지도자들을 양성시켰다. 이 사업은 목사님이 호주로 가신 후에도 1973년도까지 부족한 내가 맡아 계속되었다.

## 4. 죽음 직전의 고학생에게 베푼 온정

변 목사님 주위에는 참 어려운 사람들이 많았다. 1968년 어느 날 창신중학교 학생(정연진 16세)이 병명도 모르고 가난하여 병원에 가 본 일도 없고, 걷기도, 계단 올라가기도 숨이 차서 학교도 다닐 수 없는 상황이라는 이야기를 듣게 되었다.

당시 정연진 학생은 일곱 식구의 생계를 혼자 책임지고 있던 어머니를 돕기 위하여 신문팔이를 시작하여 모은 돈으로 붕어빵 기계를 구입하여 집 앞에서 빵을 굽고 있었다.

이 소식을 전해 들은 두 분은 기도하는 가운데 필자와 함께 그 집을 방문하게 되었다. 집이 얼마나 가난했던지 온갖 악취가 집 안에 진동하여 한국 사람인 나도 앉아 있을 수가 없을 정도였다. 그러나 변 목사님과 사모님은 자상하게 학생의 상태도 묻고 가지고 간 물건을 나누어 주며 위로와 격려의 기도를 간절히 했다. 몇 차례 방문을 거듭한 후 목사님이 연진이를 데리고 연세 세브란스병원에 다녀 오신 후 두 분의 기도 결과 도와야겠다는 생각을 하시게 되었다. 진단결과 병명은 심장 판막증(Aortic Stenosis)과 증모판 협착증(Mitral Stenosis)이었는데 당시 진료해 주셨던 의사 선생님은 한국에서는 치료가 힘든 병

죽음직전의 孤學生에 溫情
異國에 뻗친 人間愛…존브라운 牧師
國內치료어렵자 濠洲로보내
7식구生計돕는빵구이首席

(1970년 7월 18일, 한국일보)

이니 가능하다면 호주에서 치료를 받게 하는 것이 좋겠다고 권고해 주셨다. 그 후 변 목사님 부부는 그 의사 선생님의 말씀에 따르기로 결정하고 그 가정과 연진이를 위해 오랜 기간 동안 기도와 사랑을 아낌없이 베푸셨다.

변 목사님과 사모님은 영양실조에 빠진 연진이를 자기 집에 데리고 와 3개월 동안 함께 살며 보살폈으며, 어느 정도 건강 상태가 회복되었을 때인 1970년 7월 2일 치료를 받기 위해 호주로 갈 수 있게 해 주셨다.

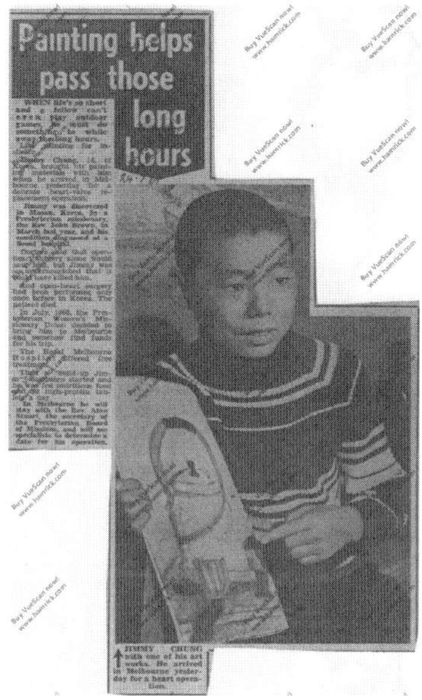


정연진 군에 관한 호주 신문기사

결국은 노미연 사모님의 정성과 사랑의 편지가 호주에서 받아들여져 호주장로교 여선교회 연합회가 항공료를 부담하고 멜버른 시립 로열 병원에서 무료로 수술을 받게 되었다. 선교사로서 "네 이웃을 내 몸과 같이 사랑하라."는 말씀을 실천하며, 예수님의 증인된 삶을 몸소 보여 주신 사례였다. 이에 감동한 창신중학교에서는 학비 전액 면제로 연진이를 2학년에 복학시켜 주었다.

## 5. 그 외 이야기

목사님은 1964~1969년 6월까지 마산에서 서울로 밤 기차를 타고 다시 서울역에서 광나루 장로교회신학대학교까지 가서 강의를 하셨다. 노미연 사모님은 힘들게 고생하는 남편을 위해 기도하며 안쓰러워하는 마음에 뒷바라지를 위해 헌신하셨다. 아이들을 데리고 생활하는 것이 힘들고 어려운 일이 많았을 텐데 늘 이웃을 섬기면서 겸손하게 살아가는 모습을 보여 주셨다. 변 목사님은 강의가 끝나면 다시 마산으로 내려와 바로 거제도로 농어촌 전도를 떠나시곤 했다. 그럴 때마다 한국 농촌 음식을 늘 잡수시고 시골집에서 주무시고 오시기도 했다. 얼마나 고생이 많으셨냐고 인사드리면, 언제나 "우리는 하나님의 뜻을 따라 기쁘게 자원해서 한국에 왔으니 한국 사람들과 똑같이 살아가는 것이 당연하다." 고 말씀하셨다.

한번은 변 목사님과 사모님 두 분이 황달병에 걸려서 고생하실 때 마산에는 큰 병원이 없어 부산의 일신산부인과 병원에 Dr. McKenzien와 마산 가포결핵아동병원의 Dr. Hetcher(영국인 의사)의 도움을 받았다. 결국엔 부산침례병원에서 한 달 이상 입원을 하여 치료를 받았는데 하루에 한 번 화장실 가는 것만 허락이 되는 상황에서도 한 달 동안 두 분이 서로 사랑하며 위로해 주는 모습이 눈물겨웠다.

또 한번은 딸 Alison이 폐렴에 걸려서 치료할 때인데, 가끔씩 아이의 몸자세를 바꾸어 주어야 했고 병실의 습도를 조절해 주는 일이 보통이 아니었다. 그런데 두 분이 함께 물수건을 만들고 주전자에 물을 끓이며 서로 들어가 자라고 권하면서 함께 밤을 새우시는 모습을 통하여 자식 사랑도 있지만 서로를 내 몸처럼 아껴 주는 부부의 사랑에 감탄을 금할 수 없었다.

변 목사님 내외분에게는 아들(Michael)과 딸(Alison)이 있다. 어느 날 이들 부부에게 새엄마 밑에서 학대받고 살아가는 여자 아이가 경기도 문산의 어느 마을에 있다는 소식이 들렸다. 찾아가 보니 아이를 방에 가두어 키워서 5살인데도 잘 걷지도 못하는 상태였고 이런 아이를 보고 부부는 마음이 너무 아팠다.

두 분이 기도 끝에 그 아버지와 의논한 후 아이를 입양하기로 결정하

변조은 목사님 내외와 아들(Michael)과 딸(Alison), 양녀 순자

니 그렇게 마음이 기쁘셨다고 한다. 그들 부부는 자기네 아이가 둘이니 기회가 되면 양자를 들여야겠다는 생각을 늘 마음에 하고 있었다고 한다.

그 후 한국선교를 마치고 호주로 돌아갈 때 공항에 송별 인사차 나온 많은 지인들(거의가 장로님, 목사님들) 중 어느 분이 순자(양녀)를 보고 "변 목사님은 왜 하필이면 저렇게 까맣고 못생긴 불구자 아이를(그 당시 순자는 걸을 수 없었다.) 양자로 했소? 좀 깨끗하고 예쁘게 생긴 아이를 데려다 키우지. 호주 사람들이 한국 사람들은 모두 저런 줄 알겠소." 하였다.

변 목사님이 다음과 같이 대답하셨다. "예쁘고 형편이 좋은 아이는 데려갈 사람이 많지만 이런 아이들은 우리가 데리고 가서 수술해 건강하게 잘 키워야지요. 그게 하나님의 방법이 아닐까요?" 이 말씀에 공항에 나온 모든 한국인들은 부끄러움과 존경심에 고개를 들 수가 없었다고 한다. 그때 입양해 간 순자 양은 이제 두 아이의 엄마이자 건강한 크리스천으로서 호주 씨티은행에서 일하며 잘살고 있다.

1969년 변조은 목사님 가족은 서울로 이사한 후 자녀들은 외국인 학교에 다녔다. 노미연 사모는 미국선교사 친구들과 협력하여 농촌에서 상경하여 불량배들에게 잡혀 팔려 오거나 속아서 매춘을 했던 아가씨들을 재활시키는 '은혜의 집'을 지원하고, 여성 구제 프로그램(Sister Programs)도 지원했다.

## 6. 글을 마치면서

변조은 목사님과 노미연 사모님에 대하여 다른 장(Chapter)에서 많이 언급되었으므로 간단하게 몇 가지만 기록했지만, 지금까지 주 안에서 함께 지내 온 시간들을 생각하면 그 수많은 이야기를 어찌 다 기록할 수 있으리오!

이 두 분은 선교의 사명을 이루며 선교는 이런 것이고, 선교사는 이렇게 사는 것이라는 것을 보여 주시기 위하여 하나님께서 택하여 한국으로 보내신 분들이라고 단언할 수 있다.

두 분 다 은퇴하셨는데도 지금도 북한 나진에 고아원을 짓고 운영하는 모든 일에 적극적으로 참여하고 계시고, 호주 사회에서 한국 사람들의 일이라면 언제나 앞장서서 도움을 베풀고 계신다.

이분들을 통해 내가 예수님을 확실히 만났고 신앙이 성숙하게 되었음을 감사드린다. 변조은 목사님의 80회 생신을 축하드리며 노미연 사모님과 함께 계속해서 건강하시기를 기도한다.

# 호주교회의 부산지역 신학교육, 1952~1968 : 변조은과 서두화 선교사의 기록을 중심으로

탁지일
(부산장신대학교 교수)

## 들어가며

2003년 부산장신대학교 개교 50주년 희년행사를 준비하던 중, 1961년 7월에 발간된 「소명」(召命)이라는 제호의 교지(校誌)를 발견했다. 그리고 교지에 게재된 '교수강사일람표'(教授講師一覽表)에서 서두화(Alan Stuart)라는 호주선교사가 주경신학(註經神學)을 강의했다는 기록을 발견했다. 궁금한 마음에 호주연합교회에 이메일로 문의하니, 변조은(John Brown) 선교사를 연결시켜 주었고, 변조은 선교사를 통해 서두화 선교사의 이메일 주소를 얻게 되었다.

변조은 선교사와 서두화 선교사는 모두 개교 50주년을 기념하는 행사 초청에 흔쾌히 응해 주셨다. 하지만 행사를 얼마 앞두고 보내 온 이메일에서 서 선교사는 병원 치료 중인 사모 문의덕(Rita Stuart, 1923-2012) 선교사를 돌보기 위해 행사에 올 수 없다고 정중히 알려 왔다. 아쉬움이 컸다.

행사에는 변조은 선교사만 참석하였다. 기념 강좌와 행사를 하는 동안 변 선교사를 가까이서 뵐 수 있는 기회를 가졌다. 인상적인 것은 음식을 드실 때 밥은 물론이고 거의 모든 반찬을 남김없이 드시는 모습이었다. 그 이유를 물으니, 예전 거제, 통영, 마산 등지로 순회선교를 할 때 한국인 교우들이 대접하는 음식이 고마워 남김없이 드셨는데, 그때로부터 습관이 되신 것이라고 말씀하셨다. 변 선교사의 성품을 알 수 있었다.

2012년 9월 변 선교사가 부산장신대학교를 방문했을 때는 호주선교와 관련된 중요한 자료를 기증해 주셨다. 1909년부터 1934년까지의 호주교회의 한국선교를 소상히 알 수 있는 귀한 자료인 *Extracts from the Records of the Australian Presbyterian Mission in Korea* (Fusanchin, Korea : Australian Presbyterian Mission's Secretary's Office) 원본이었다.

2013년 3월에는 서두화 선교사가 한국을 방문하였는데, 몇몇 지인들을 만나기 위해 비공식적으로 온 것이었다. 늘 뵐 때마다 서 선교사의 따뜻한 미소와 유머감각에 감탄하고는 한다. 이날 서 선교사는 A4 11장 분량의 자료를 하나 건네 주셨다. 서 선교사가 자택에 소장하고 있는 300여 권 이상의 서적들의 저자, 제목, 출판사, 출판연도가 일목요연하게 기록된 자료였다. 나중에 부산장신대학교 도서관에 기증하겠다고 하셨다. 서 선교사의 따뜻한 배려의 마음에 감동이 되어 가슴이 먹먹한 채 고맙다는 표현조차도 입 밖으로 나오지 않았다.

변조은 선교사는 2003년 필자에게 "호주장로교회 주한선교회와 장로교 부산신학교와 고등성서학원 관련사"(The Australian Presbyterian Mission and the Pusan Presbyterian Seminary and Higher Bible School)라는 제하의 각각 영문과 한글로 기록된 글을 주셨고, 서두화 선교사는 2010년 한국 방문을 마치고 호주로 돌아가신 후에 선교 활동에 대한 영문 기록과 함께 귀중한 관련 사진들을 보내 주셨다.[1)]

이 글의 목적은 두 분 선교사들이 주신 위의 두 자료들의 내용에 기초해, 한국전쟁 이후 부산지역의 신학교육에 끼친 호주장로교회 선교사들의 영향을 장로회부산신학교(현 부산장신대학교)의 설립과 운영을 중심으로 재구성하는 것이다. 특히 2013년은 한국전쟁 정전(停戰)과 부산장신대학교 설립 60주년을 기념하는 뜻깊은 해로, 본 연구의 시기는 전후 선교 재개를 위해 안다손(George Anderson, 1886-1976) 선교사가 내한한 1952년으로부터, 서두화 선교사가 학교 교장직을 사임한 1968년까지로 제한하려고 한다.

## 1. 한국전쟁과 부산지역 신학교육

한국전쟁이 한창이던 1952년 3월, 1922년부터 한국선교에 깊이 관여해 오던 안다손 선교사가 한국을 다시 찾았고 선교를 재개한다. 이 시기 호주선교회는 노회에 대한 재정 지원, 농어촌 미조직교회 순회와 교역자 사례 지원, 그리고 기독교서회, 성서학원, 신학교육, 교도소선교, 동래농학기술학원 후원 등을 중심으로 선교를 전개했다.[2)]

안다손 선교사의 보고에 따르면, 과부와 고아들을 포함한 피난민 구

---

1) 본 논문은 두 분 선교사의 귀한 글을 필자가 정리한 것에 지나지 않는다. 사진들과 설명은 서두화 선교사가 제공해 주셨다.
2) John Brown, "The Australian Presbyterian Mission and the Pusan Presbyterian Seminary and Higher Bible School," p. 7.

제가 시급한 과제였다. 그리고 전후의 상황은 열악했지만, 피난민들의 신앙은 날로 뜨거워지고 있었고, 성경학교(Bible Institutes)와 신학교(Theological Seminary)에도 지원자가 몰리고 있었다.

제2차 세계대전 이후 재정적 어려움을 겪고 있던 호주선교회는 지원 확대를 위해 미국 북장로회선교부에 인적·물적 지원을 요청했지만 지속적으로 거절되었고, 1956년에 이르러서야 미국 북장로회선교부는 성서고등학교(Higher Bible School)에 1,500,000환을 지원해 주었다.[3]

1953년 5월 13일 자 보고서에서 안다손 선교사는 호주선교회의 지원으로 경남노회가 성경학교 건물을 수리했으며, 60명의 학생이 등록했다고 보고했다. 또한 호주선교사들은 성서고등학교로부터 강의를 요청받기도 했다. 안 선교사는 호주교회의 구제금 중 일부를 서울 장로회신학대학교에서 신학수업 중인 지역 출신 신학생의 장학금으로 지원했다고 보고한다.[4]

하지만 성서고등학교의 운영이 점점 어려워지자, 성서고등학교의 목적과 그 정체성에 대한 문제들이 제기되기 시작했다. 이 과정에서 호주선교부와 경남노회는 성서고등학교가 농어촌교회 전도사 및 평신도 직분자들에게 건전한 성서해석을 가르치며, 어려운 환경에 처한 이들을 위해 교육을 제공할 것을 목적으로 해야 한다는 데 의견을 모으게 된다.[5]

경남노회의 지속적인 경제적 지원 요청을 호주선교부가 받아들이기 어려웠다. 실제로 국내 6개 선교부들 중 호주선교부가 가장 미약한 것

3) Ibid.

4) Ibid., p. 8. 이와 함께 여선교사들에 의해 평신도들을 위한 단기훈련 과정도 운영되고 있었으며, 성서, 주일학교 교수법, 설교 준비, 찬송가, 기독교윤리, 장로와 집사의 의무, 교회의 본질과 사명, 성례 등을 교육했다. Ibid., pp. 9-10.

5) Ibid., p. 11.

은 사실이었다. 이러한 상황이 계속되자 1957년 호주교회 대표단이 한국선교에 대한 전략적인 논의를 하기 위해 방한한다. 특히 미국 북장로교회선교부가 경남지역선교에 대한 관심을 꾸준히 보이고 있는 상황이었기 때문에, 호주교회 한국선교의 중단과 철수에 대한 논의도 이루어졌다.[6)]

논의를 통해, 호주선교회는 타 선교회들에 비해 미약하기는 하나 첫째, 다수의 선교부들과 동시에 관계를 갖는 것이 한국교회에 유익하다는 점 둘째, 호주교회의 신학이 타 선교부들과 비교해 상대적으로 유연하다는 점 셋째, 풍부한 재정을 가진 것보다 열악한 재정 환경이 오히려 한국교회가 선교 사역의 본질을 발견하는 데 도움이 된다는 점이 호주교회의 선교가 계속되어야 한다는 이유들로 고려되었다.[7)] 1959년 4월 28일 자 호주선교회 회의록에 따르면 성서고등학교에는 80명이 등록되어 있었다.

이 시기에 지역 교회지도자들에 의해 신학교육기관이 세워진다. 1960년 3월 19일 도은배(Fred Turvey, 1926-2002) 선교사의 보고에 따르면, 고려 측 신학교에 대안으로 중앙교회(노진현 목사)에 신학교가 개교했는데, 이후 통합과 합동의 분열 시기에 중앙교회가 합동 측으로 갔고, 통합 측은 장로회부산신학교를 독립 운영하기 시작한 것으로 되어 있다. 동년 4월 18일 자 보고서에는 합동 측 중앙교회 신학교에 소속되었던 다수의 신학생들이 장로회부산신학교로 편입했으며, 장로회부산신학교의 교과과정은 서울 장로회신학대학교와 동일하게 구성된 것을 알 수 있다.[8)]

6) Ibid., p. 12.
7) Ibid.
8) Ibid.

## 2. 장로회부산신학교의 설립

장로회부산신학교의 전신인 '대한예수교장로회 대한신학교 부산분교'는 1953년 10월 19일에 설립되었다. 1953년 9월 12일 신학교 설립을 위한 발기 모임이 열리고 노진현, 이수필, 구영기, 김현준, 장승환으로 발기회가 조직된다. 9월 15일에는 신학교 운영을 위한 이사회를 16인의 목사와 장로들로 구성하여 신학교의 운영을 담당하게 하였고, 10월 12일에 실행이사회를 설치하여 노진현, 이수필, 구영기, 장승환, 김천규가 신학교의 실무를 담당하게 되었다. 그리고 마침내 1953년 10월 19일, 신학교의 명칭을 '대한예수교장로회 대한신학교 부산분교'로 정하고, 중앙교회, 북성교회, 광복교회를 임시교사로 정한 후 신학수업을 시작하였다.

이사장에는 이순경 목사가 그리고 초대 교장에는 중앙교회에서 시무하던 노진현 목사가 취임하였다. 이후 1956년 3월 1일에 신학교를 대한예수교장로회 총회의 신학교로 발전시키기로 하고 그 명칭을 '대한예수교장로회 부산신학교'로 변경하게 되었다. 그리고 1956년 3월 5일에 제1회 졸업식을 갖고 3명의 졸업생을 처음으로 배출하게 된다.[9]

하지만 통합과 합동의 분열로 인해 신학교도 둘로 나눠지게 되었고, 통합 측 장로회부산신학교가 분립되어 운영되기 시작했다. 1962년 2월 서두화 선교사는 총회교육부가 지방신학교를 폐쇄하기로 한 결정에 의해 장로회부산신학교를 폐쇄했으며, 모든 자원을 안덕희(Joyce Anderson) 선교사가 강의하고 있던 성서고등학교에 제공하기로 했다고 보고했다.

호주선교 본부는 동년 3월 20일 자로 서두화 선교사에게 보낸 서신에

9) 장로회부산신학교 교지 「소명」 창간호(1959. 7. 7.), p. 39.

서, 선교사들이 성서고등학교에서 계속 강의할 것과 노회가 원한다면 신학교가 받던 재정 보조를 성서고등학교로 이관할 것을 허락한다. 서두화 선교사는 1962년 4월 4일 성서고등학교가 무난하게 운영되고 있으며, 신학교에 재학하던 학생들이 편입했고, 향후 4년제 신학교 과정으로 발전할 것 같다고 보고한다.[10)]

장로회부산신학교가 신학교육을 재개하려고 했을 때, 김길창 목사가 1962년 설립해 운영하고 있었던 부산신학교와의 관계성 문제가 제기되어 노회는 1962년 9월 13일 총회에 질의를 한다. 즉, 장로교 목사가 초교파 신학교를 운영해도 되는 것인지, 경남노회가 초교파 신학교를 공식 인준해도 되는 것인지, 총회는 장로회부산신학교의 재설립에 대해 어떻게 생각하고 있는지를 질

1966년 장로회부산신학교 교사로 사용하던 옛 부산진일신여학교 건물 앞에 모인 신학생들. 앞줄 서두화 선교사, 옆은 안덕희 선교사이다.

10) John Brown, pp. 13-14.

의했다.

1962년 10월 8일 경남노회는 장로회부산신학교의 운영을 결의하고, 성서고등학교 재학생들 중 신학교 입학 자격이 있는 학생들에게는 편입을 허락하고, 그렇지 않을 경우 성서고등학교에서 계속 공부하도록 하며, 신학교와 성서고등학교 사무는 같은 공간에서 동일한 직원이 보도록 했다. 이사회는 11인으로 구성했는데, 경남노회 5인, 마산과 진주노회 각 1인, 그리고 재정 후원이 가능한 유지이사 4인 등으로 구성했다.

1965년 호주장로교 한국선교부는 좌천동 768-1번지의 선교부 소속 토지와 건물을 장로회부산신학교를 위하여 사용하도록 경남노회 유지재단에 이양하기로 결의하였다.[11] 이 건물은 부산에 남아 있는 가장 오래된 서양식 건축물로서, 호주장로교 한국선교부 여자전도부에 의해서 1895년 10월 15일에 처음에는 초가집으로 건축되었으나, 1909년 현재의 2층 벽돌 양식으로 증축되었다. 특히 이 건물은 2003년 5월 2일에 부산광역시 기념물 제55호로 지정되었는데, 그 이유는 첫째 부산지역에 현존하는 유일한 서양식 건축물이며, 둘째 한강 이남지역 최초의 근대 여성교육기관이고, 셋째 삼일독립운동 당시 만세운동의 진원지였기 때문이었다.

## 3. 장로회부산신학교와 성서고등학교

1959년 대한예수교장로회 총회가 통합과 합동으로 분열되자, 선교사들은 양측의 화해를 위해 모든 노회들을 방문해 설득하기로 한다. 각 방문단은 미국연합장로회, 미국남장로회, 호주장로회선교사 각 1인씩 3명

11) "768의 1번지를…… 그 위에 있는 건물을 포함하여 장로회부산신학교를 위하여 사용하도록 경남노회 유지재단에 이양하기로 가결하다." 호주장로교 한국선교부의 공문.

새로 신축한 건물에서 강의 중인 서두화 선교사

1조로 구성되었다. 서두화 선교사는 전라도지역 노회 방문단의 일원으로 활동한다.[12)]

총회의 분열은 부산지역 신학교육에도 영향을 준다. 서두화 선교사는 교단 분열의 여파와 부산 성서고등학교와 신학교의 관계에 대해 "부산 성서학원과 신학교"(Bible Institute and Seminary, Pusan)라는 제목으로 자세한 기록을 남겼는데, 이를 통해 부산지역 신학교육을 위한 호주 선교회의 역할을 소상히 알 수 있다. 이를 요약하면 다음과 같다.

> 1959년 통합과 합동으로의 분열까지 신학교는 중앙교회에서 노진현 목사에 의해 운영되고 있었다. 교단 분열로 인해 신학교도 분열되어 이로 인해 노회에서 신학교를 분립해 운영하게 된다. 하지만 1961년

12) Alan Stuart's personal document, p. 11.

의 총회 결정에 따라 신학교를 폐교하기로 하고, 신학교 재학생들은 성서고등학교로 편입시켰다.

이때 김길창 목사가 초교파 신학교를 설립했고, 학생을 모집했는데 50명이 지원했다. 이 중 40명이 본 교단 소속이었다. 하지만 초교파 신학교 설립은 노회에 새로운 문제를 야기했다. 논란이 계속되자 1962년 9월 총회는 지방 신학교의 운영을 허가했고, 초교파 신학교에는 간섭할 필요가 없다고 결의한다. 이 결의에 대해 김길창 목사는 총회가 자신의 신학교를 인정한 것으로, 노회는 초교파 신학교가 교단과 무관한 것으로 각각 해석했다.

1962년 10월 노회는 신학교 운영을 위한 이사회를 구성하고, 신학교와 성서고등학교를 한 기관으로 운영하기로 결의한다. 노회원들은 김길창 목사의 신학교가 발전하자, 이는 호주선교부의 미약한 지원 때문이라는 의견을 내놓기도 했다.

특히 노회 내 남북 갈등으로 인해 이사장과 교감은 경남 출신, 교장과 교수는 이북 출신으로 균형을 맞춰 운영진을 구성했다. 이사회 회계는 경남 출신, 서기는 이북 출신이었다.

현재 신학교가 눈에 띄게 발전하고 있으며, 이는 예전에 무관심하던 노회원들이 지금은 서로 이사나 교수가 되려고 경쟁하는 것을 보더라도 알 수 있다.

노회의 전적인 지원도 신학교에 큰 힘이 되고 있다. 선교사들이 신학교 총 45시간 강의 중 15시간을 담당했다. 이러한 헌신으로 인해 선교사들의 영향력도 확대되었다. 호주교회의 지속적인 재정 후원도 중요하다. 강사료를 낮추게 되면 그만큼 강사의 자질도 낮출 수밖에 없다.

신학교육이 절실히 필요하다. 신학생들 중 25% 정도는 서울로 진학할 것으로 예상된다. 지속적 신학수업이든 아니면 농어촌 목회를 준비하든지 성서학, 심리학, 철학, 윤리학, 종교학 등의 교육이 필요하다. 향후 지역의 다른 신학교들보다 장로회부산신학교에 경쟁력이 있다.[13)]

서두화 선교사는 위의 내용을 포함한 보고를 마치며, 장로회부산신학교 교사 수리를 위한 지원금 1,000파운드의 사용 허락과 향후 수년 동안 매년 400파운드의 보조금을 요청했고, 선교회는 이 요청을 선교부에 청원하기로 1963년 1월 8일에 결의한다.[14)]

이후 부산선교회(Pusan Station)는 장로회부산신학교와 지속적인 관계를 유지해 나아가기 시작한다. 1963년 초 선교사 4명이 10과목을 담당하면서 주당 15시간을 강의했다. 1964년에는 야간 신학교가 시작되었는데, 65명이 등록해 신학수업을 했다. 당시 성서고등학교도 계속 운영되고 있었지만, 선교사들이 관여하지는 않았다.[15)]

## 4. 서두화 선교사와 장로회부산신학교

호주장로교 한국선교부는 장로회부산신학교로부터 강사 요청을 받은 후, 1960년 8월부터 서두화 선교사가 강의를 시작한다. 동년 9월에 부산으로 이사하기 전까지 서 선교사는 월요일에 마산에서 부산으로 와 금요일에 마산으로 돌아갔다. 1966년 4월 4일에는 서두화 선교사가 교장으로 취임했다.

서두화 선교사는 장로회부산신학교에서의 그의 사역에 대해 다음과 같이 증언한다.

> 저는 1960년 8월부터 1968년 12월까지 신학교에 있었습니다. …… 저는 강사로 주로 성서학을 가르쳤습니다. 예를 들면, 예수의 삶, 공관복음, 요한복음, 사도행전, 요한계시록, 레위기, 오경, 구약의 역

13) John Brown, pp. 13-14. 그리고 Alan Stuart's personal document, p. 11.
14) Ibid., p. 18.
15) Ibid., p. 19.

> 사, 신학방법론, 교회예배 등의 과목이었습니다. 이 시기 동안 저는 당시 경남노회에서 교회 관계 일을 보면서도 신학교의 일을 주로 하였습니다. 그리고 1966년부터 약 일 년 동안 교장으로 근무하기도 했습니다. …… 그 당시 호주선교부에서 자금을 지원해 주어서 현재 부산노회 건물로 사용 중인 좌천동의 2층 건물을 지을 수 있었습니다. …… 저는 3년 전 한국을 방문했을 때 [김해의] 새 교사를 방문하였습니다. 제가 한때 몸담았던 신학교의 발전한 모습에 저는 커다란 감동을 받았습니다.[16)]
>
> 장로회부산신학교에서의 강의는 정말 즐거웠습니다. 저에게도 큰 공부가 되었으며, 정말 의미 있는 시간들이었습니다. 그리고 이따금씩 저의 서툰 한국어를 참고 이해해 준 학생들에게 감사한 마음을 갖습니다. …… 제가 만약 신학교에 공헌한 것이 있다면 그것은 아마도 호주교회의 도움과 선교 활동을 통해 얻은 많은 경험을 학생들과 함께 나눈 것이고, 좀 더 나은 강의실과 새 건물을 갖기 위해 노력한 것입니다. 제가 소망하기는, 저로 인해 신학생들이 복음, 특히 구약성서에 대한 이해를 넓혔기를 바랄 뿐입니다.[17)]

하지만 경남노회 안의 서로 다른 지역 기반을 가지고 있었던 세력들 간의 갈등으로 인해 서두화 선교사의 사역이 어려움을 겪었다. 이북에서 피난 내려온 목회자들과 현지 목회자들 사이의 남북(南北) 갈등도 있었고, 지역배경이 다른 이북 목회자들 사이의 북북(北北) 갈등도 있었다. 하지만 이러한 상황에서도 장로회부산신학교의 교육과 운영을 위해서 선교사는 헌신적으로 노력한다.

특히 1966년 말에는 호주 빅토리아 주 여선교회가 보내 온 2,000달러를 가지고 신학교를 증축했다. 그리고 여선교회는 1967년 7월에 다시

---

16) 서두화 선교사가 필자에게 보낸 이메일(2003. 7. 29).

17) 서두화 선교사가 필자에게 보낸 이메일(2003. 8. 8).

1966년 4월 4일 서두화 선교사의 장로회부산신학교 교장 취임식

4,400달러와 함께 도서비 1,000달러 그리고 산업선교교육을 위해 1,000달러를 기증했는데, 이 지원금으로 현재 부산노회가 사용 중인 건물을 짓게 된다.[18)]

서두화 선교사의 신학교육의 일면을 볼 수 있는 이야기가 1964년 11월 7일 자 「기독공보」에 다음과 같이 게재되었다.

> 일 년 동안 안식년을 마치고 한국으로 지난 9월 17일 돌아와 일하는 호주장로교 서두화 선교사는 평소 신학교에 도서를 비치하여 학생들로 하여금 지적인 수준을 높이려고 하였는데 이번 안식년으로 귀임한 즉시 도서기금으로 60만 원을 바쳤다. 서두화 선교사는 젊음을 한국에서 보내어 주로 농촌교회를 위하여 바치고 있다. 서 선교사는 장로회 부산신학교의 명예교장으로 일하고 있기도 하면서 그는 늘 한국교회 특히 농촌지도자 양성에 전심전력을 기울이겠다고 말하고 있다.[19)]

18) John Brown, pp. 21-22.
19) "서두화 宣教師가 圖書基金 長老會釜山神學校에 寄贈," 「기독공보」(1664. 11. 7).

하지만 노회 내 갈등이 지속되자 서 선교사는 사임을 결심한다. 1968년 6월 7~11일 자 선교회 회의록에는 서두화 선교사의 사임을 받기로 한 것이 나타나 있다. 서두화 선교사는 빅토리아 주 해외선교 본부에서의 사역(Area Officer for the Board of Overseas Missions in the State of Victoria, 1969-1975)을 위해 1968년 12월 9일 한국을 떠났으며, 선교와 목회 관련 사역에 헌신하다가 1991년 7월 31일 은퇴한다.

## 나가며

2010년 5월 부산장신대학교를 방문한 서두화 선교사는 채플 설교를

1967년 기숙사 건물 앞에 모인 장로회부산신학교 재학생들. 새로 신축한 강의동 건물 뒤로 부산진교회 옛 건물이 보인다.

통해, 그가 한때 사역했던 신학교육 기관의 어제와 오늘에 대해 부산경남지역의 다음세대를 이끌어 갈 신학생들에게 다음과 같이 증언했다.

> 부산장신대학교 신학생들에게 말씀을 전하게 되어서 영광입니다. 정말 오랜만에 부산성경신학교 학생들에게 말씀을 전하게 되었습니다. 1960년대에 성경학교가 부산진에 있었는데 요즘과 비교하면 아주 작은 캠퍼스였습니다. 조그만 이층 건물과 작은 기숙사밖에 없었습니다. 학생들이 몇 명이나 되었는지 기억이 나지 않는데 전임교수도 몇 분 되지 않았습니다. 사실상 도서관이라고 할 만한 것도 없었고 성경책 외에 교과서를 갖고 있는 학생도 불과 몇 명 되지 않았습니다. 제가 아는 한 교과서도 변변한 것이 없었고 읽을거리는 강의노트뿐이었습니다. 제가 담당했던 어떤 과목은 제가 가르치지 않았다면 학생들은 사실상 배울 기회가 없었을 것입니다. 제가 교장으로 섬기던 시절을 돌아보면 자랑할 것도 없고 스스로도 만족스럽지 않다는 것을 여러분에게 고백할 수밖에 없습니다. 제가 맡은 책임을 감당하기에는 그 시절의 저는 너무 젊었고 경험도 부족했습니다. 제가 그 일을 다시 할 수 있다면 그때보다는 훨씬 더 잘할 수 있을 것이라는 아쉬움이 남습니다. 하나님께서 너그럽게 관용을 베푸셨고 선생님이나 동료들도 용서하리라고 믿고 있습니다. 신학교가 이렇게 크게 성장한 것을 보면서 감사하지 않을 수 없습니다. 건물이나 시설도 훌륭하고 가르치는 분들이나 교육 내용도 대단히 훌륭하게 되었습니다. 제가 일하던 시절에는 꿈도 꾸지 못하던 일입니다.[20]

서두화 선교사가 '꿈도 꾸지 못하던 일'이 오늘 현실이 되었다. 부산장신대학교는 오늘 부산, 울산, 경남지역 목회와 복음화를 책임지는 신실하고 건실한 신학교육 기관이 되었다. 이러한 열매는 서두화 선교사

20) 서두화 선교사가 부산장신대학교 채플에서 한 설교(2010. 5. 25).

와 변조은 선교사 같은 헌신적인 호주선교사들의 도움으로 인해 가능할 수 있었다. 호주선교사들이 씨를 심고, 한국인들과 함께 물을 주고, 하나님께서 자라게 해 주신 것이다(고전 3 : 6). 한국전쟁 정전 60주년을 맞는 올해, 한국전쟁의 피난지 부산에는 호주에서 참전한 젊은이 281명이 유엔기념공원(UN Memorial Cemetery in Korea)에 잠들어 있다. 그리고 호주교회의 한국선교를 위한 작은 불꽃이 된 헨리 데이비스(Henry Davies, 1856-1890) 선교사도 오늘 평범한 삶의 터전이 되어 버린 부산 어딘가에 잠들어 있다. 이들 호주인들이 잠들어 있는 이곳 부산은 한호관계(韓濠關係)의 든든한 상징으로 우리 곁에 남아 있다.

"그들은 내 목숨을 위하여 자기들의 목까지도 내놓았나니 나쁜 아니라 이방인의 모든 교회도 그들에게 감사하느니라. The risked their lives for me. Not only I but all the churches of the Gentiles are grateful to them"(롬 16 : 4).

## 참고문헌


Stuart, Alan's Personal Document.

_______. Email to Ji-il Tark(July 29 and August 8, 2003).

_______. 부산장신대학교 채플 설교(2010. 5. 25).

Brown, John. "The Australian Presbyterian Mission and the Pusan Presbyterian Seminary and Higher Bible School."

"서두화 宣教師가 圖書基金 長老會釜山神學校에 寄贈." 「기독공보」(1664. 11. 7).

장로회부산신학교 교지 「소명」 창간호(1959. 7. 7).

"호주장로교 한국선교부의 공문."

# 존 브라운에게 경의를 표하며

바바라 마틴
(전 한국 주재 호주선교사, 부산일신기독병원 의사)

내가 처음으로 존 브라운을 만났을 때는 1952~1955년 사이 우리 둘 다 멜버른 대학교 학생이었다. 나는 의대생이었고, 존은 문학학사 과정을 공부하고 있었다. 우리는 둘 다 학생기독교 단체인 복음유니온에 참여하고 있었고, 내 기억이 맞는다면 존은 어느 시기 회장을 맡고 있었다. 또 다른 친구는 노마 비어였는데 그들은 1957년 결혼하였다.

1955년 이후에 그들과의 연락이 끊겼는데, 내가 병원 실습으로 복음유니온에 더 이상 나가지 못하였기 때문이다. 그러던 중 1964년 노마로부터 편지 한 장을 받았다. 그 당시 나는 선교사로 부산일신병원에 가는 준비를 하고 있었는데, 노마는 내가 한국에 오는 것을 환영한다고 하였다. 나는 크게 놀랐는데 그 이유는 노마와 존이 결혼을 하였다는 사실과 그들이 한국에 있다는 사실 때문이었다. 다행히도 노마가 그의 중간 이름 '비어'를 넣어서 내가 알아보았지, 그렇지 않았다면 그 이름이 누구였는지 알지 못하였을 것이다. 그들을 다시 만나 무척 반가웠고, 이것이 오래되고 특별한 우정의 시작이었다.

비록 우리가 1964~1972년까지 함께 한국에 있었지만, 우리는 함께 일하거나 한 도시에서 살지는 못하였다. 나는 부산에 있었고, 존과 노마는 1969년까지 마산에 있었고 그 후에는 서울로 갔다. 우리는 휴가도 각기 다른 곳에서 가졌고, 언어공부도 있었기 때문에 서로 자주 만날 기회는 많지 않았다. 서로의 사역 내용이 다르기도 하였는데 존은 복음전도선교사로 마산노회에서 경남지역의 교회를 격려하는 일과 신학대학에서의 교육이었고, 나는 부산의 일신기독병원에서 일하는 의사였다. 그럼에도 불구하고 우리는 서로의 일에 관하여 큰 관심을 가지고 있었고, 그 관심은 계속되었다.

내가 마산에서 처음 그들을 만났을 때 그들은 겨울에는 추울 것 같은 오래된 선교사 집에서 살고 있었다. 내가 기억하기에는 큰 배 하나를 아침으로 나누어 먹었는데, 우리는 배 하나를 나누어 먹어야 하는 '가난한 선교사 가정'을 이야기하며 웃기도 하였다. 호주 사람들은 호주의 작은 종의 배를 생각하며 한국의 배가 얼마나 큰지를 상상 못한다. 당시 마산의 집 근처에는 땅이 많아 돼지와 염소를 키우고 있었는데, 이것은 존이 1966년 첫 휴가를 마치고 돌아올 때 호주에서 가지고 온 가축들이었다. 자넨 염소들과 큰 흰 돼지였는데, 아마 내가 평생 본 것들 중에 가장 큰 것일 것이다. 존은 그곳 농부들과 특히 거제도의 생활 수준을 향상시키려는 열정을 가지고 있었고, 교배와 분배의 프로그램을 통하여 가축들을 개종하고 있었다. 특별히 거제와 김해지역을 다니다 보면 개종된 그 돼지들을 알아볼 수 있다.

존은 또한 본인의 가족을 위하여 젖소도 들여왔는데, 신선한 우유와

버터를 위함이었다. 한국의 유제품 가공 산업이 당시 막 시작되고 있어서 신선한 우유를 구하기가 쉽지 않았다. 그 젖소는 새끼를 낳았는데, 슬프게도 눈을 뜨지 못하였다. 존은 그 새끼 소가 살아남을 수 있을지 염려하였다. 토론 후에 그 새끼 소를 동역자였던 조이스 앤더슨 남편 최에게 주기로 하였다. 당시의 자세한 상황을 잘 기억하지는 못하지만 최는 학교 선생으로 당시 정치적인 상황으로 일하지 못하고 있었다. 최는 그것을 바탕으로 작은 목축업을 시작할 수 있었는데 항상 존에게 고마워하였다. 우리가 그 가정을 방문할 때마다 가축들을 보러 가고는 하였다.

한 가지 존이 한국에 있을 시 특별히 떠오르는 것은 그의 한국어 실력이었다. 그는 농부들과 대화를 하거나 서울의 신학대에서 교수들과 대화를 하여도 똑같이 잘했다. 그도 편하게 말하였고 듣는 사람들도 편하게 들었다. 그는 호주에 돌아와서도 한국어의 재능으로 호주의, 특히 시드니의 한인교회를 발전시켰다. 내가 한국어 문서를 읽거나 연설을 준비할 때 종종 존의 도움을 받고 있다.

존은 지도력의 큰 은사를 받았다. 내가 처음 멜버른 대학의 복음유니온에서 만났을 때도 알아보았고, 한국에서의 선교사 모임에서도 확인되었다. 그는 한국교회 총회와도 가깝게 일하였고, 호주선교회의 대표로 협력하였다. 존과 노마가 1972년 한국에서 돌아온 후에는 호주장로교회와 호주연합교회 총회선교부에서 총무로 재직하였다. 그가 시드니에 있어 좋았던 것은 우리의 문제들을 언제든지 상의할 수 있었기 때문이다. 휴가로 호주에 갔을 때 존과 노마를 만날 수 있어 즐거웠다.

지난 몇 년 동안 존은 멜버른 한인교회의 북한선교에 활동적으로 참여하고 있다. 그는 별빛재단의 회장으로 그 일의 재정 지원과 후원을 하고 있다. 이 일은 북한을 방문하여야 하기도 하고, 또 멜버른과 한국을 방문해야 하는 일이다. 깊은 결단과 지혜로운 지도력으로 이 막중한 책임을 감당해 오고 있다.

또한 존은 호주 원주민들과 비원주민 간의 화해운동에 참여하고 있는데, 많은 원주민들이 당면하고 있는 부정의에 항거하는 일이다. 부정의는 어떤 상황에서든지 도전받아야 한다는 그의 강한 기독교 신앙과 깊은 신념에서 우러나오는 것이다.

존의 능력에 대하여 잘 알려지지 않은 사항은 그가 잼을 잘 만들고, 요리를 잘하고, 그리고 핸디맨이라는 사실이다. 그는 잼 만드는 것을 좋아하고 나는 그 잼이 얼마나 맛있는지 증언할 수 있다. 최근 그의 딸 앨리슨이 시골로 이사를 하였는데 그녀의 집에 필요한 여러 가지 수리를 즐겁게 하였다고 말했다.

결론으로 나는 존에게 경의를 표하는데, 그는 호주와 해외교회에, 특히 한국교회에 많은 것을 나누었다. 존은 많은 경우 미가의 가르침을 실천하였다. "사람아 주께서 선한 것이 무엇임을 네게 보이셨나니 여호와께서 네게 구하시는 것은 오직 정의를 행하며 인자를 사랑하며 겸손하게 네 하나님과 함께 행하는 것이 아니냐"(미 6 : 8). 존을 친구로 부를 수 있음에 하나님께 감사드린다.

# 생명의 물[1]

## -존 브라운 목사의 사역 50주년을 축하하며

그레고 핸더슨
(호주연합교회 증경 총회장)
번역 : 김상만
(WCC 부산총회 한국준비위원회 국내협력국장)

창조주이시며 구속자이시고 보전자 되시는 하나님의 이름으로 호주연합교회를 대표해서 인사 말씀드립니다.

수년간 우주 과학자들은 화성을 연구해 왔습니다. 특별히 화성에 물이 있는가를 주목하였습니다. 화성 표면 아래 물이 있다거나 한때 물이 흘렀던 해협이 보인다 하여 아주 흥분했었습니다. 단지 곧 사라질 그런 몇 가지 증거가 있다는 것만으로도 도전이 되었습니다. 제가 아는 한 아직도 계속되는 논쟁거리입니다.

화성에 물이 있을 가능성이 중요하게 다루어지는 것은 다름 아닌 생

1) 일시 : 2008년 2월 24일(주일)
장소 : 캔버라 시티 교회
본문 : 출애굽기 17 : 1~7, 요한복음 4 : 7~26, 로마서 5 : 1~5.

명을 유지하기 위해 물이 필수불가결한 요소이기 때문입니다. 이스라엘 백성은 그들이 르비딤 광야에서 목말라 죽게 된 경험을 하였기에 살기 위해 물이 필요하다는 것을 알게 되었습니다.

우리는 강, 샘, 우물, 댐, 송수로, 파이프라인, 우리에게 물을 공급해 주는 공급자 없이 살 수 없습니다. 그러나 물은 단지 육체만을 위해 필요하지 않습니다. 사마리아에 있는 야곱의 우물에서 예수께서 그곳에 물을 길으러 나온 한 여인과 다소 생소한 대화를 하십니다. 예수님은 그 여인과 비유로 물을 말씀하시면서 생명, 즉 참된 생명에 대해서 이야기 하십니다. 그는 하나님, 성령, 예배, 진리를 말씀하시면서 영원한 생명으로 우리를 이끄는 참된 생명에 대해서 심도 있게 말씀하십니다. 나중에 요한복음에서 풍성한 삶이 하나님의 선물이라고 말씀하십니다.

우리에겐 육체적 생명만 있는 것이 아니라 영적인 생명이 있습니다. 창조주 되신 하나님과의 관계 안에 거하는 생명입니다. 그것은 우리에게 죄용서하심을 주시고, 인도하시고, 우리에게 평화를 주시고, 참된 기쁨을 주시는, 우리를 사랑하시는 하나님의 은혜를 알고 살아가는 생명을 말하고 있습니다. 그러한 삶을 예수께서 우리게 본을 보여 주셨습니다. 하나님과의 절대적 친밀함 안에서 사랑으로 섬기고 베푸는 모습을 보이셨습니다. 하나님이 창조한 모든 피조물을 경외하고, 다른 사람들을 위해서 온전히 헌신하셨습니다. 정의와 평화를 추구하셨고, 현재의 생명을 넘어선 사랑과 기쁨, 그리고 평화가 흘러넘치는 하나님과 함께하는 영원한 생명을 향해 나아가셨습니다. 이것은 예수께서 우리에게 가져다주신 복음 중에 복음입니다. 하나님이 예수 그리스도를 통하여, 예수 그리스도 안에서 지금 우리로 하여금 가능하게 하시기 위해서 이 땅에 성육신하신 것입니다. 예수께서 말씀하십니다. "내가 주는 물을 마시는 자는 영원히 목마르지 아니하리니 내가 주는 물은 그 속에서 영생하도록 솟아나는 샘물이 되리라." 이 말씀이 곧 엄청난 복음인 것입니다.

오늘 우리는 존 브라운 목사의 목회 사역 50주년을 축하하며 예배를 드리고 있습니다. 목사는 교회공동체 안에서 생명과 말씀 사역에 대해 매우 특별하고 특권을 가진 직책입니다. 호주연합교회 '연합기초서'에서 목사를 "하나님께서 그리스도를 통해 성령의 능력으로 목사로 부르시고 구별하셔서 복음을 전하고, 성례전을 거행하며, 목회적 돌봄을 베풀고, 모든 사람이 교회에서 그리스도에 대한 사도적 증거를 지속하는 각자의 사역에 준비되도록 한다. 이러한 사역자들을 목사라 부르고 이들을 구별하는 것을 안수라고 한다."라고 말하고 있습니다. 목사는 전 생애를 통해 섬김의 지도자로서 예수 그리스도 복음 안에서 살고 말씀을 제대로 이해하기 위해 훈련받고 자격을 갖춘, 목사의 역할을 수행하기 위해 소명과 은사를 하나님께 부여받고 하나님의 백성에게 봉사하는 직분으로서 교회의 필수적 요소입니다.

존 브라운 목사는 지난 50년 동안 호주공동체와 국가와 상당한 부분에서 주님의 백성들을 섬기셨고, 그러한 사역을 통해 교회에 봉사하는 전형적인 모범을 보여 주셨습니다. 제가 알기로는 존 브라운 목사만큼이나 국가와 교회를 섬기며 봉사하신 호주연합교회 목회자들은 손가락으로 셀 정도로 많이 있지 않습니다. 히브리어 성경을 특별한 안목으로 깊게 연구하신 신학자이시며 학자이십니다. 국내뿐만 아니라 국외에서까지 그의 가르침은 너무도 많은 기독교인들에게 영향을 끼쳤습니다. 그는 또한 전적인 헌신을 통한 봉사의 삶을 산 신실한 선교사입니다. 하나님의 사랑으로 돌보고 아낌없이 베풀었습니다. 한국에서 그는 호주선교사의 격을 한층 높이는 탁월한 사역을 하였습니다. 한국교회 교인들은 선교사로서 그의 사역이 단지 감사해서가 아니라 그에게 받은 심대한 보살핌 때문에 아직도 그를 존경하고 기억하고 있습니다. 50대 이상 되는 한국 교인들이 "존 브라운을 알고 있느냐, 어떻게 지내고 계시냐,

지금은 무엇을 하고 계시느냐?"라고 묻지 않는 사람이 없을 정도라고 감히 말씀드릴 수 있습니다.

어쨌든 저는 호주연합교회에 헌신하신 존 브라운 목사의 공헌은 크게 3가지 영역이라고 생각합니다.

첫 번째로, 호주연합교회의 국제적 우호관계 영역에 공헌하셨습니다. 우리 교회의 크기로 보았을 때, 서양 개신교회의 중간 정도의 크기인데, 아시아 태평양 국가들 중 35개의 해외교회들과의 우호 관계 깊이나 숫자를 보면 기대 수준 이상입니다. 우리와 돈독한 관계를 유지하고 있는 해외교회들은 호주연합교회를 매우 과분하게 존경해 마지않고 있습니다. 존 브라운 목사는 호주연합교회의 광범위한 국제적 우호 관계를 증진시킨 핵심인물 중 한 분입니다. 그가 우리 호주연합교회 세계선교부 수장으로서 일했던 1970~1980년대를 생각해 보면 그는 누구에게도 뒤지지 않는 용기와 진정성, 그리고 헌신으로 사역을 감당했습니다.

두 번째로, 호주연합교회에 속한 호주 원주민인 애버리진 사역에 공헌하셨습니다. 존 브라운 목사의 영감과 전폭적인 지지로 1985년에 호주연합교회 내에서 스스로의 자치권을 갖는 애버리진 목회자들과 교인들로 구성된 호주연합교회 애버리진과 호주 부속도서 기독교위원회를 설립하였습니다. 위원회는 창설 이후 줄곧 호주 대륙의 원주민들을 위해 그리고 그들과 함께 복음전도, 예배, 지지옹호, 목회 사역을 제공하고 있습니다. 교회나 나라 안에서 호주 원주민들에 대한 그의 비전은 다른 어떤 교회 리더들보다 시대를 앞서고 있었습니다.

그리고 세 번째로, 1980년 중반쯤부터 생겨난 호주 다문화교회를 지지하고 인정하는 일에 공헌하셨습니다. 존 브라운 목사는 20년 넘게 호주연합교회 주일예배자 중 8명 중에 한 명 꼴로 영어 외에 애버리진 16개 언어와 이민교회 25개의 언어로 예배하는 여러 종류의 이민자들의 교인들을 성장시키고 양육하셨습니다.

호주교회와 국가를 위해서 그 어느 누구도 이의를 제기하지 않을 위에 언급한 세 가지에 공헌하셨습니다. 지난 50년간, 아니 오늘날까지도 존 브라운 목사의 이름이 갖는 긍정적 영향력을 의심할 수 없습니다.

친애하는 여러분! 아마도 성경에서 아주 여러 번 '존'이라는 히브리 이름이 등장하고 있다는 사실을 잘 아실 것입니다. 그 의미는 '하나님은 은혜로우시다'입니다. 예수님의 복음을 아주 잘 요약하는 단어입니다. 존 브라운 목사는 그의 목회 사역 50년 동안 지금까지 복음을 삶으로 그리고 말씀으로 고집스럽게 믿고, 사랑하고, 봉사하며 전했습니다. 그는 위대한 헌신자입니다. 우리 각자가 주 예수 그리스도, 이 새로운 복음의 소식을 전하기 위해 신실한 훈련 가운데 살고, 하나님 은혜의 이 놀라운 좋은 소식 따라 하나님께서 주신 은사를 사용하실 수 있기를 바랍니다.

하나님께 영광을 돌립니다. 아멘.

# 존 브라운 목사님께 감사하며

호주연합교회 총회 선교와 전도국

호주연합교회 총회 선교와 전도위원회에서는 총회의 선교와 전도 사역에 공헌하신 변 목사님께 감사하며 기뻐합니다.

변 목사님은 선교와 전도위원회가 시작된 1985~1989년 12월까지 재직하셨습니다. 이 어려운 기간 동안 변 목사님은 반은 위원회의 직원으로, 그리고 나머지 반은 선교국 총무로 일하셨습니다.

이 엄청나고 도전적인 사역을 위하여 변 목사님은 교회의 선교를 위하여 깊은 성찰과 희생으로 성실하고 열심을 다하셨습니다.

우리는 변 목사님의 지혜와 신학적 깊이로부터 많은 유익을 얻었습니다. 그의 국제적이고 전국적인 교회 경험과 사회와 교회에서의 다문화 경험과 은사로 인하여 비전을 가질 수 있었습니다.

호주연합교회의 복음적인 개혁운동 대표들과의 회의를 공유하는 데 변 목사님은 중요하고도 효과적인 지도력을 발휘하셨습니다.

변 목사님은 복음에 겸손하고 신앙적이며, 전체 교회를 위하여 깊은 관심과 자상함을 보여 주셨습니다.

정의와 진리를 향한 그의 열정으로 인하여 하나님께 감사드리며, 순례의 도상에서 함께한 동역자 관계에 감사합니다.

우리는 변 목사님이 원주민과 연합교회의 다른 회원들과의 화해 관계를 인도하는 다음 사역을 위하여 기도합니다.

총회 선교와 전도위원회

1992년 12월 11일

# 존 퍼시벌 브라운 박사

로날드 윌슨
(호주연합교회 증경 총회장, 호주 정부 인권과 평등위원회 위원장)

존 브라운 박사님이 호주 훈장을 받도록 추천을 고려한다는 소식에 기뻐하며 이에 지지하는 편지를 씁니다.

변 박사님은 처음에는 호주장로교에서 그 후에는 호주연합교회를 통하여 함께 일하여 왔는데, 약 20년 동안 알아 왔습니다. 그동안 내가 알아 온 변 박사님은 호주와 호주 밖 세상에서 정의와 평화를 위하여, 그리고 소외된 자들을 위하여 지치지 않고, 용감하며, 겸손하고, 희생적인 분이었습니다.

내가 처음으로 변 박사님을 알게 된 것은 그가 한국에서의 선교 사역에서 막 돌아와 호주장로교 총회의 에큐메니컬 선교와 연구부에 부임하였을 때였습니다. 그때 변 박사님은 원주민들을 위하여 그의 지도력과 협력의 은사로 사역하였으며, 그 후부터 지금까지 계속하여 국가와 교회에 큰 공헌을 하였습니다. 그의 총회 사역은 또한 세계교회들과 관계를 맺고 지속하는 일도 포함되어 있었습니다. 이것은 변 박사님이 국제적으로 에큐메니컬 교회 관계에서 지도력을 발휘할 수 있는 바탕이 된 것입니다.

호주연합교회가 탄생한 후에도 변 박사님은 계속하여 상상적이고 영감적인 지도력을 위에서 언급한 두 분야에서 나타내었고, 그리고 발전되고 있던 호주의 다문화주의에 기초를 놓았습니다. 1977년 연합될 때에 총회 세계선교부의 총무가 되었고, 현재는 총회선교국의 총무로 재직하고 있습니다.

변조은 박사님은 전 인류의 하나 됨을 위한 신학의 권위자로 호주와 해외에서 광범위하게 존경을 받고 있으며, 그것은 창조의 보전을 위한 정의, 평화, 그리고 존경의 의제임을 단호하게 표현하고 있습니다.

나의 의견으로는 변 박사님은 자랑스러운 호주인이며, 호주 훈장을 받을 자격이 충분한 분입니다.

1992년 3월 13일

# 존 브라운
# 선교의 사람

마조리 루이스 존스
(「인 사이트」 잡지 기자)

존 브라운의 몸은 거친 수탉의 모습이 있다. 그가 나에게 자신은 "땅으로부터 만들어졌다."고 하였을 때 놀라지 않았다. 그는 아버지로부터 물려받은 강하고 나무 같은 신체를 가지고 있다. 어머니로부터는 열심히 일하는 법을 배웠다. 씨 뿌리고, 고르고, 파고, 꿰매고, 젖을 짜고, 그리고 빵을 굽는다. 그의 어머니는 아버지가 전쟁에 참전하는 동안 여덟 명의 자녀들을 먹이고 입혔다.

어린 시절에 주일예배가 없을 때 그는 깊은 산으로 들어갔다. 그는 그곳에서 에너지를 얻었고, 흙과의 '공동체'를 찾았다. 그는 땅을 사랑하는 법을 배웠고, 생산물을 내도록 용기를 주었다. 지금도 그는 사람들의 은사를 가로 막는 통나무를 치우려고 하는데, 어린 소년이 그것을 끌어서 버리려는 모습을 보는 것 같다.

## 자라게 하는 사람

존 브라운은 재배자다. 그에게서 콩이나 장미를 받아 본 사람들에게 물어보면 안다. 아직도 그의 일에 대하여 감사하는 한국교회에 물어보면 알 수 있다. 그들의 존재를 인정받기 위하여 싸우는 이민자교회에도 물어보라. 정의를 필요로 하는 여성들에게도 알아보라. 에큐메니컬 운동이나 땅을 되찾기 위하여 투쟁하는 원주민들에게도 말이다. 그는 땅을 파고, 심고, 가꾸고, 물을 주고, 그리고 가지를 친다.

지난 20년 동안 그는 호주연합교회와 호주장로교회의 선교가 자라도록 도왔다. 지난 20년 동안 그는 교회가 '자라는 것'을 보았고 수용적이게 되는 것을 보았는데, 원주민들의 지도력이 증가하였고, 여성들이 결정과정에 더 참여하였으며, 최소한 20여 개의 다른 이민자 그룹이 교회의 구성원이 되었다. 1985년에 세워진 총회선교국이 이러한 일을 주도적으로 해 왔는데, 이것이 모두 존의 지도력 아래 이루어진 것이었다.

## 어떤 토양?

그러나 존 자신의 성장은 어떠한가? 어떤 토양이 지금의 존을 만들었는가? 국제적으로 에큐메니컬 공동체로부터 존경을 받지만, 정작 그는 자신을 '현장'의 사람으로 말하고 있다. 주일마다 지역교회에서 몇 번의 설교를 하고 있으며 그것은 보통 이중 언어이다. 그는 '하나님의 사랑을 기다림'이나 하나님의 깊은 '요람의 사랑'에 대하여 말하고 있다. 그는 성령을 아기가 첫발을 띄도록 앞에 서서 부르고 용기를 주는 '신앙의 다음 단계를 위하여 부르는' 어머니로 말하고 있다.

존은 1950년대에 멜버른의 신학교에서 성장의 시간을 가졌다. 그는 데이비스 매카키, 핵터 맥클린, 그리고 조지 율을 높이 말하며, 그들이 젊은 '근본주의자' 자신에게 끼친 영향을 알고 있었다.

그가 한국에서 선교사로 구약을 강의할 때, 그는 오히려 농부들과 학생들에게서부터 하나님의 이해를 넓히는 데 도움을 받았다고 한다. "반에서 우리는 아모스의 정의를 물같이, 공의를 강같이의 주제를 공부하고 있었다."고 존은 말한다. 그런데 그 반의 학생 중 한 명이 한 해에 세 번이나 감옥에 가게 되었고, 그의 교회도 세 번이나 불도저로 파괴되었다. 이것은 빈민가에 있던 교회였고, 그들은 매번 교회를 다시 세웠기 때문이다.

또 한 번은 노동자가 공장으로부터 사주받은 깡패에 의하여 칼에 찔렸는데, 학생 중 한 명이 그의 가정이 보상금을 받기 위하여 투쟁하는 몇 주간 동안 그의 시신을 지키기도 하였다.

"나는 기독교 신앙의 수평적이고 수직적인 차원을 강의하고 있었는데, 하나님의 사랑의 부름은 온몸과 맘을 다하여 자신을 사랑하는 것처럼 이웃을 사랑하는 것이었다."

## 정의와 선포

이런 경험은 존에게 정의와 선포가 서로 함께 가야 한다는 결정적인 깨달음을 주었다. 복음은 예수님과 함께 성문 밖으로 나가는 것인데, 소외된 사람들과 더불어 정의를 위하여 투쟁에 참여하는 것이다.

이것은 그가 어디에서 섬기던지 가지고 있는 신념이다. 예를 들어 세계교회협의회선교와 전도국 위원장을 맡은 일이다. 지난 35년 동안 보아 온 선교신학의 변화에 관하여 쓰는 일이다. 그의 아내 노마의 라켐바

교회 사역을 돕는 일이다. 또한 여러 여성들의 다양한 신학을 연구하는 일이다. '존재'의 신학이다. '관계와 상호의존, 그리고 서로 연계'의 신학인데, 이것은 '하나님 나라 전에 먼저 선포되어야 할 내용'이다.

존의 전국 화해 과정 코디네이터의 역할은 이것을 전제하고 있는 것이 틀림없다. 그리고 그는 원주민과의 화해를 위하여 때가 이르렀다고 믿고 있다. 화해과정을 그는 다음과 같이 말하고 있다. "정의를 위하여 함께 싸운다는 원주민과 비원주민 간의 계약관계 성립이다."

호주 대법원에서 원주민 마보 가족에게 땅 소유권이 있다는 판례가 있었는데, 이 의미는 200년 전에 백인들이 호주로 이민할 때 아무도 없었다는 신화를 깬 것이라고 한다.

또 다른 것은 1988년 원주민협의회가 호주연합교회를 화해의 과정으로 초청한 것인데, 호주 정부는 최근에 전국적으로 원주민과 비원주민과의 화해 과정을 시작하고 있다.

"우리는 현재 전국적으로 원주민과의 화해 과정에 지도력과 내용을 제공할 수 있는 위치에 있다."고 존은 말하고 있다.

"우리는 이제 원주민들과 다른 차원의 관계를 맺을 수 있는데 존경과 귀 기울여 들음, 그리고 이해를 바탕으로 하는 관계이다. 이것은 마보 케이스 결정 전에는 없었던 것이다."

## 미래를 향한 어떤 비전?

그럼 존은 향후 20년 동안 호주연합교회에 어떤 희망을 가지고 있을까? 교회들이 서 있는 지역공동체들에게 열려 있으며 '생명을 확인하는' 신앙을 말할 수 있기를 존은 희망한다고 한다. 평범한 사람들의 매일 경험과 연결되어 생명과 희망을 주는 예배를 드리기 원한다고도 한다. 교회가 소외된 사람들과 함께하며, 원주민들에게 생색이나 내는 그런 것들은 없어졌으면 좋겠다고도 한다. 또한 '무지개교회'를 보기 원하는데 그것은 많은 문화를 반영하는 연합교회의 모습이다. 예수 그리스도가 누구에게나 생명의 풍성함을 주신다는 것을 선포하는 교회, 생명을 빼앗아 가는 것과는 함께 싸울 수 있는 교회, 그런 교회를 보기 원한다고 한다. 그런 교회는 성장하는 교회이다.

그리고 존 자신은? 그의 미래는? 물론 일을 할 것이고, 많은 일을 할 것이다. 그리고 가정도 있다. 노마, 세 자녀들, 그리고 손자들도 있다. 시간을 함께 보낼 친구들도 있다.

그에게 여유의 시간이 있다면 가장 자연스럽게 그는 산으로 들어가 그곳에 앉아 차 한 잔을 마실 것이다. 그리고 또 그는 밭에서 심고, 다듬고, 뿌릴 것이다. 존 브라운, 자라게 하는 자, 그는 바쁠 것이다.

# 호주선교사 존 브라운 -변조은

양명득
(세계교회협의회 부산총회 한국준비위원회 국제협력국 국장)

## 1. 들어가는 말

존 브라운(John P. Brown, 한국명 : 변조은) 목사에게 2012년은 기념될 만한 해였다. 한국장로교 창립 100주년을 기념하는 예배가 있었고, 대한예수교장로회 통합 총회 창립 100주년 행사도 진행되었는데, 해외에서 초청된 대표들 중에 호주에서 온 변조은이 그 중심에 있었다.

9월 초 서울 잠실체육관에서 열렸던 한국장로교총연합회가 주관한 백주년기념예배에 변조은은 축사를 하였고, 같은 달 소망교회에서 개최된 예장통합백주년기념총회에서는 공로상을 받았는가 하면, 부산일신병원 60주년 기념예배에서는 설교를 하였다. 이 한 해에만 변조은은 한국을 3번 방문하였다고 한다. 어느새 그는 한국교회의 주요 행사가 있을 때마다 호주교회를 대표하는 대부가 되어 있었다.

이 글은 변조은의 생애와 사역을 간략하게나마 정리한 글로 앞으로 그를 연구하는 학도들에게 참고자료를 제공하려는 목적에서 쓰였다. 그러나 변조은이 현재 정정하게 활동을 하고 있는데 이런 종류의 글을 쓴다는 것은 여러 가지로 제약이 많다. 그럼에도 불구하고 이 작업은 호주교회의 한국선교를 연구하는 학도들에게 꼭 필요한 의미 있는 작업이다.

필자는 변조은 목사의 사역을 크게 다섯 가지로 나누었다. 1) 한국선교, 2) 호주연합교회 총회 사역, 3) 호주한인교회 목회, 4) 북한선교, 5) 호주 원주민 사역이 그것이다. 이 글은 변조은의 이 다섯 가지 사역을 중심으로 쓰되 그 외의 공헌에 대하여도 기록할 수 있는 만큼 기록하였다.

## 2. 청년 변조은

변조은은 1933년 9월 24일 생으로 남 호주의 마운트 갬비아(Mt. Gambier)의 한 농촌에서 팔 남매 중 다섯째로 태어났다. 그의 증조할아버지는 1839년 스코틀랜드에서 호주로 이민하였고 변조은이 태어날 당시 부모는 가업으로 농사와 목축을 하면서 개척자의 어려운 삶을 살고 있었다. 그의 아버지는 세계 1차대전에 참여하였고, 2차대전 시에는 호주에서 해안을 지키던 군인이었다. 어머니는 여덟 명의 자녀를 모두 키우는 생활력이 강한 부모였는데, 어린 변조은은 그러한 가정환경에서 밤낮으로 가정일을 도우며 부지런함과 검소의 가치를 배우며 자라났다.

그는 성장하여 집을 떠나 해밀턴 중·고등학교에서 공부하였는데 한 인터뷰에서 다음과 같이 회고하고 있다. "누나가 그곳 우체국에 취직해서 자신의 작은 보수를 나누어 하숙비를 내주는 바람에 공부할 수 있었어요"(「크리스찬 리뷰」, 2012년 5월 2일). 동시에 그는 교회생활도 열심이었다. 학교 내 크리스천 서클이 있어 참여할 뿐 아니라 교회에서는 주일학교 교사로 봉사하기도 하였다. 변조은은 어머니가 기도를 가르쳐 준 것을 기억할 만큼 경건한 가정에서 자라났고, 다니던 교회 목회자의 근본주의적 성경 가르침으로 인하여 보수주의적 신앙관을 가지고 있었다고 한다.

의대를 꿈꾸었던 변조은이지만 아버지의 병환으로 농장에서 많은 일을 해야 했고, 그로 인하여 대학입학 성적이 좋지 않았다. 부모의 집으로 다시 돌아가 2년 동안 가사를 돕다가 멜버른 대학교에 입학한 변조은은 철학과 중동어 중 히브리어와 아람어를 선택하였는데, 성경을 좀 더 알기 위함도 있었고 또 언어를 좋아하기도 하였다. 그는 고등학교 시절 프랑스어 반에서 일등을 하곤 하였는데, 나중에 한국어를 구사하는 것을 보면 언어에 대한 재능이 탁월했을 것이다.

1952년 멜버른 대학에 입학하였고 그 시절 중요한 전기가 변조은에게 찾아온다. 당시 멜버른 언론에는 한국전쟁으로 인한 뉴스와 호주 군인들의 파병에 대한 내용을 많이 보도하고 있었고, 전쟁으로 인하여 파괴된 도시들과 긴 피난민 행렬 등의 사진과 기사를 접하게 된다. 또한 당시 이미 한국에 파송받은 호주선교사 자매가 부산에 일신병원을 세우고 있었는데, 그 과정을 거의 매주 「장로교신문」을 통하여 변조은은 접하고 있었다. 청년 변조은 마음에는 어느새 선교의 사명이 불타올랐고 1954년 빅토리아 장로교 총회선교부에 한국선교 사역을 지원하게 된다.

멜버른 대학에서 그는 평생의 반려자 노마(Norma, 한국명 : 노미연)를 만나게 된다. 대학교 안의 기독교 학생회 모임에서 만나 교제를 계속하다가 1957년 결혼하였다. 그들은 결혼 전에 이미 한국에 선교사로 함께 나가기로 약속하였다고 한다.

변조은은 호주장로교회의 목사후보생이 되어 신학교육을 빅토리아 주 장로교신학대학(후에 오몬드칼리지)에서 신학공부를 하였다. 그는 후에 고백하기를 그가 성장하며 배웠던 근본주의적인 신앙의 교만으로 목사가 되기 위하여 신학교에 간 것이지 본인이 이미 알고 있었던 진리에 더 이상 새롭게 배울 것이 없다는 태도를 당시 가지고 있었다고 한다(변조은, '50년의 목회 후에', 미공개 자료). 그러나 다행히 그는 신학교에서 좋은 교수들을 만나게 되는데 그중 특별히 데이비스 메카키 목사의 영향을 많이 받게 되고, 매카키는 후에 호주연합교회의 초대 총회장이 된 인물이다.

변조은은 1958년 25살의 젊은 나이로 호주장로교 목사로 안수를 받았다. 그는 벤스데일(Bairnsdale), 오메오(Omeo)에서 목사로, 깁슬랜드(Gippsland)와 라트로브 벨리(Latrobe valley) 노회에서 기독교교육 직원으로 일하고 있었다. 이때 변조은에게 호주 빅토리아 장로교선교부로부터 전보 한 통이 왔다. 6~7년 전 대학 시절에 지원했던 한국선교를 이제 떠나겠느냐는 내용이었다.

바로 그날이 벤스데일 교회에서 변조은을 담임목사로 청빙하겠다는 날이었는데, 변조은은 한국에 선교사로 나가기를 망설이지 않았다. 올세인트 미션 바이블칼리지에서 단기간 선교 훈련을 이수한 변조은과 노미연 부부는 두 살 된 아들 마이클과 함께 호주를 떠나 미지의 세계 한국의 부산에 첫발을 들여놓게 된다. 그날이 1960년 9월 25일이었고, 변조은은 막 27세가 되었다.

## 3. 한국선교와 변조은

호주장로교선교회는 당시 한국에 선교사를 예전과 같이 많이 파송하지 못하고 있었다. 일제하에 대부분의 선교사가, 특히 신사참배를 거부한 호주선교사들은 강제로 출국되었고 그 후 해방이 되어서도 1950년까지는 6명, 1950년대에는 13명밖에 파송되지 못하였다. 당시 호주도 두 번의 세계대전으로 경제가 어려웠고 호주장로교선교회도 선교사를 파송할 재정이 항상 부족하였다.

그러다 1960년대에 들어서 선교사 파송이 다시 활기를 띄기 시작하였는데, 경제도 나아지고 선교에 대한 관심도 커지고 있었기 때문이다. 변조은은 시드니 시내에 소재하는 세인트 스테판 교회가 지원을 하였고, 10여 년간 계속되었다. 변조은도 선교보고서를 수시로 그 교회에 보내곤 하였는데, 현재 그 편지들은 시드니의 미첼 도서관에 보관되어 있다.

부산에서 바로 서울로 올라온 변조은 가정은 종로 5가에 살고 있던 한 미국선교사 사택에 거하며 선교 훈련을 받은 대로 먼저 한국어와 지역 문화를 배우는 데 집중하였다. 그는 약 2년 동안 연세대 어학당에서 그리고 개인교습도 받으며 평생 유용하게 사용할 한국어 기초를 습득하게 되고, 이때 한국어 이름 변조은도 가지게 되었다.

그 후 변조은은 예장 통합의 마산노회에서 사역을 시작한다. 변조은은 당시 어떤 이유로 호주장로교회와 관계가 깊었던 고신도 아니고 또 합동도 아닌 예장 통합에서 일을 하게 되었을까? 호주선교부는 일제 치하에 신사참배를 거부하고 있었고 그로 인하여 한국에서 떠나도록 압력을 받아 1941년 한국에서 철수한다. 해방 후 호주선교부가 다시 한국에 돌아왔을 때 장로교는 신사참배로 인하여 분열되고 있었고, 특히 경상남도지역은 미국계 보수적인 장로교선교단체들이 그 자리를 채우고 있어, 이들의 근본주의적 신앙은 호주선교사들의 신학과는 거리가 있는 것이었다. 이상규의 "호주장로교회와 한국교회"라는 글에 의하면 당시 교회 쇄신을 주창했던 고신의 지도자들이 해방 전의 4대 장로교선교부의 신학과 생활에 불신하고 있었으며, 정통 장로교회만을 교류의 대상으로 고집하였다고 전하고 있다(「한국교회와 호주교회 이야기」, p. 50).

결국 1952년 장로교는 분열되어 고신총회가 세워졌고, 1959년에는 세계교회협의회 가입문제로 합동총회가 세워져 또 한 번의 분열이 생긴다. 변조은이 소속된 호주장로교회는 세계교회협의회의 회원교단이었고, 그로 인하여 그는 자연스럽게 통합 총회와 공식적인 관계를 맺게 된 것이다. "당시 내가 왔을 때는 다른 선택이 없었고, 내가 관계할 수 있는 교회는 통합 측밖에 없었다."고 후에 고백하고 있다(「크리스찬 리뷰」, 2012년 5월).

마산노회 소속으로 변조은은 7년 동안 주로 거제도, 창원, 김해, 창녕, 그리고 때로 밀양지역까지 많은 교회들을 방문하며 당회장으로, 설교가로, 교육가로, 목회자로 돌보았다. 그가 당시 이렇게 넓은 지역을 다닐 수 있었던 이유는 호주선교부가 제공한 지프차를 이용할 수 있었기 때문이다. 당시 한국어가 서툴렀던 변조은은 한국어로 억양과 악센트까지 그대로 외운 설교 한 편을 가지고 45번 이상 설교하며 다녔다고 하는데, 당시 예장, 합동, 고신 등의 교회 분열을 염두에 두고 고린도전서 1장의 교회 연합에 대한 내용의 설교였다고 한다.

그는 또한 이 지역의 농부들과 함께하며 농부들의 삶의 향상을 위하여 가축 개량을 생각하기 시작하였다. 농부 출신의 부모 밑에서 자란 그는 호주의 가축들을 자연스럽게 떠올렸고 우유가 많이 나오고 고기가 많은 품종의 가축에 관심을 가졌다. 결국 그는 1966년도 공부 휴가로 호주에 갔던 차에 호주 흰 돼지와 자넨종 유양을 한국으로 들여오게 된다. 이 일을 위하여 빅토리아 선교부의 모금과 지원이 변조은에게 큰 힘이 된 것은 물론이다.

당시 지역 언론인 깁슬랜드 타임즈는 33살의 변조은 목사를 소개하며 한국의 가축 개량을 위하여 9마리의 우량 염소와 5마리의 돼지를 배에 싣고 본인이 직접 6주 동안 배에서 가축들을 먹이고 치우는 내용을 전하고 있다. 이 신문은 변조은이 한국 농촌의 가난함과 원시적인 농경법을 보고 이 일을 시작하였다고 하며 "한 마리 염소가 한 가정에 많은 영양을 보충해 줄 것이다."라는 변조은의 말을 인용하고 있다. '우성'이라는 화물선에 가축들을 실은 비용은 700불이었다는 내용까지 포함하고 있다(*Gippsland Times*, 1970년 8월 13일 6쪽). 멜버른의 일간지 「에이지」(*The Age*) 신문도 변조은이 염소를 배에 싣는 사진을 보도하여 지금까지 흥미 있는 기록으로 남아 있다.

가축들과 함께 부산항에 도착한 변조은은 창원지역에 품질개량원을 운영하면서, 돼지를 먹이고 키우는 책자까지 만들 정도로 열심이었다. 또한 거제와 마산지역의 농민들 가정에 시범적으로 염소와 돼지를 보급하기도 하였다. 그러나 한국의 농촌 구조는 호주 돼지와 염소 몇 마리로 쉽게 개선될 수 없었다. 보급 받은 돼지를 채무로 인하여 빼앗기는 가정도 있었고, 관리를 잘못하여 죽기도 하였다. 그럼에도 불구하고 현재까지도 자신의 부모가 당시 돼지를 받아 키웠거나 그 염소의 젖을 먹고 자랐다고 회상하는 사람들이 있는데, 그 사업은 비록 크게 성공적이지는 못하였지만 적지 않은 사람들의 기억 속에 아직도 감동적 이야기로 남아 있다.

1964년부터 변조은은 서울의 장로회신학대학교에서 히브리어와 구약학을 가르쳤다. 그가 대학 시절 공부하였던 히브리어가 유용한 기초가 되었음은 물론이고, 변조은은 한국학생들을 위한 히브리어 문법 책자 「히브리말 배우자」를 펴낼 정도였다. 마산에서 격주로 기차를 타고 서울에 올라와 이틀간 학교에서 강의하였고, 스스로가 틈을 내어 대학원 공부까지 한다. 그러다 그는 1969년에 농촌선교를 마치고 온 가족이 서울로 이사를 하였고 전임교수로 강의하였다. 신학대에서의 강의를 통해 그는 한국에 많은 제자들을 둘 수 있었는데 그들 중에는 후에 총회의 총회장이 되거나 학교, 기관, 교회 곳곳에 지도자로 섬기었다. 그중 후에 호주에 와 목회를 하게 되는 홍길복 목사, 인명진 목사, 조성기 목사

등이 있는데 이들은 변조은 목사를 지금까지 은사로 모시고 그 예를 다하고 있다.

변조은 목사의 강의 시절을 엿보게 하는 대목이 있는데 홍길복 목사는 한 인터뷰에서 다음과 같이 말하고 있다. "존 브라운 교수님한테서 이사야 41장 원서강해를 듣고 시험을 쳤습니다. 며칠 후에 답안지를 돌려받았는데 정말 믿기 어려운 사실을 목격했습니다. 한국에 온 지 5년 남짓한 선교사가 학생들이 한글로 작성한 답안을 빨간 펜으로 일일이 교정해 놓았는데, 놀랍게도 학생들이 틀린 한글 맞춤법을 정확하게 지적했더라고요"("호주 친한파 상징 존 브라운 목사", 윤필립).

그러나 신학대학에서 예언서를 가르쳤던 선교사 변조은은 정작 자신에게 오히려 큰 도전이 되는 사건들을 만나게 된다. 그가 가르치던 반의 학생들이 한국의 민주화와 노동운동에 참여하면서 감옥에도 가고 학교에서 정학도 당하기 시작한 것이다. 아모스의 "정의를 물같이, 공의를 강같이"의 외침이 실제 목회 현장에서 어떤 의미가 있는지 변조은은 보기 시작하였고, 설교하였던 복음서의 내용이 어떻게 적용되어야 하는지 구체적으로 깨닫기 시작한 것이다. 그의 예언서 강의는 점차로 깊이를 더해 갔으며, 특히 변조은 자신이 후에 약자 편에 서는 예언자적인 목회를 하는 데 튼튼한 신학적 바탕이 되었다. 그의 학생 가운데 당시 민중운동과 민주화운동에 참여한 학생이 많았던 것은 우연이 아니었다.

변조은과 가깝게 지내던 당시 장로회신학대학교 교수는 주선애, 박창환, 이종성, 고 김이태 등이 있다. 차가 있었던 변조은은 이들을 픽업하여 학교까지 가고는 했는데, 그중 곽선희 목사도 있었다. 변조은은 후에 2001년 장로회신학대학교 설립 백주년기념예배 시 명예신학박사 학위를 받았다.

변조은은 가르치는 일 외에도 호주선교회 대표로 일하면서 총회 임원들과 가깝게 일하였다. 그는 총회 대표들과 해외선교사 대표들과 더불어 연합선교회라는 이름으로 정규 모임을 가져 선교 정책에 영향을 미쳤다. 실제로 미국 연합장로교회, 미국 남장로교회, 호주장로교회, 캐나다장로교회, 그리고 한국기독교장로회의 대표들과 더불어 일하며 1964년의 상호협정서 이후 중요한 역할을 하게 된다. 한국교회가 성장함에 따라 그리고 시대가 바뀜에 따라 선교 협력의 내용도 달라졌는데 그때마다 수차례 합의된 상호협정서나 선교협정서를 통하여 그 관계와 일을 조정하여 왔다.

당시의 합의문이나 선언문 등은 앞으로 좀 더 면밀한 연구가 되어야겠지만 선교사회 임무, 선교동역자들의 인사, 선교 재정 및 재산, 공동 선교 사업의 방향, 지도자 양성 등이 문서화되어 있다. 가장 최근인 2011년 북한 공동선교를 위한 양해각서를 합의할 때까지 변조은은 주요 멤버로 그 현장에 있었다(「한국교회와 호주교회 이야기」, pp. 362-403).

변조은이 보는 한국교회와의 선교 관계를 다음의 글에서 엿볼 수 있다. "한국전쟁 전까지 호주에서 한국으로 일방적으로 주는 선교에서 그리스도의 나라를 이루기 위한 목적으로 평등하고 상호 협력적인 관계의 파트너십으로 바뀐 것이다"(「미션 리뷰」, 1989, 4월 5월, p. 12). 변조은은 한국교회를 선교의 동반자로 보고 있었고 이러한 선교 이해는 앞으로도 그의 사역에 초지일관하게 된다.

변조은은 1972년 7월 호주로 돌아갔다. 호주장로교 총회로부터 청빙을 받았기 때문이다. 12년간의 한국 사역을 마치고 돌아가는 변조은과 노미연 가정은 한국에서 낳은 앨리슨과 입양한 딸 순자와 함께 다섯 명이었다.

## 4. 호주연합교회 총회와 변조은

호주로 귀국한 변조은은 호주장로회선교회의 '에큐메니컬 선교와 국제관계부' 총무로 일을 시작한다. 그리고 그 일은 1977년 호주장로교회 다수가 호주연합교회로 연합할 때까지 계속되었다.

변조은은 연합이 된 호주연합교회 총회의 세계선교국 총무로서 사역을 이어 갔는데 이때 그의 사역으로 인하여 한국교회와의 관계가 자연스럽게 호주장로교회에서 호주연합교회 중심으로 옮겨졌고, 그 관계는 지금까지 지속되고 있다.

또한 그는 호주연합교회 구조조정 속에서도 1992년까지 총회선교국 총무로 봉직하면서 호주연합교회의 국내와 해외선교에 막대한 영향을 끼쳤다. 그가 총회에 있으면서 집행한 일 중에 두드러지는 몇 가지를 언급한다면 세계선교정책 수립, 국내전도 후원, 다문화정책 수립, 원주민협의회 설립, 한인교회 후원, 그리고 말할 것도 없이 한국교회와의 연대 강화였다.

호주연합교회는 1985년 4차 총회에서 "호주연합교회는 다문화교회이다."라고 선포하고 있다. 이 안은 변조은이 총무로 있던 세계선교국에서 발의되었고, 실무자였던 그의 신학과 리더십이 큰 영향을 미쳤던 것을 미루어 짐작해 볼 수 있다. 당시 이 안은 원주민협의회 설립 의제와 함께 통과되었는데, 변화하는 호주 사회에서의 새로운 선교 방향과 교회 안 소수자와 약자의 권리를 강화하는 구조적인 변혁을 가져오게 된다.

1980년대에 들어서 호주는 급속히 아시아와 남태평양의 이민자들을 받아들이고 있었고, 변조은은 교회가 존재해 있는 사회가 변하고 있음을 보고 있었다. 한국인, 통가인, 일본인, 사모아인, 중국인, 피지인, 필리핀인, 인도네시아인, 베트남인, 중동인 등이 호주연합교회를 찾고 있었고, 변조은은 그들이 연합교회 안에서 소속감을 가지고 신앙생활을 할 수 있도록 교회당 사용, 목회자 청빙, 그리고 그들이 그들의 모국어와 문화 형식으로 예배를 드리도록 도왔다.

뿐만 아니라 이민자 대표들이 정규적으로 모여 자신들의 목회와 어려움을 나눌 수 있도록 하였고, 그들 스스로 노회나 총회에 참여하여 그들의 의견이 반영되도록 격려하였다. 이런 배경에서 호주연합교회의 다문화목회와 신학 이해가 탄생되었고, 호주연합교회의 중요한 정체성 중 한 부분이 되었다. 후에 이것은 총회 안에 다문화 목회부가 생긴 것이나, 한인노회가 설립되는 놀라운 결과로까지 이어지게 된다.

총회선교부 실무자로 재직 시 변조은은 에큐메니컬 운동에도 적극 참여하였는바 1975년부터 7년 간 세계교회협의회 중앙위원으로 봉사하였다. 또한 1982년부터는 선교와 전도위원회와 도시농촌 목회위원회에서 일하였는데, 무려 13년 동안 재직하며 세계교회의 선교와 전도 정책 수립에도 공헌하였다. 변조은은 한때 선교와 전도위원회의 총무로 추천을 받았지만 시드니에서 목사 안수를 받고 목회를 막 시작한 사모 노미연 목사와 함께하기 위하여 그 제안을 고사하였다고 한다.

변조은과 호주연합교회와의 관계 중 한 가지 언급할 것은 그가 1994년 시드니에서 열렸던 총회 총회장으로 출마하였던 일이다. 당시 그는 총회 총대들과 직원들에게 이미 잘 알려져 있었고 총회의 주요 의제를 주도하던 인물이어서 변조은을 지지하던 사람들은 선거운동을 자제하면서도 총회장으로 선출될 것을 확신하였다. 그러나 결과는 의외였다. 낙선이었다. 좀 더 보수적인 후보가 선출된 것이다. 당시 연합교회는 개교회의 전도와 성장에 관심이 많았고 그 방면 리더로 알려진 감리교 배경 인물이 당선되었는데 이는 전체 교회의 정서를 반영하고 있었다. 비록 변조은은 당시 실망하였지만 이것은 장차 그가 호주 원주민과 비원주민 사이의 화해 사역을 위하여 매이지 않고, 전념할 수 있는 계기가 되었다.

변조은이 선교국 사역에서 은퇴할 때 당시 총회의 선교와 전도부에서는 다음과 같은 감사의 말을 남겼다.

"이 엄청나고 도전적인 사역을 위하여 변 목사님은 교회의 선교를 위하여 깊은 성찰과 희생으로 성실하고 열심을 다하였습니다. 우리는 변 목사님의 지혜와 신학적 깊이로부터 많은 유익을 얻었습니다. 그의 국제적이고 전국적인 교회 경험과 사회와 교회에서의 다문화 경험과 은사로 인하여 비전을 가질 수 있었습니다. 호주연합교회의 복음적인 개혁운동 대표들과의 회의를 공유하는 데 변 목사님은 중요하고도 효과적인 지도력을 발휘하였습니다. 변 목사님은 복음에 겸손하고 신앙적이며, 전체 교회를 위하여 깊은 관심과 자상함을 보여 주었습니다. 정의와 진리를 향한 그의 열정으로 인하여 하나님께 감사드리며, 순례의 도상에서 함께한 동역자 관계에 감사합니다."

(문서 B201, 총회선교와 전도부, 1992년 12월 11일)

## 5. 호주 한인교회와 변조은

호주 첫 한인교회는 1973년에 멜버른에서, 그리고 1974년에 시드니에서 설립되었다. 그리고 이 두 교회의 창립과정에 한국에서 선교사 임기를 마치고 귀국한 호주선교사들이 있었던 것은 우연이 아니다. 그들이 한국에서 습득한 한국어와 한국문화, 그리고 한국교회에 대한 이해가 이민교회에 큰 자산이 될 수밖에 없었다. 더군다나 그 선교사가 총회의 선교국에서 실무자로 일을 하고 있다면 금상첨화였다. 변조은이 그랬다. 이 모든 조건을 다 가지고 있었고 제일 중요한 한국교회에 대한 애정도 있었으니 한인목회자들에게는 둘도 없는 후원자였다.

시드니 소재 시드니한인연합교회는 1974년 마침 한국에서 한 교단 지도자의 방문을 계기로 한인지도자 몇 명이 변조은의 집에서 만나게 된다. 이때 이민생활의 외로움을 서로 위로하고 힘이 되기 위한 한인교회의 필요성을 공감한 것이 교회 창립의 시작이 되었다. 첫 예배는 1974년 9월 8일 레드펀(Redfern)의 회중교회에 약 70명이 모였고 창립을 위한 초청장에 교회 창립의 이유를 밝히고 있는데 다음이 그 일부이다.

"다행히 이 시드니에 우리말로 우리들의 예배를 인도해 주실 수 있는 목사님과 신부님들이 계시고, 그분들의 희생적인 협력에 힘입어 마침내 한인들만의 교회 모임을 갖게 된 것을 기쁘게 생각하며 여러분들의 적극적인 참여로 이 교회 모임이 끝까지 결실을 맺게 되기를 바라마지 않는 바입니다"(「호주교회 이민목회 30년」). 변조은은 이렇게 시드니에서의 첫 한인교회 창립목사가 되었다.

뿐만 아니라 변조은의 후원을 받아 호주로 들어와 목회를 하거나 공부를 하게 되는 한인들도 여러 명 있는데 그중에 한 명이 인명진 목사였다. 한국 영등포산업선교회에서 노동과 인권운동을 하고 옥에 갇혔던 인 목사를 재정적으로 지원하였을 뿐 아니라 호주로 초청하여 재충전의 기회를 제공하였다. 영등포산업선교회의 사역을 호주연합교회 총회 세계선교부 잡지 「미션 파트너」(*Mission Partners*)에 꾸준히 소개함으로 호주 내에 지원 단체들을 이끌어 내기도 하였다. 인 목사는 후에 시드니 소재 갈릴리교회를 개척하기도 하였다.

변조은의 도움으로 장학금을 받거나 후원을 받은 한인들 중 고 김이태 목사, 홍길복 목사, 조성기 목사, 채은하 목사, 지태영 목사, 양명득 목사, 장기수 목사 등이 있다.

이후에 계속 생겨나는 한인교회들을 위하여 변조은은 많은 일을 감당하게 된다. 유창한 한국어 설교, 목회자의 교단 가입, 교회당 찾는 일, 호주 문화 나눔, 한국 목회자 청빙 과정, 한국교회와 호주교회의 분쟁 조정, 한인 신학생 교육, 심지어는 통역까지 맡아서 호주한인교회의 친근한 벗이 되었다. 그는 현재까지도 목회자가 공석인 캔버라의 한 한인교회 임시 당회장을 맡아 계속 목회하고 있다.

## 6. 북한선교와 변조은

한국에 대한 애정을 가지고 있는 변조은은 북한에 대해서도 깊은 관심과 사랑을 가지고 있었다.

그러던 중 2003년 좋은 기회가 왔다. 북한의 라진 시 부근에서 사역을 하고 있던 한 한국계 미국인 목사가 어린이 사역과 빈민구제를 도와달라는 요청을 호주연합교회에 하였다. 변조은은 그 내용을 멜버른 한인교회의 지도자들과 깊은 상의를 하였고, 그것이 결국 북한선교의 문을 여는 계기가 되었다. 이때 사용하는 단어는 선교라는 용어보다 인도적인 지원이었고, 이 지원은 10년이 지난 지금까지 꾸준히 진행되며 발전하여 오고 있다.

호주연합교회 총회와 멜버른 한인교회는 이 사역을 폭넓게 하기 위하여 별빛재단을 설립하여 모금운동을 하며 관심 있는 여러 단체와 개인을 회원으로 받아 함께 협력하고 있다. 변조은은 별빛재단이 임명한 북방선교회의 회장으로 북한선교 지원을 맡아 수차례 중국과 북한을 방문하고 있다. 현재까지 지원되고 있는 프로젝트는 보육원, 결핵병원, 이동병원, 컴퓨터기술학교, 유치원, 간호학교 등을 설립해 운영하고 있다.

이 사역에 한국의 예장 통합 총회가 협력하여 백여 명의 어린이를 수용할 수 있는 건물 건축을 위하여 큰 후원을 하였는데, 변조은의 튼튼한 인맥으로 가능했던 것은 두말할 나위 없다. 최근에는 중국을 현장 답사하여 훈춘 시에 한 건물을 구입하였고, 그곳을 기지로 삼아 프로그램을 확장시키고 있다.

이 사역에 관한 내용을 변조은은 "호주연합교회와 예장과의 북한 공동선교"라는 제목의 글로 남기고 있다(「호주교회와 한국교회 이야기」, pp. 350-353). 변조은은 이 사역을 지원하기 위하여 현재도 한국, 중국, 그리고 북한을 오가고 있다.

## 7. 호주 원주민선교와 변조은

호주연합교단 안의 원주민협의회는 변조은이 총회 세계선교국 총무로 재직하던 1985년 설립되었다. 이 결정은 호주원주민교회가 대표들의 협의체를 구성하여 원주민 목회와 선교를 스스로 돌보며, 결정하며, 실행할 수 있도록 하고, 원주민 대표들을 파트너로 인정하는 역사적인 내용이었다.

처음 원주민협의회가 생겼을 때에는 총회선교부의 한 부서였고, 직원도 선교부 소속이었고, 총회에 보고서를 낼 때에도 선교국을 통하여 하고 있었다. 즉, 당시 선교부 총무가 변조은이었으므로 원주민협의회가 그에게 보고하고 있었던 것이다.

원주민 지도자들과 변조은의 개혁하에 당시 총회는 주총회와 노회의 모든 권위와 책임을 원주민협의회로 위임하고 있었고, 더 나아가 원주민들이 스스로 목회자 후보생들을 훈련시키고 안수하며 재정을 운영하는 필요성이 대두되어 토론 끝에 총회의 인준을 받게 된다.

1992년에는 원주민들에 대한 이해와 호주인들 간의 화해와 계약 과정을 위하여 변조은은 원주민협의회로부터 초청받아 그 책임자로 호주 전역의 주총회와 노회들을 방문하게 된다. 한 백인이 원주민들로부터 이러한 위임을 받은 것을 보면 변조은에 대한 원주민들의 신뢰가 어떠했는지 알 수 있는 대목이다.

이것은 전국의 교회들이 그들이 처한 지역의 원주민들과 교제하며 화해의 과정을 이루도록 하는 선구자적인 프로그램이었다. 호주 정부도 1993년에 가서야 이 방법을 따라 사회 각 단체들이 원주민들과 관계를 맺도록 실행하였는데 변조은은 교회 간의 화해 과정을 주도하였다.

또한 1994년에는 총회의 총회장이 과거 학살과 차별 역사에 대하여 원주민들에게 공식 사과하는 역사적인 사건이 일어나게 되는데, 그 사과의 전문 초안을 원주민 지도자들과 상의하여 변조은이 작성을 하였다.

1995년에는 호주 정부의 과거 원주민 자녀 입양 정책으로 인하여 생긴 많은 차별과 고통을 조사하도록 진상위원회를 임명하였다. 이 위원회는 후에 매년 국가적으로 '참회의 날'(Sorry Day)을 제정하도록 제안한다. 이날은 원주민들에게 저질러진 여러 차별을 참회하고, 모든 호주인들이 그들의 고통과 슬픔을 알도록 하는 목적을 가지고 현재까지 지켜지고 있다. 이러한 호주 역사를 호주인들이 이해하도록 전국위원회가 세워졌는데, 변조은은 한 원주민 지도자와 함께 8년 동안 공동회장을 맡아 공헌하였다.

변조은은 2000년 총회 사역을 은퇴하였지만, 원주민들과의 화해와 계약 관계를 맺는 총회 프로그램의 코디네이터로 계속 활동하게 된다. 위에서 언급한 대로 지역교회나 신앙 그룹들이 그 지역의 원주민들과 화해하고 계약을 맺어 그들의 존재를 인정하며, 서로 존중하여 신앙공동체를 이루어 나가는 바닥운동이었다.

변조은은 현재도 마일 크릭(Myall Creek)을 매년 방문하고 있는데, 이곳은 1838년 백인들에 의하여 원주민 학살이 자행되었던 대표적인 곳이다. 1999년 원주민들과 비원주민들이 그곳 공동체를 중심으로 위원회를 구성하여 매년 6월 둘째 주 그 현장에 모인다. 이 행사에서 그들은 학살에 대한 반성과 원주민과의 화해, 그리고 좀 더 공평한 호주 사회를 위하여 결단한다. 변조은은 이 위원회를 원주민 장로와 함께 공동위원장으로 지난 15년 동안 맡고 있다.

변조은은 호주 사회 속에서 이러한 공헌을 정부로부터 인정을 받아 1993년 호주 훈장(Order of Australia)를 받았고, 건국 백년 기념 해에는 원주민과의 화해를 위한 봉사로 건국백주년 메달(Centenary Medal)을 받았다.

당시 호주훈장을 추천한 사람 중에 호주연합교회 증경총회장 로날드 윌슨 판사는 변조은을 이렇게 정부에 소개하고 있다.

"그동안 내가 알아 온 변 박사님은 호주와 호주 밖 세상에서 정의와 평화를 위하여, 그리고 소외된 자들을 위하여 지치지 않고, 용감하며, 겸손하고, 희생적인 분이었습니다. (중략) 그때 변 박사님은 원주민들을 위하여 그의 지도력과 협력의 은사로 사역하였으며, 그 후부터 지금까지 계속 국가와 교회에 큰 공헌을 하였습니다. 그의 총회 사역은 또한 세계교회들과의 관계를 맺고 지속하는 일도 포함되어 있었습니다. 이것은 변 박사님이 국제적으로 에큐메니컬 교회 관계에서 지도력을 발휘할 수 있는 바탕이 된 것입니다. (중략) 변조은 박사님은 전 인류의 하나됨을 위한 신학의 권위자로 호주와 해외에서 광범위하게 존경을 받고 있으며, 그것은 창조의 보전을 위한 정의, 평화, 그리고 존경의 의제임을 단호하게 표현하고 있습니다. 나의 의견으로는 변 박사님은 자랑스러운 호주인이며, 호주훈장을 받을 자격이 충분한 분입니다."

(로날드 윌슨, 1992년 3월 13일)

## 8. 나가는 말

변조은은 평생에 걸쳐 몇 번의 전환점을 맞이하였다. 그중에 호주 멜본 젊은 신학생 시절, 좋은 교수들을 만나 협소한 근본주의적 신앙관에서 열린 진보주의적 신학을 가지게 되는 바울의 회심과도 같은 순간이 있었다.

변조은은 "주한 호주선교회 약사"란 그의 글에서 자신의 목회와 선교에 영향을 끼친 네 그룹의 사람과 운동에 관하여 언급하고 있다. 첫째는 거제도 등 섬지역의 가난한 농어민들과 교제하며 받은 영향이다. 고된 생활 속에서도 정직하게 살아가는 평범한 사람들 속에서 그는 그리스도의 일하는 모습을 본 것이다.

둘째는 장로회신학대학교에서 강의하던 시절 학생들에게 오히려 영향을 받았다고 한다. 학생들 중에는 빈민과 노동자들 속에서 목회하는 사역자들이 있었는데 그들을 통하여 그리스도가 누구 편에 서서 일하고 계시는지 보았던 것이다.

셋째는 호주 원주민들의 땅 소유권을 찾는 운동과 화해의 과정에서 배운 점이 많다고 하였다. 소수자 속에서 함께 고난당하시는 그리스도를 보았을 것이다. 그리고 마지막으로는 WCC와 아시아교회협의회(CCA)의 인권운동에서 영향을 받았다고 적고 있다. 가난한 사람들을 위하여 연대하는 에큐메니컬 운동이 그의 사역에 큰 영향을 미쳤을 것이라고 미루어 짐작할 수 있다(「한국교회와 호주교회 이야기」, pp. 84-85).

변조은의 목회와 선교, 그리고 신학은 그가 강의하였던 이사야서의 예언자적 외침과 누가복음 4：18에서 예수님이 다시 인용하며 선포하신 말씀에 굳게 뿌리를 두어, 변두리에 계신 예수님을 따라 본인 자신도 평생을 가난한 자, 포로된 자, 눈먼 자, 눌린 자들과 함께하며 복음을 전하며 교제하며 사역하여 왔다고 요약될 수 있겠다.

변조은의 일생을 연구하면서 필자는 변조은이 팔순을 맞이하며 느끼는 아쉬움은 무엇일까 생각해 보았다. 그가 청년 시절 한국에 도착하여 처음 하였던 설교 주제가 교회일치와 연합이었다고 앞서 언급하였는데, 이후에도 변조은은 이 주제로 고민한 흔적을 여러 곳에 남기었다. 그는 호주선교부에서 각 교단 지도자들과 협력하면서 한국교회의 연합을 격려하였고, 장로회신학대학교에서 명예신학박사 학위를 받을 때 장로회신학대학교와 총신대학교가 연합할 것을 주장하였고, 한국장로교백주년기념예배 시에도 한국교회가 분열에서 일치로 돌아올 것을 호소하였다. 최근 한국을 방문한 변조은은 WCC 부산총회 준비과정에서 드러난 한국교회의 심각한 분열 소식에 얼굴빛이 어두워지기도 하였다. 그의 계속되는 한국 방문은 아마 한국교회의 일치와 연합을 보고 확인하고 싶은 것이 아닌가 싶을 정도이다.

작년에 증조할아버지가 된 변조은은 요즈음도 본인이 직접 만든 오렌지 잼, 블루베리 잼, 딸기 잼 등을 가방에 담아 50여 년 전 배를 타고 한 달여에 걸쳐 처음 왔던 한국을 이제는 수십 번 비행기로 오가고 있다. 필자도 한국에 있으면서 그가 만든 잼을 선물로 받아 잘 먹고 있지만 앞으로도 그가 만든 잼을 많은 지인들이 오랫동안 즐겼으면 하는 바람이다.

### 참고도서

김석원. "복음의 씨앗을 심은 호주선교사들-변조은 목사." 「크리스찬 리뷰」, 2012년 5월.

변조은. "존 브라운 목사." 「은혜의 증인들」. 한국장로교출판사, 2009.

양명득 편. 「한국교회와 호주교회 이야기」. 한국장로교출판사, 2012.

양명득, 클라이브 피어슨 편, 「호주이민 한인교회 30년」. 한장사, 2004.

윤필립. "호주 친한파 상징 존 브라운 목사." 「신동아」. 별책부록, 2011년 11월호.

# John P. Brown

제 2 장

# John P. Brown
# Man with a Mission
# 존 브라운 – 선교의 사람

# CONTEXTUAL THEOLOGY EXPERIMENTS AND LIMITS[1]

James Haire
(Professor of Theology and Executive Director, Australian Centre for Christianity and Culture, Charles Sturt University)

## Introduction

My friend and colleague, the Reverend Dr. John P. Brown became a great contextual theologian, both in his life and ministry and in his writings. However, he did not start out as such. He was a cautious and conservative Presbyterian disciple of Jesus Christ. Yet he changed over the course of his ministry.

1) This paper is deemed to meet the definition of original research required of scholars by the Department of Innovation, Industry, Science, Research and Tertiary Education(DIISRTE) of the Australian Commonwealth Government.

His was one of the most authentic struggles of any missionary, indeed of any disciple of Jesus Christ. Thus, in this chapter in which I honour my friend I wish to look at the opportunities and limitations of Christian theology in context. Throughout my ministry, as I am sure has been the case of Dr. Brown's throughout his ministry, I have worked in the area of Asian theology, that is in the area of theological work produced in Asia largely by those living and working in Asia. In Dr. Brown's case it was in Korea, in mine it was in Indonesia. A number of questions have fascinated me. These include : What is the status of these writings? For whom are they intended? Are they written for internal Christian education, for use within the Christian community? Or, are they apologetic in nature? Or, are they intended to be evangelistic? Or, are they for a variety of these purposes? Then, other questions arise : How do the theologians of other faiths regard them? Do they take them seriously? Or, do they tend to see Christianity not only through the Christian scriptures but also through the classic texts of Christianity, universal, eastern, and western? This leads on to other questions. Since the greatest human interaction between Christianity and other faiths in Asia, certainly in terms of numbers, has taken place between the western church (both Protestant and Roman Catholic) and other faiths (particularly Islam, Buddhism, Hinduism, and regional ethnic religions), where do the effects of the European

Enlightenment[2] fit into this? To be more specific, if these Asian Christian writings appear to have no consideration of the Enlightenment, what is their status in the universal Christian theological enterprise? In other words, to what extent are these Asian texts to be regarded as universal? Moreover, if the interaction between these writings and the theological writings of other Asian faiths, including responses in either direction, together operate without the assumptions of the Enlightenment, then what does that say to global Christianity?

## The Issue of Context

I wish to look specifically at Christology, that is at our understanding of Jesus Christ, both in his person and in his work. So I will be looking in detail at an indigenous Indonesian Christology. My inquiry in this is that of a Christian theologian. I seek to examine these documents of Asian theology, and the interaction of Christian and other theologies in Asia, with the aim of searching for the place of Asian Christology in global Christology. That clearly leads me to contemplate the question of the 'Latin Captivity' of theology, parallel to Martin Luther's phrase, 'The Babylonian Captivity

2) In this chapter I am not entering into the discourse as to the beginnings and detailed forms of the European Enlightenment.

of the Church'.[3] I take this concept of 'captivity' and apply it to the expansion of western Christianity, both Catholic and Protestant. Specifically it has been western Christianity which has had the most pervasive impact on the development of Christianity throughout Asia, since the sixteenth century, and particularly from the eighteenth century, CE. Thus the question arises as to the extent to which the dominant agenda in Christology continues to be set by western Christology. I use the word 'Latin' not only in the sense of language, but also in relation to the agenda of western Christology, so heavily influenced as it is by Latin thought-forms and philosophies and their developments.[4]

The recent history of the interaction between Asian Christian theology and other Asian theological traditions has been a largely hidden history, partially because many of its documents have not been published in English or the other

---

3) *A Prelude of Martin Luther On The Babylonian Captivity of the Church (October 1520)*, in H. T. Lehmann and A. R. Wentz, eds., *Luther's Works* 36, *Word and Sacrament* Ⅱ (Philadelphia : Muhlenberg Press, 1959), pp. 11-126.

4) See, for example, R. H. S. Boyd, *India and the Latin Captivity of the Church : The Cultural Context of the Gospel*(Monograph Supplement to the *Scottish Journal of Theology*, No. 3)(London : Cambridge University Press, 1974) ; James Haire, *The Character and Theological Struggle of the Church in Halmahera, Indonesia, 1941-1979*(*Studien der inter-kulturellen Geschichte des Christentums*, Band 26)(Frankfurt-am-Main und Bern : Peter Lang, 1981) ; M. Kitagawa, *The Christian Tradition beyond the European Captivity*(Philadelphia : Trinity Press International, 1992).

major European languages. However, it is a very significant interaction. It can be summed up well in two pieces which came at the end of Karl Barth's life. In his memories and reflections on Barth, the Sri Lankan theologian D. T. Niles tells of his first meeting with him, in 1935 :

"I can recall one item of conversation in this first meeting which may be of some interest. Barth talked to me about our Christian communities in Asia living in the midst of men (*sic*) of other faiths. In the course of the conversation, he said, 'Other religions are just unbelief.' I remember replying with the question, 'How many Hindus, Dr. Barth, have you met?' He answered, 'No one.' I said, 'How then do you know that Hinduism is unbelief?' He said, 'A priori'."[5)]

The second piece is probably the last open letter of Barth's life. It was written to 'Christians in South East Asia' on 19 November 1968, about three weeks before Barth's death. The letter was in response to a proposal from *The South East Asia Journal of Theology* to publish a special issue on Barth. Barth responded with a number of points, including :

"Christian theology is therefore good to the extent that in its speaking, thinking and acting-free from all 'Babylonian captivities'-it is not an end in itself, but completely service -service in which one learns more and more : 'He must

5) D. T. Niles, "Karl Barth-A Personal Memory," *The South East Asia Journal of Theology* 11(1969), pp. 10-11.

increase, but I must decrease'(John 3 : 30)."[6)]

Then he went on :

"But enough of these pointers for the understanding of 'my' theology! Now I want instead to think a moment about you and about the task which is placed upon you as Christians in your world…… say that which you have to say as Christians for God's sake, responsibly and concretely with your own words and thoughts, concepts and ways! The more responsibly and concretely, the better, the more Christian! You truly do not need to become 'European', 'Western' men (sic), not to mention 'Barthians', in order to be good Christians and theologians. You may feel free to be South East Asian Christians. Be it! Be it, neither arrogantly nor faint-heartedly with regard to the religions around you and the dominant ideologies and 'realities' in your lands!…… be it above all in the freedom

---

6) Karl Barth, "No Boring Theology! A Letter from Karl Barth"(translated from German by W. Rader), *The South East Asia Journal of Theology* 11(1969), pp. 3-5, in particular 4. For the original, see Karl Barth, "An Christen in Südostasien"(To Christians in South Easr Asia), *Offene Briefe 1945-1968, Karl Barth Gesamtausgabe V, Briefe*(Zürich : TVZ, 1984), pp. 551-556. For a useful discussion of Barth's influence on Asian Christians taking its title from this letter, see Alle Hoekema, "Barth and Asia 'No boring theology'", *Exchange* 33(2004), pp. 103-131. For more detail, see Dirk J. Smit, "On reading Karl Barth in South Africa-today?", in R. R. Vosloo, ed., *Essays on Being Reformed, Collected Essays 3*(Stellenbosch : Sun Press, 2009), pp. 275-294 ; Dirk J. Smit, "Hoe vertel hulle die storie? Oor Karl Barth"(How are they telling the story? About Karl Barth), *Scriptura* 98 : 2(2008), pp. 174-184.

which is given and allowed to us and which is–according to Ⅱ Cor. 3 : 17–where 'the spirit of the Lord is'."[7]

## Defining the Problem : Opportunities and Limitations

In this paper I look at Indonesia. Here is a society which in religious terms is a microcosm of Asia. It currently has a Christian population of over twenty million (more Christians than the entire population of Australia) that is between around ten per cent of the fourth most populous country in the world (approximately 230 million). It is also the most populous Muslim country in the world, in which the interaction between Islam and Christianity has been highly significant.

My inquiry thus seeks to examine the dynamics of indigenous Indonesian Christologies in relation to other Indonesian religious traditions. Thus this inquiry aims to examine the development of self–conscious indigenous Indonesian Christologies against the backgrounds of Islam, Hinduism, Buddhism, and regional ethnic religions. Attention is primarily focused on the writings of scholars from the largest Christian community, that is, from the Reformed tradition. The inquiry thus seeks to assess the extent to which indigenous Christologies are self–conscious of their interactions

7) Barth, "No Boring Theology!" pp. 4–5.

with other Asian religions.

However, initially it is necessary to look at a number of issues related to the concept of 'contextual theologies', in that these Asian theologies would often be categorized as 'contextual'. The concept of 'contextual theologies' needs to be examined. In the first instance, it is necessary to look at the plural term, 'theologies'. By using the plural, many would seek to be entirely descriptive. However, it is of course necessary to be aware of the discourse here. At the one end of the scale it is classically stated by Stephen Bevans : "There is no such thing as 'theology' ; there is only contextual theology, feminist theology, black theology, liberation theology, Filipino theology, Asian-American theology, African theology, and so forth".[8] There are clearly a number of issues here. What makes Filipino theology Filipino? Or, if we apply this to the focus of my study, are Indonesian Christologies simply Christologies produced by Christians in Indonesia, or Christologies the origin of which was in Indonesia? In this descriptive sense these words are quite bland. Nevertheless, Bevans patently is seeking to be polemical. He is attempting to challenge any concept of a Christian theological meta-narrative. However, in this polemic, he in fact, consciously or unconsciously, uncovers another issue : how do we theologically evaluate

8) Steven B. Bevans, *Models of Contextual Theology*, revised and expanded edition(Maryknoll : Orbis, 2003), p. 3.

context? Then, a further issue comes to light : if there is no such thing as Christology, what then is to be the relationship between, say, Filipino Christologies and Indonesian Christologies? In other words, is one simply describing things, or is one claiming something more? Some, indeed, seek to be purely descriptive. However, it has to be admitted that others who use the term 'contextual' do so with either an overt or a hidden intent of polemic.

So, this leads us on to a *second* issue, that of the use of the adjective 'contextual'. Its intention can be varied. It can be used to correct a perceived lack of historical consciousness which it is claimed was characteristic of mainly western Christian theology prior to the European Enlightenment. As a corrective contextual theology has drawn attention to the culturally and socially conditioned presuppositions with which the theologian, and indeed the Christian community, works. Again, contextual theology has sought to challenge the close relationship between Christian theology and the academy. As such it has sought to encourage an engagement of transformation and an exploration in theology in the areas of race, nation, class, gender, and gender-orientation. Sometimes it has done this within communities specific to one of these areas. Again, contextual theology has pointed to the power relations that have been seen as surrounding, and being embedded in, so-called classical theological discourse. These are indeed issues to be addressed. However, this polemic has itself been problematic. For the assumption has been that such motivations are in the minds of the theologians producing contextual material. Such may, in fact, be very far from the truth. It may rather be a projection of those who be believe that they can not only critique contextual theologies but can in fact also accurately interpret the motivations of those who produce it. Another, more trenchant, caution regarding the concept of 'contextual' is that of Kathryn Tanner. She argues that the encounter between Christianity and context–or culture, the term which she tends to use more frequently–is inordinately complex, with no direct epistemological access to what context–or culture–is. For her, the Christian engagement with culture is an engagement between two internally disputable realities. When tradition encounters new circumstances (a new context), "no one interpretation naturally results from their confluence. Instead an argument usually breaks out over their interpretation. The historical circumstance itself is not sufficient to establish the propriety of a particular interpretation".[9] In fact, it seems, there is the instability and disputability of context. As Tanner puts it, "in any one time and place, theological disagreement is as intense as across differences of time and place ; rather than being in any

9) Kathryn Tanner, *Theories of Culture : A New Agenda for Theology* (Minneapolis : Fortress, 1997), p. 135.

one-to-one correspondence with a particular time and place, theological constructions tend to drift across them. Context then provides no sufficient direction for theological decision".[10] Thus, it is clear that this area is highly problematic. Work needs to be cautious, preliminary, and nuanced.

However, the issue cannot simply be left there. Andrew Walls has looked at "Christian Scholarship and the Demographic Transformation of the Church".[11] Here he states that, while at the beginning of the twentieth century more than eighty percent of Christians lived in Europe and North America, at the beginning of the twenty first century "well over half of the world's Christians live[d] in Africa, Asia, Latin America, and the Pacific".[12] He contends, moreover, that at the beginning of the next century two-thirds of the world's Christians may be living in the southern continents. Walls also argues that the Christianity of the west cannot avoid primarily being the Christianity of the European Enlightenment.[13] The majority Christian world may, then, be a community in which the effects of the Enlightenment are not apparent. The existence

---

10) Kathryn Tanner, *Jesus, Humanity and the Trinity : A Brief Systematic Theology*(Minneapolis : Fortress, 2001), xviii.

11) In R. L. Peterson and N. M. Rourke, eds., *Theological Literacy for the Twenty-First Century*(Grand Rapids : Eerdmans, 2002), pp. 166-183.

12) Andrew Walls, "Christian Scholarship and the Demographic Transformation of the Church," in Peterson and Rourke, eds., *Theological Literacy*, p. 171.

13) Walls, "Christian Scholarship," p. 171.

of the Enlightenment world is simply part of being a Christian for a great many people. Equally the non-existence of the Enlightenment world now is simply not part of being Christian for many more. It must, of course, be said that the lines of demarcation between these two worlds cannot be sharply drawn. Of course, they affect each other. Nevertheless, the differences between these spheres of influence need to be recognized.

So, this leads on to what for me is a significant discourse. The background to it may be framed in this way. Many Asian Christian theologians are highly conscious of the epistemological difficulties with contextual theologies, as has been noted. Many of them certainly are highly aware of the dangers pointed to by Tanner and others. They are also highly conscious of the significance of the European Enlightenment for Christianity, particularly in the west. Nevertheless, they face a dilemma. It is this. On the one hand, their cultures provide not just images and paradigms but wider 'intellectual furniture' through which there can, in their view, be a real meeting between the Christian faith and the cultural dynamics of their societies, however fluid those dynamics may be.[14] In addition, they seek to evaluate the validity of this intellectual

---

14) Early examples from Indonesia are seen in Philip van Akkeren, *Sri and Christ : A Study of the Indigenous Church in East Java*(London : Lutterworth Press, 1970), especially 3-48 ; 147-186.

furniture in relation to the hermeneutical task and the interpretation and use of scripture more widely.[15] That intellectual furniture is, in their view, both sophisticated and resonant of their cultural dynamics. Moreover, it is a means by which discourse can be opened up with the theologies of other Asian faiths. On the other hand, they are conscious that Christian theology must always be, in some sense, catholic, ecumenical, international, interracial, inter-gender, and inter-confessional. They are conscious, moreover, that they may be accused of not speaking of God, but of speaking of themselves 'with a loud voice', in Barth's famous words. Thus these Asian theologies do not, in any way, seek to replace the theological models of the western church, Catholic and Protestant. On the contrary, they seek to add to the models of the classic expressions of western Christianity.[16] They do so partly because of the new world in which humanity finds itself throughout the world that is the world of pervasive inter-religious interaction. For this reason, this discourse becomes significant. It would be easier if it could simply be

---

15) For example, Y. B. Setyawan, "The use of the *Haustafel* of Ephesians in the Socio-Political Context of Graeco-Roman Society : A Postcolonial Perspective Drawing Upon Indonesian Christianity's Encounter with the State Ideology of the *Pancasila*"(Ph. D. Dissertation, Flinders University of South Australia, 2010).

16) I am not at this point speaking of eastern (Orthodox) Christianity, in that the written interaction between eastern Christian theology and Asian Christian theology has, in fact, been rather limited, and is only now developing.

written off as a corrective, or even as an exercise in mutual polemics. Unfortunately that is the stage at which much Christian discourse, including at times in the World Council of Churches, has left it. However, it has now moved far beyond polemics, to a much more serious discourse. Moreover, as noted above, my inquiry is into another new set of circumstances of theological existence, one which is outside the scope of the European Enlightenment, and for that reason also does not directly enter the discourse on modernism and post-modernism.

Here Indonesia provides a helpful example of the discourse for such purposes, in almost 'laboratory' conditions. It is home to over 230 million people, in a society of many inter-related cultures. In religious terms, its regional ethnic faiths have had waves of Hinduism, Buddhism, Christianity, and Islam (in that order) enter their lives and communities. Indeed, in recent years, there has been great debate as to whether Christianity or Islam arrived first in the archipelago. There is strong evidence now of Christian presence from the ninth century CE. Islam appeared slightly later, although with much greater continuing impact. Within Christianity the largest traditions are Reformed, then Catholic, and then Lutheran. Moreover, the training of indigenous, or national, theologians in the theological schools and faculties of Europe and North America has been sustained since the 1930s, with highly trained western church theologians also teaching in Indonesia since the end of the nineteenth century.

The issue of indigenous theology in relation to other religions is classically seen in the struggle for many Indonesian theologians at the time of the ecumenical Tambaram Conference in India in 1938. The Barthian stance represented by Hendrik Kraemer, particularly in his report to the conference, *The Christian Message in a Non-Christian World*,[17] had a profound effect on Indonesian Protestants.[18] Discourse and pragmatic co-operation with other faiths on the one hand and theological tension with them on the other had often been problematic, particularly as many of the churches had been directly the inheritors of Barth's theology. Parallel with this had been the Catholic struggle as to how to deal with the uniqueness of Christ in the plurality of religions. The effect of Tambaram and the parallel Catholic concern has therefore been, on the one hand, a desire to protect Christian integrity and, on the other, a need for theologians to lead the whole community in theological dialogue and in the solidarity between the faiths in the struggle for national independence, national development, social justice, and ecological issues. Indonesian theologians refer to this situation as 'double

---

17) H. Kraemer, *The Christian Message in a Non-Christian World*(London : The Edinburgh House Press, 1938).

18) Jan S. Aritonang and Karel Steenbrink, *A History of Christianity in Indonesia*(Leiden and Boston : Brill, 2008), p. 827.

wrestle'(Indonesian : *pergumulan rangkap*).

Because of the intricate nature of these interactions it seems to me it is necessary to examine a very specific example of an indigenous Indonesian Christology.

## Christology in Context vis à vis Indigenous Religious Categories

My example comes from a common Christological stream in the writings of a considerable number of Indonesian theologians, primarily Reformed but also Lutheran.[19] Here, in a variety of theological topics, the theological task appears to be both to explicate the Christian faith and to engage in inter-religious theological dialogue, particularly with regional ethnic religions, Islam, and Hinduism (Hindu-dharma).[20] So the line of thinking

---

19) For example, Hadiwijono, in footnote 23 ; A. B. Sinaga, *The Toba-Batak High God : Transcendence and Immanence*(St. Augustin, Germany : Anthropos Institute, 1981) ; Sularso Sopater, in footnote 22 ; Th. Kobong, *Evangelium und Tongkonan*(Gospel and *Tongkonan*)(Hamburg : Verlag an der Lottbek, 1989) ; *Sutarman Partona, Sadrach's Community and its Contextual Roots-A Nineteenth Century Javanese Expression of Christianity*(Amsterdam : Rodopi, 1991) ; J. M. Saruan, *"Opo" dan Allah Bapa*(*'Opo'* and God the Father)(Jakarta : SEAGST), 1991 ; Th. Sumartana, *Mission at the Crossroads*(Jakarta : BPK Gunung Mulia, 1993)(Dr. Theol. Dissertation, Vrije Universiteit, Amsterdam, 1991) ; Tjatra Puspitha, *Keselamatan menurut Hindu-Dharma di Bali dan Keselamatan menurut Paulus*(Salvation according to Dharma-Hinduism in Bali and Salvation according to Paul)(Jakarta : STT Jakarta, 1995).

20) The form of Hinduism found in Bali, termed "Hindu-dharma", because it traces its faith back to the "ordering" of the

in general goes as follows. The inexplicable will of God to be God with, and for, humanity implies that Christians should always understand their Christian life theologically. This simple, yet profound, fact derives from the mystery of the triune God not to be God apart from, or separate from, humanity, but rather to make God's very life intersect with the unity of the Son of God with us. Our theological basis as Christians and as the church is in the wonder of God's condescension, in the intentionality of God's solidarity with sinners, that is, with those who find their self-identity solely within themselves, and find their self-justification and sole solace in themselves alone, without any reference to God. The church is called to exist solely through the solidarity of Jesus Christ with those who are alienated from God, by Christ going to the extremes of alienation for humanity, so that humanity might through him come close to God. At the heart of Christian faith is expressed the fact that God does not wish to be alone in celebrating the wonder God's inexpressible love for humanity. God in Christ calls into existence an earthly body of his Son, who is its heavenly head, in order that humanity may responsively rejoice with God in the harmony which God has established for creation. If the being of the church and its life is predicated upon the grace of Jesus Christ as itself defining God's action in the world for the reconciliation of

---

universe(Sanskrit root : *dhr*).

creation, including humanity, then its life of harmony is that which it receives from him. The church's very existence will be shaped by the manner in which it confesses this truth to be its very life.

However, the question now arises as to how this is to be expressed against the background of the varied streams of the varied ethnic religions, Islam, and Hinduism in Indonesia. So here we have an interesting indigenous Christological perception, expressed in a variety of ways. In much of Indonesia there is the generic concept for one of the many local divinities. However, it is clear that the concept originally had a much wider meaning. One of the earliest ethnographers of religious activity sees the basis of its meaning as 'levend wezen'[21]('living being'). Then there is the Great God or Great Spirit, in Islam later expressed as Allah ta'ala, in whom all the various divinities have their unity and meaning ; the meaning and power of each divinity is the meaning and power of immanence or presence. There is no concept of a 'deus otiosus' here. There is no distinguishing between higher and lower powers, but rather the experiencing of each microcosm as the pertinent presence of the macrocosm.[22] In communion with the Great

---

21) André Hueting, *Tobèloreesch-Hollandsch Woordenboek, met Hollandsch-Tobèloreesche inhoudsopgave*(Tobèlorese-Dutch Dictionary, with Dutch-Tobèlorese Index)('s-Gravenhage : Het Koninklijk Instituut voor de Taal-, Land-en Volken-kunde van Nederlandsch-Indië/Martinus Nijhoff, 1908), p. 100.

God are the company of each living-dead ('geest van afgestorvenen, zielen die men vereert',[23] 'soul of the dead, spirits whom people revere'). All the living-dead are divinities. There are also concepts of the Senior Living-Dead and the Unseen Leader. In these writings, as the divinities are related in general to the presence of the Triune God, so the concept of the living-dead is specifically related to the Sonship. Thus Christian theological thinking in these writings tends to base its Christological understanding on the Senior-Living-Dead who is the Unseen Leader. Christological thinking runs in this way. The Christian community are the people who had been called out to follow the Lord Jesus Christ as their leader. He could be related to them (that is, they could understand his humanity) because he had been alive but was now living after death and resurrection in their midst, and as such was their Unseen Leader. That is to say, in the first instance he was quantitatively but not qualitatively different form their ancestral living-dead. It is against this background that two New Testament themes are of great frequency in the theological reflections of these writings. First, the church and particularly the congregation as the body of Christ are often used to stress the relationship of each believer's future living-

---

22) Philip L. Tobing, *The Structure of the Toba-Batak Belief in the High God*(Amsterdam : Jacob van Kampen, 1956), p. 21.

23) Hueting, *Tobèloreesch-Hollandsch Woordenboek*, p. 109.

dead status with incorporation into Christ.[24] Second, Christ the forerunner and pioneer("ἀρχηγός" ; *archēgos*) in Hebrews 12 : 2 too is used to relate the believer's future status to that of Christ. In these theological writings, there tends to be no qualitative difference between Christ and believers, although there is a great quantitative difference. Set against this, however, and stressing the divine in Christ, is a tendency towards Sabellianism, which regards Christ as the microcosmic presence in each congregation of the whole macrocosmic Trinity. This tends to result in an understanding of Christ which could fit in with Chalcedon. The concept of the living-dead renders a clear distinction between the divine and the human both impossible and incomprehensible in the varied cultural backgrounds. Christ is Senior Living-Dead and the Unseen Leader. For these theologians this appears to integrate what was the Christological problem in Latin terms. On the one hand, as all the living-dead find their meaning in the Great God, so Christ was the aspect of God most related to the lives of believers both before and after death. So he is truly divine. On the other hand, as the Unseen Leader of all Christian living-dead,[25] he Is the head of the congregation al

---

24) I. e. based mainly on Romans 12 : 3~8 ; I Corinthians 12 : 12~30 ; Ephesians 1 : 22~23 or Colossians 1 : 18~20, the last reference, especially Colossians 1 : 18, where Christ is also called 'πρωτότοκος ἐκ των νεκρων'(prōtotokos ek tōn nekrōn ; the firstborn from the dead), being most supportive.

body of the faithful. However, these two are not mutually opposed but can be integrated. It is against this background that we see a significant interaction with Chalcedon. Chalcedon points to three factors : Christ is truly divine(ἀληθίνως Θέος–*alēthinōs theos* ; *vere deus*) ; Christ is truly human (ἀληθίνως ἀνθρώπος–*alēthinōs anthrōpos* ; *vere homo*) ; Christ is one. This Christology sees Christ as truly human. He could be related to them (that is, they could understand his humanity) because he had been alive but was now living after death in their midst, and as such was their Unseen Leader. He was quantitatively but not qualitatively different form their living-dead. Again, this Christology sees Christ as one. Moreover, it may very well see him as truly divine. There is great stress on the divine in Christ through the tendency towards Sabellianism, which regards Christ as the microcosmic presence in each congregation of the whole macrocosmic Trinity, in their concepts. Although there may be debate here, this Christology seeks to explain Christ, while Chalcedon does not finally seek to do so. Chalcedon rather sets parameters, as to what Christians are, and are not, to say about Christ in order to remain Christian.[26] So Chalcedon is a marker rather

---

25) I. e. both the already living-dead and the anticipated living-dead of believers still alive.

26) James L. M. Haire, "On Behalf of Chalcedon," in T. H. L. Parker, ed., *Essays in Christology for Karl Barth*(London : Lutterworth Press, 1956), pp. 93-111.

than an explainer. These Indonesian theologians find this problematic. Is it possible to be a marker without being an explainer? So they seek to explain. They use categories shared by Indonesian regional ethnic religions, Islam, and Hindu-dharma. In their own ways, they attempt to be faithful to Chalcedon ; they fully accept the three emphases of Chalcedon. However, they also seek to explain Christ in Indonesian terms. They thus engage in dogmatics, in apologetics, in missiology, and in inter-religious dialogue and discourse at the same time. This in their view is necessary within the context of Asian indigenous Christian theology, particularly for the Christian understanding of the relation between the divine and human in Christ. Certainly these and other such writings have provoked interaction and discourse from Islam and Hinduism.[27] However, they also seem to be of value for international Christian understanding and dogmatics, for international Christian apologetics, for international Christian missiology, and for an international Christian contribution to inter-faith discourse.

27) Rainy M. P. Hutabarat, "Mengandung Tuhan, Takdir dan Keterlibatan : Teks-teks Sastra Kontemporer Indonesia dalam Penafsiran Pembaca"(Considering God, Fate and Involvement : Contemporary Indonesian Literary Texts in Readers' Interpretations), in F. Suleeman, A. A. Sutama and A. Rajendra, eds., *Bergumul dalam Pengharapan*, pp. 580-598.

## Conclusion

Thus, my paper has sought to investigate *Christologiae in locō* from a variety of perspectives. It has tried to see the intent of Asian contextual theology against the background particularly of regional ethnic religions. The same can be applied to the relations of Christian theology to Islam, Buddhism, Hinduism and so on. It has further sought to see how those intents are dogmatic, apologetic, and dialogical, and to analyse and evaluate the reactions of the theologies of other faiths to these indigenous expressions.

Then, further, the paper has begun to see the place of these indigenous Christian forms in world Christianity, the church catholic. The cultures of western Christianity require of it a continuing interaction with modernism and all the glosses on modernism, in the world of the inheritors of the European Enlightenment. That is its world. On the other hand, the world of Asian Christian theology has other cultural discourse partners, in addition to the partners who inherited the Enlightenment.

The results of these Asian discourses may be of assistance to western Christianity, as indeed Asian Christianity is highly cognisant of the dynamics of post-Enlightenment western Christianity. Examples of the Asian theological discourse have been noted above in the two examples discussed : the interaction with the dynamics of the varied streams with Islam ; and the expression of Indonesian Christology in relation to regional ethnic religions, Islam, and Hindu-dharma. These examples are far from decorative, let alone syncretistic as used in a pejorative sense. They are serious, and in some ways rather cautiously orthodox in the Reformed tradition. Moreover, they have a number of distinctive marks. *First*, they are *also* communal and thus concerned with harmony. Theological language in western Christianity, including the Reformed tradition, has at times tended to be violent. Is this violent language more acceptable where faith tends to be a private matter, and therefore the form of the language of theology has less relevance to current civil society? Does the tendency to marginalisation and privatisation mean that the style of the language of theology does not matter?

However, in cultures where violence is close to the surface, then the style of language and the methodologies of theology are important. The ways in which we express theology and in which we engage in communal life are the ways in which we express שלום(*shālôm*). *Second*, they are concerned with the discourse between forms and content. Theologians in Asia are *also* concerned with the similarity of forms, as opposed to content, between the theological expressions of the faiths ; with the results of the similarity of forms in inter-religious relations ; and with the task of Christian theology in this situation. It seems to me that there is a clear gap between theologians who must seriously face the influence of the theology of another religion or of other religions and those who are able or who choose to ignore them. Again, the issue of form is significant. Parallels or similarities of form in differing religious theologies can lead to mutual understanding, or to intense rivalry, or to confusion. Form can thus be a deceiver.

In such situations, Christology in context is central and decisive, and thus fundamentally evangelical. In his address to the inter-faith session of the Ninth Assembly of the World Council of Churches in Porto Alegre in 2006, Rowan Williams insisted that, in theological terms, it was not precise to speak of Christianity as if it were some sort of ideology competing with other ideologies in the marketplace of ideas. Rather, Christians are the ones who bear the mark of Christ upon themselves, symbolically on their foreheads, as it were. In Williams' words,

"(w)e carry the name of Christ. We are the people who are known for their loyalty to, their affiliation with, the historical person who was given the title of 'anointed monarch' by his followers-Jesus, the Jew of Nazareth".[28]

Our identity is not, first and foremost, as those who promote

28) Rowan Williams, "Christian Identity and Religious Plurality," *Current Dialogue* 47(2006), pp. 6-10.

a particular ideology. Rather, it is as those who bear witness to God's action in Christ upon and within our personal and communal lives.[29)]

29) The Reverend Professor James Haire, AC(Companion, Order of Australia), KSJ(Knight, Order of St John), MA *Oxford*, Ph. D. *Birmingham*, HonDD *Presbyterian Theological Faculty Ireland, Belfast*, HonDLitt *Ulster*, HonDUniv *Griffith*, HonDUniv *Australian Catholic University* is Professor of Theology, Charles Sturt University, Canberra, Australia, and Executive Director of the Australian Centre for Christianity and Culture, and Director of the Public and Contextual Theology Research Centre, both in Charles Sturt University. He is also Professor of Theology at the University of Halmahera, Indonesia. He was previously Professor of Theology at Griffith University, Queensland, President of the Uniting Church in Australia and President of the National Council of Churches in Australia. He lectured full-time in theology in Indonesia for 13 years, and has been a visiting professor in various institutions in Indonesia for over 40 years. In 2010 he became a Presidential Friend of Indonesia. Between 2000 and 2005, at the request of the Indonesian authorities, he took part in the process of reconciliation for the North Molucca Islands, Indonesia.

# TRIBUTE TO JOHN BROWN

Barbara Martin
(Former Australian Missionary to Korea,
Doctor at Il Sin Christian Hospital)

I first met John Brown when we were both students at Melbourne University-some time between 1952~1955. I was a Medical student and John was doing his Arts degree. We were both involved in the Evangelical Union (a student Christian group) and, if I remember correctly, he was President of the Union sometime during that period. Another fellow student was Norma Beer, whom John married in 1957.

I lost touch with them both after 1955 as I was unable to continue any active involvement in EU due to hospital training. The next contact was in 1964 when I received a letter from Norma. It arrived while I was preparing to go to Korea to work at Il Sin Women's Hospital and in the letter Norma welcomed me to Korea. This was a great surprise–as I think that I did not know that John and Norma had married (although I would not have been surprised) and I certainly did not know that they were in Korea. Fortunately Norma included her maiden name Beer which was a great help, otherwise I would not have known who had written the letter. It was so good meeting up with them both again and it was the start of a long and special friendship.

Although our time in Korea overlapped for the period 1964~1972 we never worked and lived in the same city. I was in Pusan and John and Norma were in Masan until 1969 and then in Seoul. There were also times of furlough for us both, and for me language study, all of which meant that we did not see each other that often. Our work was very different John as missionary evangelist in Masan Presbytery encouraging local churches in Kyeongnam area and later in Theological education in Seoul and mine as a doctor working at Il Sin Hospital in Pusan. However we were vitally interested in, and concerned for, each other's work and this has continued.

When I first met visited them in Masan they were living in the Mission compound in a fairly old house which could be very cold in winter. I remember we shared a very large pear at breakfast and laughed together about the poor missionary family having to share one pear. People in Australia at that time had no idea about the size of Korean pears and would be visualising us sharing a small Australian pear. There was quite a lot of land around the Masan house and there was room for the pigs and goats that John took back to Korea in 1966 after his first furlough. These were Saanen goats and Large White pigs—very large, probably the largest I had seen to that time. John had a passion for improving the life of the farmers in the area, particularly Kojedo, and wanted to improve the standard of their livestock which he did by setting up a breeding and distribution programme. The progeny of those animals particularly the pigs, were easily recognisable when one travelled in Kojedo and Kimhae.

John also bought a cow for his own family so that they could have fresh milk and even butter at times. The dairy industry in Korea was just starting at that stage and it was difficult to get fresh milk. The cow had a calf but sadly the calf was blind. John was concerned for the future of the calf as to whether it would be able to survive. After some discussion he gave the calf to Mr Choi, who was the husband of Joyce Anderson's co-worker. I cannot remember the details exactly, but due to the political situation at that time I think Mr Choi, who was a school teacher, had been unable to work. From that calf Mr Choi built up a small herd and he was always very grateful to John for the gift of that calf. Anytime we went to visit that family we also had a look at the herd.

One thing that particularly stood out during John's time in

Korea was his command of the Korean language. He was equally at home talking to the farmers about their livestock as he was talking to Professors at the Theological College in Seoul. He was at ease, and the people he was talking to were at ease. He did not lose this talent when he returned to Australia, but kept his connections in Korea and took a lead in developing Korean churches in Australia, particularly in Sydney. John is often the one I turn to when I need help with either understanding something written to me in Korean, or when I have had to speak in Korean in public.

John has a great gift of leadership. This was evident when I first met him at Melbourne University in his leadership role in the Evangelical Union and I saw it again in our Missionary meetings in Korea. He also worked closely with the General Assembly of Korea and was the representative of the Australian Presbyterian Board of Missions to the Assembly. After his and Norma's return to Australia in 1972 he served in executive positions of the Mission Boards until 1992-first of the Australian Presbyterian Church and then, after Church Union in 1977, of the Uniting Church in Australia. It was always good to have him there in Sydney, knowing that he would understand any problems we needed to discuss. When home on furlough we also enjoyed meeting up with John and Norma again.

In the last few years he has been very actively involved with the North Korean project of the Melbourne Korean church. He has been chairperson of the Byul Bit Foundation which provides much of the funding and other support for the work there. This has meant a number of trips to Rason in North Korea as well as numerous trips to Melbourne and South Korea. It has been a heavy responsibility which he has fulfilled with deep commitment and wise leadership.

There has also been his involvement with the reconciliation movement between Indigenous and Non-indigenous peoples of Australia and with the efforts to redress the injustices that many Indigenous people have faced. This has all been because of his strong Christian faith and his deep conviction that injustice anywhere should be challenged.

One aspect of John's abilities that may not be widely known is his jam making, general cooking and handyman abilities. He enjoys the jam making and I can testify that the jams are very good. Lately he has told me of his pleasure of helping his daughter Alison in her move to the country and in doing the many odd jobs required on her property.

In conclusion I pay tribute to John a man who has given much to the wider Christian church both in Australia and overseas-particularly in Korea. I feel that in so many ways John has followed Micah's instructions : The Lord has told us what is good. What he requires of us is this : to do what is just, to show constant love and to live in humble fellowship with our God(Micah 6 : 8). I give thanks to God that I can call John a friend.

# JOHN BROWN AND MINISTRY TO INDIGENOUS AUSTRALIANS

Bernie Clarke
(Former Associate Secretary for the Uniting Aboriginal and Islander Christian Congress)

Two giants of our church in Australia met while John Brown was a theological student. He found the theology of Rev Davis McCaughey too radical. So, as was the case throughout his ministry, he challenged him directly. He commented in an interview with Davis's biographer that, "……those conversations in Davis' study helped me upon a new road that was ecumenically and spiritually more open, and intellectually more rigorous and questioning".[1] This capacity for not only

1) Martin, Sarah, David McCaughey, *A Life*, UNSW Press, Sydney, 2012 (John Brown Interview), p. 136.

ecumenical but cross culturally spiritual and intellectually rigorous analysis is at the heart of the enormous contribution John Brown has made to indigenous Australian life.[2)]

This became clear to me while I was Director of Mission and Service in the United Church in North Australia (UCNA). My responsibilities covered Arnhem Land Aboriginal communities, Mowanjum in W. A. and the Pitjantjatjara communities South Australia. At the time he was the General Secretary of the Presbyterian Board of Ecumenical Mission and Relations

---

2) This where a comment from Jacqueline Gail Jackie Huggins, B. A. Hons(UQ), Dip. Ed.(Flinders), Doctor of the University Honoris Causa, AM, FAHA, is an Australian Aboriginal author, historian and Aboriginal rights activist of the Bidjara Central Queensland and Birri-Gubba Juru North Queensland peoples. She is the Deputy Director of the Aboriginal and Torres Strait Islander Studies Unit, an Adjunct Professor in the School of Social Work and Human Services at the University of Queensland and a Spokesperson for Recognise.
She is a former Co-Chair of Reconciliation Australia, the former Chair of the Queensland Domestic Violence Council, and has been a member of the National Council for Aboriginal Reconciliation, the AIATSIS Council, and Co-Commissioner for Queensland for the Inquiry into the Separation of Aboriginal Children. In 2001 she was awarded an Australia Medal(AM) for her work with Indigenous people, particularly reconciliation, literacy, women's issues and social justice. In 2007 Huggins was named University of Queensland Alumnus of the Year. She has published a wide range of essays and studies dealing with Indigenous history and identity. She is the author of Sistergirl (University of Queensland Press, 1998), and co-author, with Rita Huggins, of the critically acclaimed biography Auntie Rita(Aboriginal Studies Press, 1994).[1]
"We must respect each other's right to choose a collective destiny, and the opportunity to develop the legal and political rights for Indigenous and non-Indigenous peoples so that we may enjoy the right to maintain our culture, our heritage and our land, as a united Australia."[2]

(BOEMAR). In this role he was responsible for Aboriginal communities, among the Pitjantjatjara people in Central Australia, the Wik people in North Queensland and the Worora people of Mowanjum Kimberly Region in Western Australia. Our common responsibility for mission to Pitjantjatjara and Worora people drew us together.

My encounter was on the United Church Board. I was impressed by John's leadership as we reflected together strategies to assist the isolated Aboriginal communities linked to the Presbyterian, Methodist and Congregational churches gain control over their own destiny. We both faced two similar issues. The first being the impact of mining for bauxite and the second being the struggle to help Aboriginal communities break free from the Australian Government's policy of assimilation.

## Mining

Bauxite had been discovered in both of the domains for which we were responsible. John work with Wik people to cope with the intrusion of mining at the Wiepa and Mapoon communities. He had to deal with the injustice of the closure of the Mapoon community whose people were transported to a new community near Bamaga Township at the top of Cape York. I was working close with the Yol/u people of North East

Arnhem Land as they sought to adjust to the bauxite mine on their land.

## Assimilation

Australian history since 1788 when the first settlement began at Sydney Cove has not been a pleasant one for the first Australians. The doctrine of Terra Nullius (Terra nullius plural terrae nullius) is a Latin expression deriving from Roman law meaning "and belonging to no one", which is used in international law to describe territory which has never been subject to the sovereignty of any state, or over which any prior sovereign has expressly or implicitly relinquished sovereignty. John and I were supporting isolated Aboriginal people whose occupation, economic usage and spiritual attachment to their land was intact and pre-existent to the British claim in to the whole of Australia in 1788.

Popular perception condemned indigenous Australians to a subservient status in which their participation in Australian society required that they relinquish their identity. John not only refused to accept this myth of empty continent, he provided me, and the Wik, Worrora and Pitjantjatjara people sound spiritual reasons to reject assimilation. John sought people who, Like Jesus, they will seek always to share the good news of the kingdom, and the mystery of God's love for the world, with those who do not confess Christian faith, as well as those within the church, especially with the neglected, disadvantaged and the poor.

An illustration of the kind of issues John faced as General Secretary of the Board of Education and Relations (Boemar) is the constant erosion of Wik people's tight under the Queensland Government of Sir Bejelkie Peterson. Aurukun was such an isolated community of Wik people living on the western coast of Cape York Peninsular. It came under severe Government pressure because the Government wanted its land for an commercial enterprise. In order to facilitate this process it passed the Aurukun Associates Agreement Act in 1978 Boemar and the community itself had been excluded from the discussions leading up to the passage of the Bill. The true feelings of the community were reflected in the legal action undertaken with Boemar support by John Kuwarta. He claimed discrimination under the Federal Racial Discrimination Act.

Patrick Killoran, Queensland Aboriginal Administrator saw red! (was furious) He saw Boemar's hand behind the public attacks on his administration. He claimed, "……the philosophies promoted by Rev John Brown were particularly hostile to State Government policies and programmes." In 1978 John and Killoran clashed again, this time over outstation which the Government wanted closed. Over the years Killoran claimed Boemar deviated from accepted State policies in regard to the management of the Reserves. In vain John protested that outstations had always existed to farm fertile areas and to run cattle camps.[3)]

From the time of his appointment as Superintendent of the Australian Presbyterian Board of Ecumenical Mission and Relations in 1972, John tried to move the Presbyterian Church's mission work with Aboriginal people from being a series of five or six "mission stations" run largely by missionaries under policies set by State and Federal Government authorities, albeit in consultation with the communities, to becoming self-determining communities. He believed that these communities should determine the direction of their community lives. This policy was most clearly articulated not by John Brown, but by a small group in 1974 comprising Rev Harvey Perkins, Rev Bernard Clarke, a number of leaders of the Yoln/u People of Arnhem land and others, in a report called, "Free to Decide". The report declared clearly that church policies must leave Aboriginal people free to decide the rate and direction of change in their communities.

John also wanted to bring the Aboriginal churches under the leadership of their own Aboriginal leaders. So from 1974, two Presbyterian theological professors began conducting intro-

3) Kid, Ros, The Way we Civilise : Aboriginal Affairs, the untold story, Uni Queensland Press, St Lucia, 1997, pp. 288ff.

ductory courses in Biblical and Theological studies for elders brought together from the various Presbyterian-related Aboriginal churches.

At about the same time, the Methodist Church was beginning to embark on theological education for leaders of its congregations in Arnhem land. They collaborated with Anglicans and Roman Catholics in the establishment of Nungalinya College in Darwin. This college provided residential accommodation and education including theological education for church and community leaders of Aboriginal communities across Northern Australia. The Presbyterians joined this program in 1977.

These policies of committing decisions about the pace and direction of change to the Aboriginal people led to a direct conflict with the Queensland State Government as outlined above. And in the end, in 1978, the Queensland Government with their eye on the development of bauxite resources on Aboriginal land in the north of the state, forced the Presbyterian Church out of policy-making in the Queensland Aboriginal communities.

By 1978, the Uniting Church's Commission for World Mission had brought together the administration and policy-making in regard to the church's ministry with Aboriginal people in the Uniting Church in one office in Sydney staffed by the Rev Charles Harris (Aboriginal) and Rev Bernard Clarke, and under the General oversight of John.

Policy focused on three areas :

- Giving oversight to the development of the churches under Aboriginal leadership.
- Offering encouragement and support to Aboriginal and Torres Strait Islander peoples across Australia in their struggles for land and control of their own affairs.
- And developing a church-supported network of Aboriginal people across Australia.

In 1983 this led to a decision by Aboriginal people related to the Uniting Church to establish "The Uniting Aboriginal and Islander Christian Congress" under the leadership of the Rev Charles Harris (Aboriginal) and Rev Bernard Clarke (non-aboriginal). All this happened in close consultation and with the encouragement of John. A conscious decision was taken by the Aboriginal people to call the organization which they had established, not "The Black Congress", but the Uniting Aboriginal and Islander Christian Congress (UAICC) part of the Uniting Church, but having the responsibility and authority to make decisions in regard to the policies of the Uniting Church's work with Aboriginal people across Australia. In 1985, the Congress was recognized by the Uniting Church as the official body of the Aboriginal congregations of the Uniting Church. The Assembly gave to the Congress all the powers of a presbytery and this was subsequently increased to include the powers of a synod as well. Together with these authorities, the Assembly transferred to the control of the Congress substantial financial resources.

In 1988 Australia celebrated the Bicentenary of the founding of Australia. Because the coming of European people from 1788 onwards had resulted in such suffering and loss for Aboriginal people, the Congress requested the Uniting Church to refrain from participating in the celebration of the Bi-centenary. In spite of this solemn and earnest plea, church people by and large participated in the celebrations.

When it became clear that the majority of the church would participate in the celebrations anyway, the Congress organized a huge "March for Freedom, Justice and Hope" in order to draw attention to the destruction and pain that the formation of "Australia" had brought to Aboriginal people. The march was organized by the UAICC in the offices of the Commission for Mission, with the encouragement of John Brown, the Director. The March brought together Aboriginal people from all over Australia in a great protest and solidarity-building event.

The UAICC was very disappointed when the majority of the Church took part in the Bicentennial Celebrations in spite of the Congress's plea that they refrain, and requested the

Assembly in 1988 to enter into a covenant of solidarity with the Congress. The Assembly agreed to this request, and to give force to the decision, in 1991 appointed a high-level committee to oversee the process.

When his term as Director of Mission concluded in 1992, John Brown offered to take on the task of promoting the Covenant throughout the Uniting Church. The offer was enthusiastically accepted by the Uniting Aboriginal and Islander Christian Church and the Assembly Standing Committee, and so John was appointed National Covenant Coordinator, and worked in this role for the next eight years.

In carrying out this work John reported to both the Assembly Standing Committee and the Uniting Aboriginal and Islander Christian Congress Over the next eight years he visited every presbytery, normally together with a local member of the Congress. He also visited hundreds of local churches, encouraging them and helping them to begin conversations and build relations with local Aboriginal people, congregations (whether these were part of the Uniting Church or not), and other Aboriginal organizations. He attended meetings of the UAICC National Committee and reported to them, so as to keep the covenant-building process firmly under their supervisions. These meetings were full of exuberant fellowship and fun.

At the same time as this covenant-building process was

taking place, and quite independently of it, the Australian Government set in motion the movement for Aboriginal Reconciliation under the supervision of a high profile committee of prominent Aboriginal and other Australians. These included Sir Ronald Wilson, former President of the Uniting Church, High Court Judge and Chairperson of the Human Rights and Equal Opportunities Commission, and Mr Patrick Dodson, Aboriginal leader and former Roman Catholic Priest. Since this Reconciliation Movement had some features in common with the covenant process, John Brown took the lead in promoting the process of reconciliation within the Church community. He encouraged Uniting Church people to either join existing Reconciliation Study Groups, or, in places where there were no such groups, to form one.

One of the focal points of this program was Reconciliation Week. This was a week bordered on the one end by 27 May the date of the National referendum in 1967 which had resulted in all Aboriginal people being officially recognized as Australian citizens–and June 3 the date on which the High Court recognized the continuing existence in Australian law of traditional Aboriginal and Torres Strait Islander title to land. These were perhaps the two most significant dates in Australian history in regard to the recognition of the rights of Aboriginal people.

Each year from 1993 until 2000 John met with repre–

sentatives of other churches, including Roman Catholics and Anglicans, and representatives of other faith communities including Jewish, Muslim and Baha'i people, to plan and write prayers, sermon resources, and other worship materials for use in churches, synagogues and mosques during the Week of Prayer for Reconciliation. Of course, each community prepared resources for its own worshippers, but the basic material used in preparing the worship resources we discussed and shared.

John wrote some hymns for use in these services, and also prepared prayers and sermon materials which were distributed to all Uniting Church ministers for use on the Sunday of the Week of Prayer for Reconciliation each year.

After working at the covenanting process for a year or so, it became clear that the national Assembly of the Uniting Church should take some new steps in leading the implementation of the Covenant. So in 1994 John took the lead in negotiating the form and terms of a Covenant Service which was led by the President of the 1994 Assembly and the Chairperson of the Uniting Aboriginal and Islander Christian Congress, in the presence of the whole Assembly and the past presidents of the Assembly. The President recalled and apologized on behalf of the Church for past mistakes that had been made, and for misguided policies that had led to hurt and damage to Aboriginal people and their culture, and had been based on racist presuppositions. The President of the Congress responded, acknowledging the apology and expressing a hope that the apology would lead to new and positive relations between our peoples. The Assembly agreed to transfer substantial funds to the Congress to assist it in its mission.

During the 1990's there were two other major issues which were continually raised in both the covenanting and the reconciliation processes. The first was the issue of the Stolen Generations. "The Stolen Generations" is a term used by Aboriginal people and their supporters to name the Aboriginal children who were removed from their families under policies of successive State and Federal Governments over a century or more, and were either adopted or fostered by white families, or raised in children's homes under white management. Often these homes were run by churches. Sometimes they were run by agents of State Governments who ran them almost as prisons. Most of these children were taken from families where there was an Aboriginal mother and a white father. Many of them were poor and lived on the fringes of Aboriginal camps or white communities. Governments removed them forcibly from their mothers in order to raise them as "white" children, rather than leave them to grow up as Aboriginal fringe-dwellers. They wanted to turn them into "useful citizens" who were trained to work as laborers or semi-skilled workers in the case of boys, and as domestic workers in the case of girls. Although many of the children were cared for by very loving people, many suffered abuse. The basis of the whole system was racist. Many of the children were forcibly and cruelly removed from their families. The system has produced many thousands of hurt, damaged, angry people, often blamed for their own situation.

During the 1990's the Government appointed a Commission of Enquiry, chaired by Sir Ronald Wilson and Mr Mick Dodson, to enquire into this practice and the underlying policies, and to prepare recommendations to the Government about what action the Government should take to deal with the effects of the policies. The Commission worked for two years, and received submissions from hundreds of people and organizations. John prepared the submission on behalf of the Uniting Church, and together with Rev Shayne Blackman, chair of the Congress, presented it to the Commission.

The Commission presented its report to Government on 26 May 1977, and made many recommendations about actions that the Government and community should take to deal with the effects of these policies. One of these recommendations was that there ought to be established a "Sorry Day", to make the whole population aware of these policies and their effects. "Sorry Day" would provide an opportunity for the whole community to recall in sorrow the effects of these policies. To Aboriginal people, "Sorry Day" would be a day of sorrow, of grieving for the lost children, the lost years, the lost culture, the lost connections with, and rights to land. For non-Aboriginal people it would be a day for saying "sorry", apologizing to Aboriginal people for the misguided policies and racist practices of the past, and sharing the grief of Aboriginal people.

John Brown took the initiative in planning for, and beginning the observance of Sorry Day. Then immediately a Sorry Day Committee was formed to plan an annual Sorry Day. The Committee was comprised of equal numbers of Aboriginal and non-Aboriginal people. It was community-based, not church-based. For the next seven years until 2005 John served as the national co-chairperson, together with an Aboriginal co-chairperson Mrs Ngingali Kinnear herself one of the stolen generations.

The Committee formed similar committees in each State. It planned an annual commemorative Sorry Day Service in Parliament House, and provided resources to State Committees and local committees formed in communities across Australia. These committees organized marches, gatherings, services and other events in towns and cities across Australia.

The Committee also lobbied the Federal Government to implement all of the 150 recommendations of the report. After much lobbying, debate, confrontation and argument, the Government finally agreed to allow the National Sorry Day Committee to plan and erect a monument in the Parliamentary

Triangle, commemorating and honoring the Stolen Generations.

But the Conservative Government of John Howard refused to the end to offer an apology to the Aboriginal people for these policies that had resulted in so much harm to them, and to relations between our peoples. It was not until the Rudd Labor Government was elected in 2007 that the Government agreed to issue an apology to the Stolen Generations and to the Aboriginal community at large for these policies and practices which had resulted in such damage. The apology was greeted with many tears, and enormous gratitude in the Aboriginal community.

The second issue that was raised repeatedly in those years was the issue of the lingering hurt, sorrow and anger which were the legacy of the massacres of Aboriginal people all along the frontier of white settlement during the 19th Century, and even into the 20th Century.

# JOHN BROWN : AGENT FOR RECONCILIATION

Ivan Roberts
(Minister at Canberra City Church)

In February 1973 John Brown returned from Korea to take up a position with the Presbyterian Board of Mission. Within weeks John found himself visiting Aboriginal communities in Queensland, embroiled in a proposal to hand over responsibility for administration of Aboriginal missions to the communities themselves. These plans were based on John's experience with the church in Korea.

Recently John shared with friends driving home from the Myall Creek Memorial annual gathering how, soon after returning from Korea back in 1973, he had been heard to say :

"My world doubled in size through my experience in Korea". John paused a moment, and then mused : "As I look back over the years since returning from Korea, I realise my involvement with Aboriginal people and Indigenous communities, including Myall Creek, has doubled my world again".

Following the formation of the Uniting Church in Australia in 1977, John served as General Secretary of the Commission for World Mission until 1986. Over this period John played a significant role with the national Assembly in formation of the Uniting Aboriginal & Islander Christian Congress.

Around the late 1970s an outspoken Aboriginal activist and minister at the West End congregation in Townsville, Charles Harris, reported to the Presbytery of North Queensland that national and state church leaders would be invited to a meeting at Crystal Creek just north of Townsville for a threefold meeting : developing an Australian theology related to Indigenous issues ; challenging the churches to take action on these issues ; and developing a Christian commitment to the struggle of the oppressed people of Australia. John Brown was present at this important meeting which took place in 1982 at Crystal Creek. It was here that Aboriginal Christians began to talk about their own organisation. They believed that God was leading them to set this up, and so plans were made for a completely autonomous, Indigenous body within the Uniting Church.

To help make this happen, a national conference was called together at Galiwin'ku Elcho Island in August 1983. The Uniting Aboriginal and Islander Christian Congress was under way! In 1985, the Assembly of the Uniting Church unanimously welcomed and agreed to officially support what Aboriginal and Islander people were seeking—the formation of the Congress. Subsequently the Uniting Aboriginal and Islander Christian Congress came into being. At the 1985 national Assembly meeting, the newly formed UAICC asked the Uniting Church to stand with them and not be drawn into national celebrations for the Australian Bicentennial in 1988. But, despite the efforts of Charles Harris, Bernie Clarke and John Brown, the response from Assembly and state synods was ambivalent at best.

The Congress was very disappointed at the way the Uniting Church participated wholeheartedly in the Bicentennial Celebrations in 1988. They felt rightly that the way Aboriginal people had experienced the 200 year history since the Europeans arrived in Australia, was not appropriately recognized in the celebrations. So they organized, with assistance from other committed Uniting Church members including John Brown, the March for Freedom Justice and Hope, bringing Indigenous people from across Australia to Sydney to participate in the demonstration.

Later that year they brought to the Assembly of the Uniting

Church a plea that the Uniting Church enter into a Covenant through which the Uniting Church would express its solidarity with the Congress in the struggle of Aboriginal people for justice, freedom and hope. The Assembly agreed to enter into such a covenant. The Congress and Assembly invited John Brown in 1992 to promote the Covenant throughout the Church as Covenanting Convener.

Over the next few years, John visited every presbytery and Synod and almost all major centres across Australia, from North Queensland to Albany, and Broome to Hobart, usually in company with an Aboriginal leader of the Congress. Together they introduced local church people to local Aboriginal leaders, and tried to help them by beginning conversations in which, usually for the first time, they began to talk and listen to one another.

The Uniting Church, with much prompting from John and Congress, decided the Covenant should be formalised with an apology, and solemn statements of commitment in a service of Holy Communion in the meetings of the (national) Assembly of the Uniting Church held in Sydney in July 1994. In the presence of the whole Assembly including most of its past presidents, the President Dr. Jill Tabart read a statement on behalf of the Assembly to the gathered members of the Congress. And the Chairperson of the Uniting Aboriginal and Islander Christian Congress, Pastor Bill Hollingsworth responded on behalf of the Congress. John was given responsibility for drafting and negotiating the Statement read by the President. The texts of both statements are available as Appendix XX. The statement made by Jill Tabart on behalf of the Uniting Church contained the following words, expressing much of what has driven and inspired John's own commitment to justice and reconciliation :

> We lament that our people took your land from you as if it were land belonging to nobody, and often responded with great violence to the resistance of your people ; our people took from you your means of livelihood, and desecrated many sacred places. Our justice system discriminated against you.
>
> We regret that our churches cooperated with governments in implementing racist and paternalistic policies. By providing foster-homes for Aboriginal children, our churches in reality lent their support to the government practice of taking children from their mothers and families, causing great suffering and loss of cultural identity.
>
> I apologise on behalf of the Assembly for all those wrongs done knowingly or unknowingly to your people by the Church, and seek your forgiveness.
>
> The Statement concluded :
>
> In 1988 you invited us non-Aboriginal members of this

> church to enter a covenant with the Congress. We seek to journey together in the true spirit of Christ as we discover what it means to be bound to one another in a covenant. Christ has bound us each to himself, giving himself for us, and he has bound us to each other with his commandment 'Love one another as I have loved you'.
>
> It is our desire to work in solidarity with the Uniting Aboriginal and Islander Christian Congress for the advancement of God's kingdom of justice and righteousness in this land.
>
> We acknowledge that no matter how great our intentions, however, we will not succeed in our efforts for reconciliation without Christ's redeeming grace and the renewing power of the Holy Spirit at work in both your people and ours.
>
> I pray that this covenant will unite us in a multi-racial bond of fellowship which will be a witness to God's love for us all and a constant challenge to the continuing racism which oppresses you and separates us in this land.

Whilst these initiatives were being taken within the life of the Uniting Church, the 1990s also witnessed a growing awareness within the wider community of the need for acknowledgement of past wrongs. The 1991 Report of the Royal Commission into Aboriginal Deaths in Custody marked the start of the formal reconciliation process. The Royal Commission recommended that all political leaders and their parties recognise that reconciliation between the Aboriginal and Torres Strait Islander peoples and other Australians must be achieved if community division, discord and injustice to Indigenous Australians were to be avoided.

Soon after, the Commonwealth Parliament voted unanimously to establish the Council for Aboriginal Reconciliation which was tasked with promoting reconciliation between Aboriginal and Torres Strait Islander peoples and the wider Australian community. National Reconciliation Week was celebrated for the first time in 1996 and John Brown and other religious leaders were asked by the national Council to prepare study and worship resources to enable churches to participate in a Week of Prayer for Reconciliation. John continued to provide such resources for a number of years.

In 1995, in response to growing concern from Indigenous people and organisations about the general public's ignorance of the history of forcible removal of children, the federal Attorney-General, Michael Lavarch commissioned the National Inquiry into the Separation of Aboriginal and Torres Strait Islander Children from Their Families. The resulting Report, presented on 26 May 1997, marked a pivotal moment in the controversy that has come to be known as the Stolen Generations.

The Report made a wide range of recommendations, including

that compensation should be paid as part of comprehensive reparations to the Stolen Generations. This aroused a great deal of public discussion as it also recommended that governments of the day should say sorry to those who suffered under the forcible removal policies through a formal apology. The report recommended there be a national 'Sorry Day' held each year.

Amidst this national debate, Aboriginal people set up a National Stolen Generation Working Group. They invited non-Indigenous people to join with them to set up a National Sorry Day committee. Ningali Cullen (aka Audrey Kinnear) was amongst this group, as was the NSDC's first Indigenous Co Chair, Carol Kendall, and first non-Indigenous Co Chair, Reverend Dr. John Brown. All over Australia, state committees and support groups planned a wide range of events. On Australia Day 1998, the advocacy group Australians for Native Title launched the Sorry Book campaign, which gave hundreds of thousands of Australians from all walks of life the chance to offer their personal apology and say sorry.

The inaugural Sorry Day was held on 26 May 1998–the anniversary of the day the *Bringing them home* Report was tabled. As Carol Kendall said '*The ceremony will validate the experiences of removed people and celebrate the strength, resilience and determination of those who survived these policies.*'

Again John Brown, as co-chair of the NSDC, was called upon to promote and prepare worship and study resources so that churches could appropriately observe Sorry Day, later known as the Journey of Healing.

However, perhaps more than in any other way, John's understanding of, and commitment to, reconciliation crystallised for him one day in 1998.

Sue Blacklock, Gamilaroi elder and Uniting Church member, long nursed the hope that one day ordinary Australians would acknowledge in an appropriate manner the tragic massacre of her forbears at Myall Creek, and the residual pain that remained with her people. Sue's opportunity came in the late 1990s when, at a Uniting Aboriginal & Islander Christian Congress conference, John Brown referred to the massacres that had occurred across the continent and the need for acknowledgement. Sue seized the moment and said she could show him one if he was prepared to travel to Myall Creek, near Inverell in the Northern Tablelands of NSW. John took up the challenging invitation and in October 1998, a conference on reconciliation, initiated by the Uniting Church through John in his capacity as Covenanting Convener, was held at Myall Creek.

At the end of the conference those present decided to erect a permanent memorial. A committee was formed, meeting approximately every six weeks, often involving half-day conferences with Gamilaroi elders from throughout the region.

John literally drove thousands of kilometres from his home base in Canberra, criss-crossing the Northern Tablelands networking with Aboriginal communities, local councils and committed individuals in order to facilitate a process of consultation and engagement. Local townspeople and farmers, encouraged by the Uniting Church involvement, joined with Sue Blacklock, Lyall Munro and other members of the Aboriginal community to plan the memorial. It was to comprise a large granite rock approached along a 500 metres serpentine track, symbolising the rainbow serpent. Their plan included 8 plaques along the walk outlining the events of the massacre, culminating in a statement of reconciliation on the Memorial rock itself. All their efforts were rewarded when the 25 tons rock was lowered into place and the Myall Creek Memorial was officially opened and dedicated on 10 June 2000. This was 162 years to the day from when around 30 Wirrayaraay people were murdered by twelve stockmen at Myall Creek.

The five hundred people who attended the opening witnessed a particularly poignant moment that brought together in an emotional personal reconciliation three descendants of the murderers with several descendants of those who were massacred.

A committee of Aboriginal and non-Indigenous Australians, in equal number, were appointed to protect and maintain the Memorial as an act of reconciliation and in acknowledgement of the truth of our shared history. John has served as co-chair with Gamilaroi Elder Lyall Munro since then until now. Their efforts have resulted in the Memorial being listed on the National Heritage register, as well as the NSW register. In 2005 it was also awarded the Judith Wright Prize for innovative reconciliation work.

Since 2000 around 300~400 people have gathered each year on the June long weekend as an act of reconciliation. The committee has plans for construction of a multi-million dollars education and cultural centre to further the process of reconciliation in our land.

At a recent gathering Kev Carmody sang the song "From little things big things grow", retelling the story of the Wave Hill walkout by the Gurindji people in 1966 which triggered the beginning of the land rights' movement. As Sue Blacklock and John Brown listened to the song, surrounded by 300 or 400 people, they could well have taken quiet satisfaction from the seed of hope Sue had planted and John had cultivated. Indeed, the long held hopes Sue nursed had been in part fulfilled but, as is the case with the process of reconciliation across this great southland, there is still much to be done.

But one thing is sure. Whilst there is life and breath in John Brown, he will continue to be an agent for reconciliation. After all, from little things big things grow…….

# LIVING WATER

## –Celebrating 50 Years of John Brown's Leadership and Services

Gregor Henderson
(Minister at St. Andrew Church,
Former President of Uniting Church in Australia)

Greetings from the rest of the UCA.

In the name of God, Creator, Redeemer and Sustainer.

For several years now space scientists have been searching on the planet of Mars, looking more than anything else for the existence of water. More than once we've had excited announcements of the evidence of water, channels left by previously flowing water, or suggestions that there's water underneath the surface, only to have the evidence come under challenge or be dismissed. As far as I know, the jury is still out.

What's important about the possibility of water on Mars, of course, is that water seems to be a necessary prerequisite for life. The people of Israel thought they were going to die from thirst in the wilderness of Rephidim, they knew they needed water to live.

We could not live without rivers, springs, wells, dams, aqueducts, pipes, the deliverers to us of water. But water is only one necessary physical component for life. At Jacob's well in Samaria Jesus has a rather odd conversation with a woman who has come to draw water. Jesus wants to speak with her about life, real life, and he takes water as an analogy. He holds forth about real life leading us into eternal life, he speaks of God and spirit and worship and truth. Later on in John's gospel Jesus speaks of God's gift of abundant life.

Physical life in one thing, but real life is another–it's life lied in relationship with God our Creator, it's life lived knowing the grace of God, that God loves you and offers you forgiveness, guidance, peace, deep joy ; it's life lived as Jesus modeled it, in intimate closeness with God, in receiving and giving, in loving service to others, in seeking wholeness for yourself and for others, in respect for all God's creation, in working for justice and peace and joy known there. This is the good news, the gospel, brought to us by Jesus, God incamate on earth, and this is the life that is available to us now, in and through Jesus the Christ. "he water that I give" he says, "becomes in then a spring of water gushing up to eternal life".

It's extraordinary good news!

Today we celebrate 50 years of leadership and service given by th Rev Dr. John Brown as a Minister of the Word, a minister of the gospel. Ordained ministers gave a very special and privileged role in the life and work of the Christian church. The Uniting Church's Basis of Union says that church members who are called and set apart to be ministers of the Word are to "preach the Gospel, administer the sacraments and exercise pastoral care so that all may be equipped for their particular ministries, thus maintaining the apostolic witness to Christ in the Church". The best shorthand I know to describe these roles is that ministers are "guardians and models of the gospel". They are an essential part of the church, for we believe they are called by God and gifted by God to fulfil these roles, they are trained and equipped to understand and live out the gospel of Jesus Christ, they are servant leaders of the church, for the whole of their lives.

Over the past 50 years John Brown has given exemplary service to the Christian church, and through that, service to the Australian community and nation and to a fair chunk of God's world. the number of Uniting Church ministers who've contributed as much to the life of church and nation as John Brown could, I reckon, be counted on one hand. John is a scholar, a theologian immensely steeped in the Scriptures with a particular specialty in the Hebrew Scriptures ; his teaching has contributed to many Christians, near and far. John is a missionary, always giving of himself in service to God and calling others similarly to be unstinting in doing the mission God has for them. His missionary service in Korea made him the Australian missionary par excellence, and he is still hugely honoured by Korean Christians today who remember his time there not just with gratitude but with affection. I don't think I've ever met a Korean Christian older than around 50 years who has failed to ask me do I know John Brown, how is John Brown, what is John doing these days?

But whenever I think of John's contribution to the Uniting Church there are three big areas that jump out :

Our international partnerships ; for our size, a small to middle-size Western Protestant church, the number and depth of our partnership with overseas churches, 35 of them throughout Asia and the Pacific, is way more than the norm. And churches overseas hold us, Uniting Church, in very high esteem. John is one of the key figures in developing those relationships. Back in the 70s and 80s he headed up our world mission department, and he did it with commitment, integrity and courage second to none.

Secondly, the place of Aboriginal people within our church. It was in 1985, with vital support and inspiration from John, that our Uniting Aboriginal and Islander Christian Congress was established, as a body led by Aboriginal ministers and members, with close to full autonomy within the church, and the Congress has provided ministry, evangelism, service and advocacy with and for the Indigenous people of Australia ever since. John's vision for the place of Aboriginal people in the church and in the nation was years ahead of other non-Aboriginal church leaders.

And thirdly, also stemming from the mid 80's, the recognition and support of the church in Australia being a multicultural church. John nurtured and grew congregations in this land from all sorts of migrant backgrounds, to the extent that now, 20 years or more on, one in 8 of Uniting Church worshippers every languages and 16 Aboriginal languages.

That's three contributions to this church and this country that no other single person can claim. Little wonder that the name of John Brown creates positive vibes throughout the church still today, 50 years on.

Friends, you probably know that the name "John" comes from a Hebrew name found quite a lot in the Bible, and it means "God is grace". That's a pretty good three-word summary of the good news of Jesus, God is grace. John has believed, loved, served and persisted in preaching and living that good news for more than 50 years now. And he's contributed greatly. May each one of us, using our gifts from God, similarly follow this marvellous good news of the grace of God and live in faithful discipleship to the bringer of this news, Jesus Christ the Lord.

To the glory of God. Amen.

# APPRECIATION TO REV DR. JOHN P. BROWN

National Mission and Evangelism
Uniting Church in Australia

Dear John, As this recent meeting of our Committee was the last one that you would attend as Director for Mission, our Committee passed a resolution expressing our gratitude for your work and your leadership. Dorothy McRae–McMahon prepared the resolution and it was excepted unanimously by our committee. The resolution was as follows :

## Appreciation to Rev Dr. John P. Brown

92–61 : That the National Mission and Evangelism Committee

celebrate the contribution of the Rev Dr. John Brown to the life of the National Mission and Evangelism Committee.

John Brown was the staff person for the National Mission and Evangelism Committee from it's inception in 1985 until December 1989. During that period he had the difficult task of being half time staff for the committee and half time Director for Mission.
This was an enormously challenging task, which John carried out with faithfulness, hard work to the point of sacrifice and deep insight into the nature of the mission of the Church.
As a Committee we benefited greatly from John's wisdom and theological depth. We received breadth of vision from his wide experience of the church nationally and internationally, and many gifts from his experience in cross cultural relationships and his commitment to a multi-cultural church and society.
John gave significant and effective leadership in establishing the committee for consultation with representatives of the Charismatic Renewal Movement in the Uniting Church.

John has been for us a person of humble faithfulness

to the Gospel and one who lives with deep concern and sensitivity as he strives for the well being of all people. We give thanks to God for his passion for justice and truth and for all that he has offered to us as a companion on the way. We pray that God will go with him into his next task in working towards a covenant between Aboriginal and other members of the Uniting Church.

So John, we sent you and Norma our loving greetings and our sense of appreciation for your leadership in the formative stage of National Mission and Evangelism and your support since you became the full time Director for Mission.

God bless you and be with you.

11 December, 1992.

# REV DR. JOHN PERCIVAL BROWN

Ronald Wilson
(Former President of Uniting Church in Australia)

The Secretary
Honours Secreatriat
Government House
CANBERRA ACT 2600

Dear Sir/Madam

I am enthused by the suggestion that consideration be given to the admission of the above named to membership of the Order of Australia.

Through our common involvement in the life and work, first of the Presbyterian Church of Australia and later of the Uniting Church in Australia, I have known Dr. Brown for something like twenty years. As long as I have known him he has been an indefatigable, courageous, unassuming and selfless worker for the less fortunate and for the cause of justice and peace both in Australia and throughout the world.

I first came to know him when he returned from missionary service in Korea in the early seventies and took up office as General Secretary of Board of Ecumenical Mission and Research (BOEMAR) in the Presbyterian Church of Australia. This enabled him to exercise his gifts of leadership and advocacy on behalf of aboriginal people, a role which he has continued to play ever since and which has proved of enormous value in the life of the Church and nation. The work of BOEMAR extended to the maintenance and expansion of the Church's relationships with overseas churches. Experience gained in this area laid a foundation for Dr. Brown's rise to prominence in ecumenical church relationships internationally.

With the formation of the Uniting Church Australia, Dr. Brown has continued to provide imaginative and aspiring leadership in these two areas and also in laying a sound foundation for the emerging multiculturalism in Australia. On entry into Union in 1977, he became the General Secretary of the Commission for World Mission in the Assembly of the

Uniting Church and presently holds the office of Director of Mission in the Assembly.

Dr. Brown is widely respected here and abroad as an authority on the theological imperatives undergirding the unity of all humankind, imperatives which find expression in issues of justice, peace and respect for the integrity of creation throughout the world. In my opinion, Dr. Brown has proved to be a great Australian and richly deserves to be recognised as such through admission to membership in the Order of Australia.

Yours sincerely.

13 March, 1992.

# MY FRIENDS, THE BROWNS

Myung Hwa Park
(Minister at St Columba's and Canberra City Uniting Church)

John said "Just call me John because it is the customary thing to use a person's first name in Australia. If you call me Rev Brown, I will have to call you, Missionary Park".

I was young enough to be one of his children, but Rev Dr. John Paul Brown AM asked me to call him just John and ever since, I have called him John. I have known John for the last twenty six years, firstly as the Director for the Commission for Mission of the Assembly of the Uniting Church in Australia, then also as a theological college lecturer, as my minister's husband, as the minister who co-celebrated my marriage with

Rev Norma Brown, his wife, as my referee for every application that I've prepared during my life in Australia, as a colleague in ministry, as a friend, as part of my family in Christ.

I first met John in November 1987 when I had just finished a program for returning missionaries run by a Catholic organisation. I went to the World Mission Department of the Uniting Church following a suggestion from the Mission Institute at the close of the course I had just completed. From the moment John met me, he treated me as if I was long lost friend and listened carefully to what I was interested in doing.

And there and then, he introduced me to Rev Dr. Graeme Ferguson, the principal of United Theological College. This was the beginning of my contact with the Uniting Church in Australia and one of many moments when John listened carefully to me and made himself a stepping stone to smooth my life's journey. John's approach is always to take an action straight away if he sees a way of being helpful. John's actions always arose out of his thoughtfulness.

Early in my theological training, I had to do some field education and the coordinator of the course suggested that I should do it with Rev Norma Brown who spent twelve years in Korea as a missionary alongside John. After they returned from Korea, Norma worked as a teacher and a chaplain. Then Norma went to theological college, was ordained, and was working in Lakemba in her first ministerial placement.

I had regular meetings with Norma in her role as a supervisor to talk about ministry. I learnt so much from her disciplined approach to her own role. Whenever I sat with Norma, she was like a mirror helping me to reflect on my limits or poor understandings. I came to greatly value her humility, her honesty and her guidance.

Norma treated me, a young student who was only about her daughter's age, as a friend and colleague. She willingly involved me in all aspects of her ministry and fostered my relationships with other ministers by taking me along to different minister's gatherings. Although it was a brief period of field education with Norma, she helped me to gain familiarity with Australian church life and encouraged and empowered me to be a confident candidate for the ministry. With her special gift of encouragement Norma has also provided invaluable support to two other Korean women candidating for the ministry. I often wonder whether Norma ever considered that her mission to Korean people was continued to Korean students in Australia after she returned from her missionary life overseas.

John taught Old Testament at the theological college and he was so like the prophets in the Old Testament, I often confused Isaiah with John! One of John's gems of wisdom which he imparted to his students was that we, like him, are called to always think and pray about what the church should do in society as we engage in God's work in the world.

After he finished his role as National Director for Mission John, as the church's representative, engaged in the significant work of endeavouring to bring about reconciliation with indigenous Australians. Through this vital ministry, seeking acknowledgement for past wrongs from white Australia and forgiveness from Aborigines, John's ministry was like a prophetic voice in the wilderness. At the same time John also aimed to establish reconciliation between people in the church and the range of other groups of people represented in Australian society.

John's work for Aboriginals and other Australians, as well as the many migrants who came to Australia later, included establishing a multicultural policy for the church and helping migrants to set up their own ethnic congregations. On a more personal level, John and Norma played a significant role in helping me, as an exit student, discern my calling to a ministerial placement that was very different to more conventional ministry placements for new ministers.

Norma and John helped me to respond to a call to Cross Culture Ministry by affirming my talents from my various religious experiences with Buddhism, Christianity, Islam and Hinduism as well as my multicultural experiences from living in Korea, Pakistan and Australia. Like John, Norma had a passion for promoting multicultural inclusivity in the Uniting Church. Lakemba parish where Norma ministered included many different migrant groups. People from Lebanon numbered almost as many as locals who had been in the area for generations. The continuous movement of Muslim migrants to the area meant that it included a very large Lebanese mosque.

The efforts of John and Norma were like those of a midwife helping to create a cross cultural ministry within the traditional church. They facilitated the church being able to respond to the emerging needs of migrants, people often isolated in the community while coping with rapid change. In the process the Browns also demonstrated the importance, as well as the possibility, of engaging in dialogue with other faiths. I wonder how much more slowly these new ministry outreaches would have taken to establish if John and Norma had not worked as pioneers and missionaries?

After my ordination, I had to go back to Korea and it was Advent season close to Christmas. John made a Christmas cake which is a rich cake made of lots of dried fruits for my family as a gift. I had to carry the cake, which weighed almost a kilogram, safely to Korea and introduce it to my family as the Australian equivalent of Korean rice cake. My mother, who had never tasted such a thing before, cut it in the same way she would have cut Korean rice cake, traditionally sliced into very large pieces and served to others. Everyone took this big piece of Christmas cake, bit off a large mouthful, then said, "This is too sweet for our taste" and pushed their plate away. They didn't know that Australians take a small slice of Christmas cake because it is so sweet, quite unlike Korea's rice cake!

So in my first ministry placement I worked as a Cross Culture Minister with Norma as my colleague. During this time my relationship with Norma changed from the relationship we had previously enjoyed as supervisor and student minister, to that of colleagues and fellow team members. But in some ways our relationship didn't change because the trust and respect which had always been there continued to be true, and furthermore our friendship got deeper.

Norma was a significant part of my professional development, as my senior minister, my supervisor and my colleague. Her input into my personal life was just as significant. Together with John, she conducted my wedding, baptised my child and became my most experienced life guide, helping and directing me. When I became a mother with young children, Norma advised me as an experienced mother who had grown up children, that whenever possible I should be at home when the children came home from school. She knew how important my ministry was to me, but she also reminded me of the importance of family as an integral part of ministry.

As a colleague, Norma always modelled for me the importance of planning and preparation in the ministry. A prime example of this is the consistency with which my first Christmas card each year is from the Browns. And not surprisingly, considering John and Norma's custom of sharing their lives with others, seeing little gift boxes under the table in their house as early as November ready for Christmas. Norma's habits of discipline and organisation influenced her whole life style. She had a set day for washing the household linen no matter what the weather was like! This may sound rather regimented but for me it demonstrated the importance of ministers planning their lives to serve others not for what is convenient for themselves.

John and Norma live a simple life of humility, without waste or luxury. One memory that I have of them in the early days was while I was helping them do the washing up after a meal. As a Korean, I usually washed the dishes with running water, leaving the tap on continuously, but in John and Norma's kitchen, they only use a small amount of water for washing the dishes. When there was a drought in Australia, Norma not only carried out their usual practice of using the minimum amount of water for washing, but also re-cycling the used water for the garden. Although this little act of water conservation might not make a great difference to the big picture, Norma intentionally practices the values her mind and conscience have adopted.

For many years the Browns had what looked like an antique manual toaster in their kitchen until their children got an automatic toaster for them. I had changed and updated a couple of toasters during that period, even though I don't eat toast every morning like John and Norma. I've decided that it is almost impossible for me to live Norma and John's simple life style!

On one occasion, I saw a spoon with a familiar shape in Norma's kitchen drawer. So I asked where she got that spoon. Norma said it was from her time in Korea when she was a missionary. She has been using the Korean spoon for more than 50 years! One day a Korean women elder who was staying at John and Norma's house as a guest saw their tea sets, all with different patterns. Norma had quite possibly collected the individual cup, saucer and plate sets in preparation for her wedding as a young woman, or been given them as special gifts. The Korean woman did not know about collections of odd sets of beautiful crockery, so thought that poor Norma didn't have a proper tea set. So she gave a full set of tea cups and saucers to Norma as a gift!

A unique church feast celebration that is connected with John and Norma is the Dawn Service on Easter Sunday which, with the Browns, becomes breakfast with fish. This special variation of the Easter Dawn service was started by John and Norma and has happened each year wherever they are. An

Easter Dawn service watching the sunrise in a local park or at the lake side is a deeply moving and meaningful experience of new life which I find incomparable with anything else. The yearly tradition of combining the service with a fish breakfast makes this unbeatable, more especially because the fish is incredibly tasty having been freshly caught by John himself for this occasion.

After 10 years in her first ministry placement in Lakemba, Norma moved to Canberra as the minister of Canberra City Uniting Church. There are always a large number of overseas students at Canberra City Church and John and Norma looked after them as if they were their own children. Especially on Christmas day John and Norma would invite any isolated students to Christmas dinner at their home. They didn't want anyone to feel homesick or lonely on this feast day.

After fifteen years of ministry in Australia, my family and I went to Ireland, my husband's home, to recharge my spiritual life and to discern God's will for my future ministry. John and Norma were very sad that we were leaving Australia but they told me "Although it is a great loss for Australia, it will be a gain for Ireland". This reminded me to live a useful and beneficial life for others wherever I am.

After four years of living in Ireland, my family and I decided to return to Australia and agreed to settle in Canberra because we felt it was important to be close to "family", John and

Norma. They provided a sense of home for us when we returned from overseas.

Even after retirement, John and Norma continue to serve the church with passion and faithfulness. Both of them are close to 80 years old and they are still willing to lead services, provide pastoral care and contribute in many meaningful ways wherever they are needed.

When my husband was very ill with a brain tumour, he wasn't able to think well. At one time he expressed a desire for someone to help him to pray. I had no hesitation in asking John and Norma to help. Our friends, our Australian family helped my husband at the time of his great need. I wonder how many parents have filled such an important role for their children?

John and Norma are sincere disciples of Christ. There is no gap between their lives and their ministry. After two lifetimes of faithful service they are still living witnesses to the joy of the gospel. To me, they are still teacher, minister, colleague, friend and family made in Christ. Ever since we met twenty six years ago, John and Norma are still John and Norma to me. And I thank God that they have been part of my life.

# JOHN BROWN : MAN WITH A MISSION

Marjouie Lewis-Jones
(Journalist)

Rev Dr. John Brown has moved into a part-time position to help the Uniting Church embrace a covenanting process between Aboriginal and non-Aboriginal people.

Some say the former Director of Mission in the Commission for Mission, is making a radical shift. To John, it's logical step …… And a step that takes a commitment to evangelism and justice that has fuelled 20 years of work in key national church leadership positions, into a new situation of enormous potential. MARJORIE LEWIS-JONES searches to find the man behind the mission.

John Brown's body has that rough-hewn look. And when he tells me he was "Moulded by the earth" I'm not surprised. It's a strong, tree-like body he inherited from his father. From his mother comes a capacity for hard work. Planting, trapping, digging, darning, milking, and baking, she fed and clothed eight children while her husband served in both wars.

As a boy, when there wasn't any church on Sunday, John would go deep into the bush. He'd find energy there and a "community" with the soil. He learnt to love the land and to encourage it to produce. Even now when he talks about trying to remove the "logs" that block people from using their gifts, I see the strapping young farm boy pulling them away.

## A grower

John Brown is a grower. Ask any who've been on the receiving end of the sweet peas or roses from his garden. Ask the Korean churches who still honour and praise his work there. Ask the ethnic-migrant congregations he's supported in their struggles for recognition. Ask women who have needed justice. The ecumenical movement. Or Aboriginal people pressing for land rights.

He digs. He plants. He tends. He waters. He prunes.

Over 20 years he's helped nurture the mission direction of the Uniting Church and one of its predecessors, the

Presbyterian church. Over 20 years he's seen the church 'grow up' and become more inclusive : with an increase in Aboriginal leadership ; women participating more in decision-making ; and as many as 20 different ethnic communities now having congregations that are part of the Uniting Church. The Commission for Mission, formed in 1985, has given significant leads in all these areas under John's direction.

## What soils?

But what of John's own growth? What soils have made him the person he is today? A man respected internationally in the ecumenical scene, yet who still sees himself as a "grassroots" person. A man who preaches in local churches several times every Sunday, and usually in two languages. A man who talks about "the waiting love of God", and God's compassionate "womb love". Who says he sees the Holy Spirit as a mother encouraging a baby to take its first step, standing out in front, beckoning : "calling you on to the next step of faith, into the next step of being".

John spent formative days in the '50s at theological college in Melbourne. And he praises the tutelage of Davis Mc Caughey, Hector Maclean and George Yule and their affect on him as a young "fundamentalist".

During his missionary term in Korea, where he served as an

Old Testament lecturer, it was the farmers and students who greatly influenced his understanding of God.

"In class we'd be studying Amos", John says, "and God's call to let justice flow down like waters and righteousness like an ever-flowing stream. At the same time one of our students was jailed three times in one year and his church was bulldozed three times. …… This was a slum church and the slum dwellers rebuilt it every time".

On another occasion an industrial worker was stabbed to death by thugs hired by management. …… and one of the students stayed with the body for weeks while the family struggled to get compensation.

"All the while I was giving sermons on the horizontal and vertical dimensions of Christian faith. …… the call to love God with all your heart and to love your neighbour as yourself."

## Justice and proclamation

It was in this crucible that John discovered justice and proclamation must always go hand in hand. He learned that the gospel is about going with Jesus "outside the gate" to those who are marginalized and participating with these people in their struggles for justice.

It's a credo he'll take with him wherever he serves. As chairperson of the Commission on World mission and

Evangelism of the World Council of Churches for example. As he writes about the changes in mission theology he's seen over the last 35 years. As he supports his wife Norma in her ministry in the Lakemba parish in NSW. Or as he explores the different theology of mission many women have. A theology of "being". A theology about "relationships and mutuality and interconnectedness" that sees "being the community of the Kingdom of God as a precondition for proclaiming it".

There's no doubt that a desire for justice and what he calls the "announcement of reconciliation" will underlie all John's actions as the national covenant coordinator.

And the time is ripe, he believers, for a move towards a greater emphasis on covenanting. The covenant process he describes as : "building relationships characterized by a commitment to struggle together for justice between Aboriginal and non-Aboriginal people".

One sign that he 'land' is ready, he says, is the Mabo case High Court decision, which dealt a blow to the myth that Australia was virtually unpeopled when migrants arrived here just over 200 hundred years ago.

Another is that while the Uniting Aboriginal and Islander Christian Congress (UAICC) invited the rest of the Uniting Church into a process of covenanting in 1988, the Federal Government has just recently commenced a process of reconciliation between Aboriginal people and non-Aboriginal

Australians.

"In a way", says John, "we're currently in a position to offer some leadership and some content to the whole process of reconciliation nationally".

"We now have an opportunity to build a different kind of relationship based on respect, listening and understanding, that we didn't have before the Mabo Case decision."

## What vision for the future?

So what does John hope for the next 20 years of the Uniting Church?

He'd like to see congregations in every place that are open to the community around them and which articulate their faith in a "like affirming way".

He'd like to see a church whose worship life gives hope and is closely connected to the "nitty gritty" experiences of ordinary people.

He'd like to see a church that is open to the most marginalized and whose relationship to Aboriginal people is devoid of the "patronizing and paternalistic".

He'd like to see a "rainbow church" one of the symbols that have come out of reflections on the many cultures that constitute the Uniting Church.

He'd like to see a church that affirms that Jesus Christ gives fullness of life to all ; a church that denies and fights against all that diminishes life. A growing church.

And for himself? What of the future?

There'll be work of course. And plenty of it. There's family too ; Norma, three children and some grandchildren. As well as a few close friends to spend time with…….

In his spare time, we can be sure he'll be doing what comes most naturally going deep into the bush to drink in his surroundings, and to sit.

He'll also "paddle" in the garden, planting cuttings and seedlings.

John Brown, the grower, will be busy.

('Insight', March, 1993)

# JOHN P. BROWN AN AUSTRALIAN MISSIONARY

Myong Duk Yang
(Director for International Relations, Korea Host Committee for the World Council of Churches 10th Assembly)

## 1. Introduction

The year 2012 was a commemorative year for Reverend John P. Brown. Special services were held in celebration of the 100th anniversary of the founding Presbyterian churches in Korea and establishment of General Assembly of Presbyterian Church of Korea. John Brown of Australia was present at the celebration along with some other representatives from partner churches in overseas.

Not only did John take the podium at the Centennial Worship

hosted by the Council of Presbyterian Churches of Korea in September of 2012, that same month he also received an appreciation award for his service at the commemoration of the 100th General Assembly of PCK and preached a sermon at the 60th anniversary of the founding of Ilsin Christian Hospital in Busan. In 2012 alone, he has made three trips to South Korea. Somehow or other he has become the de-facto representative of churches in Australia whenever there are major events in the churches in Korea.

This article is written as reference material for scholars and students who will make inquiries into the life and works of John. However, the words contained in this paper can only go so far as even now he diligently pursues work of reformation and transformation. Any written work in such circumstance will contain many inadequacies. Nevertheless, the written works contained in it are a necessary resource on the churches' mission in Australia and Korea.

This writing has arranged John's works and accomplishments into five broad categories. They are 1) missions to Korea, 2) work in the National Assembly of Uniting Church in Australia, 3) ministry among Korean Churches in Australia, 4) mission in North Korea, 5) work for and with the Indigenous population in Australia. While the paper focuses on those categories, this author has endeavored to record other contributions he has made as well.

## 2. John Brown, The Young Man

John was born the fifth child of eight on September 24, 1933, in a rural part near Mt Gambier, Australia. His great-grandfather emigrated from Scotland in 1839. At the time of his birth his parents led a difficult life in pioneer dairy farming and raising livestock. His father served in World War I and also served in the Australia's Coast Guard during World War Ⅱ. Though his mother possessed a strong sense of responsibility in raising eight children, young John proved a reliable helper as he grew up learning values of diligence and frugality.

He grew up and left home to attend Hamilton High school. Later he recalled in an interview concerning his time at the school, "I was able to attend the school because my older sister, who at the time worked at the local Post Office, paid for my boarding out of her paltry pay." (Christian Review, May 12, 2012) At the same time he continued his church life with zeal. Rather than limiting himself to participation in Evangelical Union at the school he served as a weekly Sunday school teacher at his church. John grew up in a home where they instilled in him pious values that brought to remembrance the prayers his mother taught him. The combination of instruction from a devout home and the fundamentalist biblical education from his local church has built him into a man of deep-seated faith.

As a young man growing up on a farm his dream was to attend a medical school. Unfortunately due to his father's illness he had to return home in his final year of high school to help on the farm. As a result the score on his entrance exam suffered and he had to renounce the idea of becoming a doctor. Two years later he was accepted into the University of Melbourne where majored in Philosophy and Middle Eastern Studies with an emphasis on Hebrew and Aramaic. His choices were influenced also by his desire to know more of Scripture and his love for languages. Though he had received many accolades for his skills in French during high school, when you witness John's mastery of the Korean language you will agree that he has an exceptional talent for languages.

The year John was accepted into the University of Melbourne 1952, was a significant turning point in his life. At the time Melbourne was deluged with reports and photos of the Korean War, information on the planned deployment of Australian troops, cities in Korea devastated by the war, and long processions of refugees. Moreover, two Australian missionary sisters were in Korea working to establish Ilsin Christian Hospital in Busan. He ravenously scoured through a Presbyterian newspaper every week to know all that was going on in Korea. It was during this time his youthful heart was set ablaze with a call to missions. And in 1954, John sent an application to serve as a missionary in Korea to the Mission Department of General Assembly of Presbyterian Church of Australia.

Something else noteworthy took place during his years at the University of Melbourne : he met his life's companion, Norma. He started to court her after meeting her at a Christian student group. They married in 1957. Even before they were married they had already promised to go to Korea together as missionaries.

John, appointed as a candidate for Ministry of the Word and Sacraments by the Presbyterian Church of Australia, studied theology at Presbyterian Theological College in Victoria (Ormond College). Since then he has confessed that he was filled with arrogance on account of the fundamentalist faith he had learnt as he was growing up. "I still cringe at the arrogant attitude I took with me to theological college, my attitude being that theological college was a necessary doorway to Ministry, but nothing that they taught me there was going to change what I knew to be the truth." (John Brown, 'After 50 years of ministry', unpublished paper, Date unknown). Fortunately, he met many good professors at the seminary. Davis McCaughey, who became the first president of the United Church in Australia, in particular, had the greatest impact on this young pastor to be.

John was ordained in the Presbyterian Church in 1958 at the age of 24. He served as a pastor at Bairnsdale and Omeo, as well as a Christian education staff in Gippsland and Latrobe Valley Presbyteries. During this time he received a telegram from the Mission Department of the Presbyterian Church where, six or seven years prior, he had applied to become a missionary to Korea. It requested that he confirm whether or not he was presently ready to leave for mission.

Despite the fact that Bairnsdale congregation extended an invitation for him to be their pastor in charge the very day the inquiry arrived, John did not hesitate in his decision to become a missionary to Korea. After completing a short term training at All Saint Mission Missionary Training College John, together with his wife Norma and two year old son Michael, left Australia to set foot in Busan, Korea, a strange land and little known.

## 3. Mission to Korea and John Brown

At that time the Australian Presbyterian Mission was not able to send as many missionaries to Korea as they had done previously. Most missionaries at the time of Japanese colonial rule in Korea, Australian missionaries in particular who steadfastly rejected Japanese Shinto worship were forced to leave the country. Even after the liberation from Japanese rule there were only six missionaries from Australia up to 1950 and only thirteen in the 1950s. Even as Korea was in the midst of difficult times, the Australian Presbyterian Mission lacked the means to send out missionaries due to economic difficulties and shortage of candidates brought about by the two World Wars.

Then as a new decade began, the 1960s, missionary mobilization was reinvigorated as the economy improved and there was a renewed interest in mission. It was at this time St. Stephen's Church in Sydney became a partner with John in his missionary work supporting him and his family for ten years. He frequently sent to the church written letters that contain accounts of his work in the mission field during the years. These letters now reside in the Mitchell Library in Sydney.

As soon as he arrived in Busan, John went straight to Jongno in Seoul where he took up residence with missionaries from the United States. His priority was to learn the Korean language and culture. He dedicated himself for about two years to learning the Korean language. He enrolled in Yonsei University's language school, all the while receiving private lessons in order to acquire Korean language skills essential for use throughout the rest of life. It was then that he also acquired his Korean name, Jo-eun Byun.

Subsequently John began working in the Masan Presbytery of the Presbyterian Church of Korean which is located in Kyongsang Province, in the south-east of Korea. It is reasonable to ask why John chose to establish his ministry with the Presbyterian Church of Korea (also known as Tonghap) rather than with other Presbyterian denominations. The Australian Presbyterian Mission previously had rejected Japanese Shinto worship during their colonial rule and had been forced out of Korea as a result. During the period immediately after Liberation in 1945 conservative American Presbyterian missionaries were filling the vacancies in the Kyongsang Province area left in the wake of the slow return of the Australians. Disparities existed between the fundamental faith of the American missionaries and the theology and practice of the Australian missionaries. According to Sang Gyu Lee's article 'The Presbyterian Church of Australia and the Korean Church', the Kosin church (formal name is The General Assembly of the Presbyterian Church in Korea) leaders who advocated reforms rejected the theology and lifestyle of the four Presbyterian denominations including the Australians that existed since before the liberation of Korea while vehemently adhering themselves to the orthodox and traditional Presbyterian churches(Tales of Two Churches : Australia and Korea, p. 50).

In the end, the Presbyterians divided in 1952 giving birth to the General Assembly of Kosin. Furthermore, a General Assembly of Hapdong held in 1959 to resolve issues of membership in the World Council of Churches instead brought about even more divisions. The Presbyterian Church of Australia, which was a member of the World Council of Churches, naturally related to the General Assembly of the Presbyterian Church of Korea. At an interview much later, John confessed, "When I arrived in Korea, I had no other choice, The Presbyterian Church of Korea was the only church with which I could establish an official relationship(Christian Review, May, 2012).

As a member of the Masan Presbytery, John made his rounds through the churches in Geoje Island, Changwon, Kimhae, Changnyung and Milyang region caring for them as preacher, educator, and evangelist. He was allocated these churches by the presbytery only because the Mission Department of Australia provided a jeep for him. As clumsy as his Korean was at the time, he prepared, memorized and preached foreign accent and all, his first Korean sermon in as many as 45 churches. Keeping in mind the deep division happening among the Presbyterian churches, the theme of his sermon was from 1 Corinthians chapter one, the oneness of the Church.

Living with farmers, John started to think that improving the quality of the livestock would improve their livelihood. Growing up under parents who have been farmers all their lives his thoughts naturally turned to the livestock in Australia. Thoughts of ways to improve the livestock and provide extra nutrition in the diets of the rural people came to his mind. Ultimately, while on vacation in Australia in 1966, he brought back from there white pigs and Saanen goats. The Mission Department allowed him to raise funds privately to purchase the animals and get them to Korea.

A local newspaper, Gippsland Times, wrote a story introducing the 33 year old John. Included in the story were the details of how the pastor herded the nine top class goats and five pigs onboard the ship, as well as how he fed and cleaned up after them throughout his six week journey across the ocean. The newspaper also reported how the pastor undertook this project after witnessing the poverty and primitive farming methods even quoting John who said, "Just one goat to a family can make a tremendous improvement to their diet." (Gippsland Times, 13/8/1970. 6.) The story also reported the cost of transporting animal cargo was $700. In Melbourne a newspaper, The Age, also containing a report of the event including a photo of John loading the goats onboard the ship still remains as an interesting historical record.

After returned to Korea with all the livestock John worked diligently in breeding and quality improvement on the farms in the Changwon region ; even to the point of writing an instructional booklet on how to feed and raise the pigs. What's more, he bred and distributed the young goats and pigs to farmers in Geoje and Masan regions on a trial basis. However, these few pigs and goats would noticeably improve the lives of farmers' lives. There were those who lost pigs to pay off debts even as pigs in other household did not do so well because the farmers had not the means to care for them well. Despite all these facts, many today recall those days and speak of how one's parents raised a pig they had received or how one grew up drinking milk from a goat they received. Albeit the undertaking may not have been a big success, but to many they are treasured memories, stories that inspire.

John started teaching Hebrew language and the Old Testament at the Presbyterian College and Theological Seminary in Seoul in 1964. To say that the Hebrew language he studied in the University in Australia would be useful is a given. But his true talent for and grasp of the language can be seen by the booklet titled 'Let's Learn Hebrew', he had put together to help the Korean students. Every other week he would travel by train from Masan to Seoul where he would lecture for two days at the school. He also took time to work on his postgraduate studies. Then in 1969, after completing his missionary work in the rural regions, his whole family moved to Seoul where he assumed the position of a lecturer full-time. During his time teaching at the Theological Seminary he had the opportunity to train numerous students ; many have become leaders of the General Assembly, schools, institutions, and churches today. Also among them are some that have come to Australia as students and pastors, Rev Kil Bock Hong, Rev

Myung Jin In, Rev Seong Gi Cho to name a few. John is still regarded as their teacher and continues to be honored by them.

We are able to get a glimpse of John's work during his days as a lecturer of seminary through a story that was told by Kil Bock Hong during an interview, "We took an exam after we listened to John's series of lectures on Isaiah 40~55. When we received back our answer sheets after several days we saw something truly unbelievable. A missionary who had been in Korea less than 10 years corrected the answers one by one using a red pen. It was a total surprise to see how accurately he pointed out every Korean spelling error the students made." ('Rev John Brown, An Australian Friend for Koreans', Phillip Yoon, New Dong-a, 2011)

John, a man who was teaching a course on prophets in the Old Testament at a theological university, would come to face an event that would challenge him in a huge way. Some of his students, because they joined Korea's pro-democracy and labor movements were put in jail or otherwise forced to be absent from school. John not only began to see the meaning of the cry of Amos, "Let justice roll down like waters, and righteousness like an ever-flowing stream"(Amos 5 : 24) around him ; he also began to understand, in particular, how to apply the Gospel he preached in the real context. During this time his lectures on prophets gradually took on deeper meaning and had such impact on him that it developed into a strong theological foundation for John. It was not by coincidence that many of his students joined the popular movement and prodemocracy movement.

While at the Presbyterian College and Theological Seminary John was close with professors like Joo Sun-ae, Park Chang-hwan, Lee Jong-sung, and Kim Ee-tae to name a few. He was the only one with a car and it was his practiceto pick up some of them and take them to the school. And in 2001, at a service commemorating the 100th year of the founding of the Seminary John received an Honorary Doctorate in Theology from the school.

Besides his teaching work at the university, he also functioned as a representative of Australian Presbyterian Board of Mission, working closely with officials of the PCK General Assembly. He held regular meetings with both the representatives of the General Assembly and missionaries from overseas to affect policies and practices of missions in Korea. In fact, the work he did with representatives from the United Presbyterian Church of USA, the Southern Presbyterian Church of USA, the Presbyterian Church in Australia, to reach a written mutual agreement would later serve an important role. As the Korean Church grew and times changed the system of cooperation among mission groups also changed. In those times when the system of co-work changes, agreements such as the mission memorandum or mission agreement was used to adjust how things are done and reconcile relationships.

Even though the agreement or declaration may require more close study, such matters as mission assignment, personnel, finance and holdings, operational direction of joint missions, and raising up leaders have been documented. John remained a major player in the effort to realize the memorandum of understanding for the 2011 Joint Missions to North Korea (Tales of Two Churches : Australian and Korea, pp. 362-403).

We will be able to get a brief glimpse of how John viewed the relationship between the Korean Church and missions in the text that follows. "Korea has gone from a mission field that Australia has unilaterally given to since before the Korean War to become partners with those who aspire to build the country into a Kingdom of Christ through equality and mutual cooperation"(Mission Review, April 4, 1989, p. 12). John viewed the Korean Church as a mission partner. Such a view of missions will ensure his ministry will remain consistent in the future.

John returned to Australia in July 1972 due to an invitation to a position at the General Assembly of Presbyterian Church of Australia. After wrapping up his ministry of 12 years in Korea he returned with his wife Norma, his son Michael, his Korean born daughter, Alison and his adopted daughter Soon-ja.

## 4. The Uniting Church in Australia and John Brown

Having returned to Australia, John started work as the Superintendent of the Board of Ecumenical Mission and Relations at the Presbyterian Church of Australia. The work continued until the majority of the Presbyterian Church of Australia joined in the Uniting Church in Australia.

John continued his ministry as the Secretary for World Mission in the Uniting Church in Australia after its formation. Through his ministry the relationship that existed between the Korean and Australian churches transitioned effortlessly to the Uniting Church in Australia. This relationship still continues today.

Even in the midst of re-structuring of the Uniting Church in Australia, John has had significant impact on both foreign and domestic missions through his work as the Director for Mission which lasted until 1992. There are several accomplishments of John from his work at the national Assembly level that are worthy of mention : accomplishments such as the establishment of policy for world missions, support of domestic evangelism, establishment of policy regarding multicultural churches, supporting of the Aboriginal Congress, sponsoring Korean diaspora churches, and one that needs no mention strengthening the solidarity between Australia and Korean church.

At the 4th National Assembly that was held in 1985 the Uniting Church in Australia declared, 'The UCA is a multicultural church'. In light of the fact the declaration originated from the World Mission Department of which John was the Director it is easy to surmise his theology and leadership had a good impact on the decision. While two agendas at the Assembly, the declaration and the establishment of the Congress for Indigenous members, passed together. It is the changes in Australian society that has brought about a new direction for missions and the reformation to strengthen the rights of minorities and the weak within the church.

In the 1970~1980s, Australia accepted many immigrants from Asia and the South Pacific, their numbers swelled quickly. John could see the demographic changes in the communities around the church. Many immigrants such as Koreans, Tongans, Japanese, Samoans, Chinese, Fijians, Filipinos, Indonesians, Vietnamese, Middle Easterners, and more were looking for a church that they could call a home. John assisted in order for them to lead a life of faith within the Uniting Church with a sense of belonging through the use of church properties, invitations to their pastors, and encouraging them to worship in their languages and in their cultural style.

Furthermore, John provided opportunities for the immigrant

pastors to meet regularly sharing their difficulties and joys in their pastoral duties. He also encouraged them to attend and participate in the meetings of presbytery and the Synod according to their own conviction. Within this context, the understanding of multicultural ministry and theology which was developing in the Uniting Church in Australia also became an important part of the identity of the Church. Subsequently, the Multicultural Ministry Department at the National Assembly, and later, a Korean Presbytery in the NSW Synod was established.

During his tenure as the Director for Mission at the National Assembly John was actively involved in the Ecumenical Movement and beginning in 1975 he was appointed to the Central Committee member for seven years. Additionally, he worked as member of the Commission on World Mission and Evangelism of the World Council of Churches, as well as Rural and Urban Ministry for thirteen years. John made a significant contribution to the policies and practices on mission and evangelism for the churches in the world.

One thing worthy of mention in the relationship between John and the Uniting Church in Australia concerns the submission of his name as a candidate to become the President of the National Assembly. At the time, not only was he already well known to the representatives and staff of the Assembly but he also led discussion on many major agenda items. The supporters of John were so confident that he would be elected as president that they refrained from campaigning for his candidacy. But the result was one of unexpected surprise. A more conservative candidate, one from a Methodist background was elected. This may show the church had great interest in the local evangelism and church growth at the time. Although he was disappointed at the time, this left John free to work full time for the next few years at relationships between Aboriginal people and other Australians.

Upon his retirement as Director for Mission, National Mission and Evangelism of the Assembly passed these words of appreciation to John.

"This was an enormously challenging task, which John carried out with faithfulness, hard work to the point of sacrifice and deep insight into the nature of the mission of the Church. As a Committee we benefited greatly from John's wisdom and theological depth." (UCA Assembly, B201, 92-61, 11 December, 1992)

## 5. Korean Churches in Australia and John Brown

The first Korean churches in Australia were established in Melbourne in 1973 and Sydney in 1974. It was not a coincidence that Australian missionaries who had completed their work in Korea were involved in the planting of these two Korean churches. The knowledge of the Korean language and culture they acquired while in Korea along with their understanding of Korean churches could not be anything but a great asset to these immigrant churches. What's more, if one of those former missionaries worked in the Mission Department of the Assembly it was icing on the cake. John was such a man. He possessed all the attributes that made him a great asset to the Korean diaspora churches.

But the most important attribute he possessed was his affection for the Korean Church for whose pastors there was no greater benefactor.

One denominational leader from Korea visited Sydney in 1974 which led to a meeting of some Korean lay leaders at John's home. At the meeting, they shared the loneliness of migrant life and need for spiritual support. A plan for establishing a Korean congregation emerged to comfort and strengthens one another. The first worship service took place on September 8, 1974 at a Congregational Church in Redfern. There were seventy people in attendance and the invitation to the service contained the purpose for which the church was established. A portion of that purpose is found in the text that follows.

"Fortunately, we now have, in Sydney, pastors and priests who are able to lead worship for us in our own language. Strengthened by their sacrificial service and thankful that we

Koreans can finally come gather as a church, we earnestly hope that everyone's active participation will bear much fruit." (Thirty years Korean Ministry in Australia, Yang & Pearson ed, Sydney, UTC, 2004)

In this manner John became the first founding pastor of a Korean church in Sydney.

In addition there are a number whom John sponsored to come to Australia to pastor or to study. Rev Myung Jin In was one such man. John not only provided financial support to him but also provided an opportunity to study further. Myung Jin In worked for Yeongdeungpo Industrial Mission in Korea and was jailed for his work with both the labor and human right movements. By means of regular reports and developing news about his ministry with the industrial mission in 'Mission Partners' magazine of the Assembly, John was able to lead advocate groups within Australia.

Some of the few who have benefitted from John through scholarships or sponsorships are Rev Kim Ee-tae, Rev Kil Bock Hong, Rev Seong Gi Cho, Rev Eun Ha Chae, Rev Tae Young Chi, Rev Myong Duk Yang, and Rev Ki Soo Jang.

As the Korean churches continued to proliferate, John bore more and more work. His work included sermons in fluent Korean, assisting pastors in joining a denomination, search for places to worship, sharing of Australian culture, invitation of Korean pastors, resolving disputes between Korean and

Australian churches, education of Korean seminary students, and even interpretating.

## 6. Missions to North Korea and John Brown

John's affection for Koreans is not limited by geography. Just as he has great affection for Koreans in the south he also has a deep concern and love for Koreans in the north.

Then a wonderful opportunity afforded came in 2003. A Korean-American pastor was leading a program in the vicinity of Rajin city, in the north-east part of North Korea. He petitioned the Uniting Church in Australia to provide assistance for the children's ministry and the destitute. John and the leaders of Korean Church of Melbourne discussed the matter. Ultimately, the whole matter became an opportunity to open the door for mission into North Korea. The language used for this mission opportunity was to be 'humanitarian aid' rather than 'church mission'. This supporting work has been ongoing for the past 10 years and steadily progressing and evolving.

The National Assembly of Uniting Church in Australia and Korean Church of Melbourne established the Byul Bit Foundation to raise funds for humanitarian aid to North Korea accepting interested organizations and individuals as members of the foundation and partners of the work there. John has been appointed as the chairperson of the Committee and he was given charge of support and made several trips to China and North Korea. A Children's Home, hospital for the treatment of Tuberculosis, mobile clinic, school for computer technology, pre-school, and school of nursing are some programs that have been established and operating.

The enterprise of this ministry, with the cooperation of the Assembly of Presbyterian Church of Korea, to commission and construct a facility that could house 100 children receives large amount of support. Needless to say this was only possible because of John's network of friends and strong supporters. More recently, after a visit to China, a building in Hunchun city was purchased. This has been set up as a base of operation from which the program is continually expanding.

John is writing a story concerning this mission in 'Tales of Two Churches : Australia and Korea'. (pp. 350-353) Even now, in his tireless effort to support this ministry he travels back and forth to Korea, China, as well as North Korea.

## 7. Indigenous Australians and John Brown

Uniting Aboriginal and Islander Christian Congress (UAICC), within the denomination of Uniting Church in Australia, was established in 1985 when John was serving as the Secretary for World Mission of the national Assembly. This decision which allowed the indigenous congregations of the Uniting Church to setup their own council that will take care of their pastoral and mission work, make and act on those decisions regarding the tasks, and recognized the Indigenous people as partners was historic in nature.

Before the Congress came into being Aboriginal congregations were considered a part of the national Assembly's Mission Department, their staff were that of the Mission Department, and even the reports made to the Assembly were submitted through the Mission Department. This meant the Aboriginal Council reported to John, who was the Director of the Mission Department.

With regard to the reforms of the leaders of the indigenous people and of John, the Assembly started entrusting all the authority and responsibility of a Synod and of a presbytery to the Congress. Furthermore, after debating the need for the indigenous members to train and ordain their own pastoral candidates as well as the need to manage their own finances they received this authority also from the national Assembly.

In 1992 John was invited by the Congress to lead the Covenanting process to bring understanding and reconciliation between the Aboriginals and non-Aboriginals. In order to carry out this responsibility John visited all Synods and presbyteries all over Australia. Seeing one Caucasian man receive this kind of authorization from the indigenous people demonstrated the extent of their trust in him.

This pioneering covenanting program called for all churches

in Australia to reconcile with the local indigenous people through fellowship where they lived. While John led the reconciliation effort between churches, it wasn't until 1993 that the Australian government followed this process to reconcile the general community with the indigenous people.

Another historical event took place in 1994. The President of the national Assembly delivered an official apology to the indigenous people for the genocide and discrimination of the past. The draft of the official apology was written by John in consultation with the indigenous people.

In 1995 the Australian government appointed a Commission to investigate the widespread discrimination and suffering caused by their past policies on the removal of mixed race children from their families. This Commission proposed that a "Sorry Day" be held yearly. The purpose for this day was for all Australians to understand and express their sorrow for the suffering and sorrow of the indigenous people and to repent for numerous discriminations perpetrated against them. A national committee was instituted to help Australians to understand their painful past. John and one of the indigenous leaders served eight years as co-chairmen of the Committee.

Although John officially retired in 2000 from his ministry, he continued to work as the coordinator of the program that addressed reconciliation and understanding with indigenous people. As previously mentioned, the local churches and faith groups reconciled and signed agreements with the indigenous people in their regions acknowledging the truth of their shared history. Through such mutual respect, the grassroots movement began to spread across the land.

Even now, John makes a visit to Myall Creek every year, a place where the worst massacre of the indigenous people took place in 1838. In 1999 the indigenous and the non-indigenous formed a committee to organize a memorial to the notorious massacre. People gather every year on the second week of June. At this event people recall the events surrounding the massacre and commit themselves to reconciliation and justice, and the creating of a more equitable Australia. For the past 15 years, John and an elder of the indigenous community have worked as co-chairmen of the committee.

For such contributions, John received the Order of Australia from the government of Australia in 1993. He also received the Centenary Medal for his service to reconciliation with the indigenous people at the celebration of 100th anniversary of the founding of Australia.

One of the people who nominated John for the Order of Australia was Ronald Wilson, a former President of UCA. His introduction of John to the government is written below.

"……This enabled him to exercise his gifts of leadership and advocacy on behalf of Aboriginal people, a role which he has continued to play ever since and which has proved of enormous value in the life of the Church and nation…… Dr. Brown is widely respected here and abroad as an authority on the theological imperatives undergirding the unity of all humankind, imperatives which find expression in issues of justice, peace and respect for the integrity of creation throughout world……"(Ronald Wilson, 13 March 1992).

## 8. Conclusion

Through his whole life, John has experienced a number of transitional periods. When young John met with good teachers at a theological college in Melbourne, he turned around himself from narrow fundamental understanding of faith to open-minded progressive which was similar to the conversion of Paul. In his writing 'The Australian Mission in Korea since 1977', John writes of the four groups of people and social movements that have influenced his ministry and mission. First, John claimed that he was influenced by the experience from his fellowship with the poor farmers and fishermen from Geoje and nearby region. He witnessed the work of Christ in the midst of ordinary people leading honest lives every day.

Secondly, he was influenced from the theological students during his days as a Lecturer. Among the students, there were those who ministered to the destitute and the low-wage earners. Through these students he witnessed on whose side Jesus was working.

Thirdly, John learned much from the social movement where

by the indigenous people of Australia reclaimed their land as well as the process of reconciliation for all Australians. He witnesses Christ who suffered with minority groups. And finally, John wrote of the influence by the human rights movement of WCC and Christian Conference of Asia. One can probably assume that the ecumenical movement for the poor had a great impact on his ministry (Tales of Two Churches : Australia and Korea, pp. 84–85).

It would be an ambitious task to sum up John's ministry, mission, and theology in one or two sentences. They were deeply rooted in Isaiah's prophetic calling which Jesus recites in Luke 4 : 18. John followed after Jesus, who stayed among the fringes of society, preaching the Gospel to the poor, the captives, the blind, and the oppressed, having fellowship with them.

While researching the life and ministry of John, the author pondered if John, who was facing his 80th birthday this year, had any regrets come to mind. As mentioned earlier, the first sermon John preached in Korea was on the oneness of the church in Christ, a topic that left listeners' hearts to agonize over wherever he went. While he was in the Australian Mission he partnered with denominational leaders to encourage unity among Korean churches. When he received his Honorary Doctorate in Theology at the Presbyterian College and Theological Seminary, he urged the uniting theological education among the Presbyterian churches. And at the service celebrating one hundred year anniversary of Korean Presbyterian Church he appealed to the Korean churches to return from divisiveness to unity. While recently visiting Korea, John's face turned sad at the news of serious division in preparation of Busan Assembly of World Council of Churches. The unity of Korean churches is most likely the news John would be happy to learn. This may be the main prayer of John for the Korean churches.

Last year John became a great-grandfather. These days he still travels back and forth between Korea and Australia dozens of times by air, unlike when he first traveled one month across the ocean on a ship by boat, over fifty years ago. In his travel bag, John carries bottles of orange, blacksberry, strawberry, or other flavored jam he himself made. This author has also received one or two as a present and enjoyed his homemade jam. It is our hope that many friends of John will get to enjoy them for a long time.

## Reference


Brown JP. *Witnessing Grace.* Publishing House of PCK, 2009.

Yang MD(ed). *Tales of Two Churches : Australia and Korea.* Publishing House of PCK, 2009.

Yang MD & Pearson C(ed). *Thirty Years Korean Ministry in Australia.* UTC : Sydney. UTC, 2004.

John P. Brown

제 3 장

# 변조은 목사의 글들 (한글과 영문)

Man with a Mission

# 은혜의 증인

변조은

**성경 봉독** : 이사야 42 : 1~7, 마가복음 6 : 30~34, 53~56

내가 사는 동안 여러 사람들에게 많은 관대와 친절을 받아서 어떻게 응답해야 할지 당황했던 적이 많이 있습니다. 지난 6개월 동안 나는 호주장로교회와 연합교회에서 한국에 파송한 선교사들 126명의 간단한 전기를 썼습니다. 내가 이 책을 쓰면서 여러 선교사들이 썼던 편지 등을 읽어 보았습니다. 그들은 하나님으로부터 받은 은혜를 조금이라도 갚으려고 한국에 선교사로 갔습니다. 그래서 오늘 아침 제가 삶과 선교를 통하여 받은 은총에 대하여 감사의 응답으로 말씀을 전하고자 합니다.

오늘 우리에게 주어진 본문은 "백성들이 목자 없는 양 같아서 예수께서 그들을 불쌍하게 여기셨다." 하는 말입니다. 이들은 주로 농토가 없는 농부와 그들의 가족이었습니다.

그들이 목자가 없는 양 같다고 한 비유는 인도할 사람도 없고, 그들의 편에서 싸울 이도 없으며, 그들이 입은 상처를 치료할 사람도 없으며, 이리로부터 보호해 줄 사람이 없다는 말인 것 같습니다.

오늘의 본문은 우리가 이해하여야 할 배경이 있습니다. 유대인의 예언자들이 왕과 국가의 집권자를 목자라고 불렀습니다. 그들은 그들의 선조를 노예생활로부터 해방해 준 모세를 이상적 목자로 생각했고, 전통에 의하면 모세가 죽기 전에 하나님이 백성에게 모범적 목자를 보내 주실 것을 기도했다고 합니다. 다윗 왕이 목자로 자라났고 백성이 그를 모범적 임금으로 기억합니다. 그들은 다윗 왕과 그의 후대 왕들을 비교했습니다. 예언자에 의하면 다윗의 후배들이 주로 민중을 탄압하고 착취하였습니다. "양을 먹여 주어야 할 목자들이 자기만 먹는다." 예언자는 착취를 당하는 민중을 하나님 자신이 돌보아 주실 것이라는 소망을 품었습니다.

예수님은 백성을 압제하며 착취하는 당시의 집권자들을 비난했습니다. 헤롯 왕, 로마 제국, 그리고 성전의 지도자들입니다.

예수께서 이 말씀을 하시게 되는 동기를 주시하기 바랍니다. 마가복음 6장에는 백성은 목자 없는 양 같아서 예수님은 그들을 불쌍하게 여기셨다는 이야기 외에, 병자의 병을 고쳐 주시고 또 백성에게 여러 가지를 가르쳐 주시며 그리고 그들을 먹여 주셨다고 합니다. 교육과 보건과 양식 보급 3가지는 정부가 국민을 위하여 제공해 줄 의무가 있지 않습니까? 그런데 예수님이 이 세 가지를 하는 동안에 집권자인 헤롯 왕은 무엇을 하고 있나요? 마가에 의하면 헤롯 왕이 사회 상류 친구들을 위하여 잔치를 베풀어 놀고 그를 비난한 세례 요한을 살해했습니다. 민중이 정말 목자가 없는 양 같았습니다!

사랑하는 여러분! 마가의 목적이 무엇입니까? 예수께서 제자를 파송하시는 이야기를 왜 세례 요한의 죽음과 군중 5,000명을 먹이셨다는 이야기와 병자를 치유하시던 상황에서 말씀하신 것인가요? 세상의 집권자들은 모든 권한을 중심부로 집중하지만 예수님은 권한을 제자에게 맡겨 그들을 각 처에 파견하여 백성에게 복음을 전하고, 가르치고, 치유하고, 먹이라고 하셨습니다. 너희들이 목자 역할을 하라! 복음을 듣는 각 사람이 이웃의 목자가 되도록 초청하라. 그들도 제자가 되어 가르치고, 병을 고치고, 이웃을 먹이는 사람이 되게 하여라. 너희들이 세상의 소금이며 세상의 빛이니 각 어두운 곳에 빛을 비추라고 하시는 것 같습니다.

예수님은 지금도 무죄한 사람을 어여삐 여기시는 것입니다. 지금도 예수님은 제자를 같은 목적으로 파송하시는 것입니다. 너희가 가서 병자를 고쳐 주고, 복음을 선포하며, 더러운 악령을 쫓아내며, 너희가 소금과 빛의 역할을 하라고 하십니다. 지도자들이 자기의 이익 또는 소수의 이익을 위해서 정책을 세울 때에 각처에 목자가 없는 사람을 위해서 빛을 비추어 따뜻하게 할 불을 키라고 하십니다. 소외된 사람을 돌보며, 환자를 치유하며, 악행을 공격할 때가 되었습니다. 이런 환경 가운데 진리와 정의를 위하여 나서서 실천하는 사람들로 인하여 하나님께 감사를 드립니다.

제가 3년 전에 북한 동북쪽 어느 도시에서 고아를 위한 어린이집 개원식에 참석했습니다. 우리가 자랑스럽게 생각할 만큼 훌륭한 집입니다. 120명이 편안히 살며, 도서시설과 악기가 충분한 음악실과 컴퓨터 20대가 준비된 컴퓨터실까지 포함하여 호주 연합교단과 대한예수교장로회 통합 총회의 협력으로 지은 시설입니다.

어린이집을 개원하기 며칠 전 낡은 집에서 살던 고아 46명이 신설 어린이집으로 이사했습니다. 그런데 성령이 여러 방법으로 역사하십니다.

어린이집 건축을 처음 제안하신 분이 그 도시 공산당 당서기이며 시장이었습니다. 그가 북한에 있는 회사를 통하여 자선사업을 하는 어떤 교포 단체에 프로젝트를 부탁했습니다. 그 회사의 대표가 호주에 와서 저와 멜버른 한인연합교회에 협조를 요청하여 제가 우리 총회에 연락하여 간청하였습니다. 도움을 받을 기회가 별로 없는 북한지역에 이번 기회를 이용하여 솔선하지 않으면 안 된다 하여 총회가 책임을 지고 멜버른 한인교회의 노력과 대한예수교장로교회 총회가 일억 원 기증, 그리고 호주의 몇 교회들의 협력으로 어린이집을 지었습니다. 그런데 어린이집에 입원한 아이들이 거의 다 폐병을 앓고 있었습니다. 북한에 결핵 예방약이 별로 없어 우리는 현재 약품을 중국에서 구하여 아이들을 치료하고 있습니다.

우리는 그 지방에서 어린이집 외에 다른 사업 두 가지를 시작하기로 했습니다. 첫째는 컴퓨터 학교를 세워 어린이집의 큰 아이와 도시의 청년들을 위하여 IT 교육을 시작했습니다. 둘째는 시립결핵병원 시설이 많이 낡아 새 병원을 건설하여 현대 설비를 보급하고 결핵을 일찍이 진단하여 치료할 수 있게 된 것입니다. 그리고 이제 셋째 사업을 계획하고 있습니다. 그것은 간호학교입니다. 자선사업으로 시작한 일이 이제 사회정의 프로젝트가 되는 것 같습니다. 목자가 없었던 양 떼에 목자를 보낸 것 같습니다.

예수 그리스도의 복음이 생활을 변화할 수 있는 놀라운 능력을 갖고 있습니다. 주한 호주선교회 초기 시절, 지금 거제도에서 조선업을 대규모로 하는 옥포 근처에 교회를 세웠습니다. 거기서 청년 한 사람이 복음을 듣고 예수님을 믿게 되었습니다. 어느 날 그와 그의 형과 친구들이 산에 들어가 나무를 하는데 청년은 교회에서 배운 노래를 몇 번 되풀이하여 불렀습니다. 옆에서 나무를 하는 친구는 기분이 나빠 노래를 그만 부르라고 했지만 청년이 기뻐하며 계속해 노래를 불렀답니다. 친구가

성을 내어 낫을 가지고 청년의 다리를 찍었습니다. 동맥이 끊어져 피가 많이 흘렀습니다. 형이 다친 아이를 업고 동네로 빨리 내려갔으나 동네에 도착하기 전 청년이 죽었습니다. 그런데 죽기 전에 청년이 형에게 이렇게 말했다고 합니다. "형님 보복하지 마이소. 친구를 용서하이소. 그리고 우리의 부모님에게도 용서하라고 하이소." 그리고 그 청년의 가족은 그렇게 하였습니다. 그 일로 온 동네가 감명을 받고 변화했습니다.

부산 해운대에 호주선교사 한 사람의 기념 교회로 세워진 교회가 있습니다. 그렇게 기념으로 세운 교회가 드뭅니다. 몇 년 전에 제가 초청을 받고 예원배 목사 기념 교회로 지은 교회 창립 70주년 예배에 참석하여 설교했습니다. 예원배 목사님은 주목할 분입니다. 내가 몇 년 전에 루시 씨에게 예원배 목사에 관하여 물었을 때에 "아! 그 아저씨?" 하고 대답이 왔습니다. 아이들에게는 그저 '아저씨'였지만, 내가 30년 후에 경남 일대의 방문하는 교회마다 "예원배 목사님을 아느냐?" 하고 묻는 교인이 꽤 많았습니다. 예 목사는 매우 겸손한 분이었습니다. 한국말을 잘하지 못했답니다. 그는 농촌교회를 돌보는 사역밖에 하지 않았습니다. 그는 걸어서 혹은 자전거를 타고 끝없이 돌아다녔습니다. 때로 그는 교회 70군데를 담당하여 각 교회를 매년 두세 번이나 방문하여 학습세례문답을 하고, 설교를 하고, 성례를 거행하였습니다.

때는 1938년이었습니다. 교회가 일제로부터 대단한 압력을 받던 때였습니다. 일제가 아시아 동부에 일본 제국을 세우려고 한국 사람에게 말할 수 없는 압력을 가하는 때였습니다. 교회는 이런 정책에 대한 저항의 마지막 기둥 같은 기관이었습니다. 경남노회가 대정부관계위원회를 설립했습니다. 연초에 위원회를 소집하여 일본 경찰 몇 명이 회의장에 참석하였고, 위원회는 이제부터 모든 교인들이 애국자로서 정기적으로 신사참배할 것을 선언하라고 강요했습니다. 교인들이 위원회에서 그렇게 결정했다는 말을 듣고 펄펄 뛰었습니다. "우리가 기독교인으로서 어떻게 신사참배를 할 수 있겠느냐?"고 했지요.

그들이 노회를 소집했습니다. 노회가 모일 때에 경찰들이 예배당에 들어가 노회원 가운데 흩어져 앉았습니다. 회의를 개회하자마자 부산 경찰서 서장이 정복을 입고 칼을 차고 강단에 올라가 이렇게 광고했습니다. "신사참배에 대한 토론을 금합니다. 위원회가 모여서 결정했습니다." 그렇게 선언하고 노회 회의가 2~3일간 진행되었습니다.

마지막 저녁에 노회장이 폐회예배를 인도했습니다. 맨 마지막으로 그가 이렇게 선언했습니다. "대정부관계위원회는 이제부터 모든 교인들이 신사참배할 것을 결의했습니다만 노회가 위원회의 결의를 거부하고 위원회를 해체하기로 결정했습니다. 우리는 신사참배를 하지 않기로 결의했습니다." 그리고 축도로 폐회하여 해산하였습니다. 정말 용감한 분들이었습니다. 때로는 선교가 탄압세력을 거부하는 것을 의미합니다. 폐회한 후에 일본 경찰 한 사람이 예원배 목사님에게 "나는 종교 모임에 여러 번 참석했지만, 이런 모임을 처음 봤소." 하고 감탄했다고 합니다.

선교란 우리가 받은 은총에 대한 감사 응답입니다. 저는 처자와 함께 한국에 처음 도착했을 때에 미국장로교회선교회 선교사택에 유하게 되었습니다. 부성도 목사 사택이었습니다. 그들이 우리를 아주 관대하게 대하여 주었습니다. 그런데 우리가 받은 관대를 조금이라도 갚으려고 하면 부목사의 사모님이 언제나 이렇게 이야기하였습니다. "나에게 갚을 생각하지 말고 받은 은총을 다른 사람에게 전하십시오."

나는 지난 수개월 동안에 120년 동안 한국에서 선교 활동한 호주선교사 126명의 간단한 전기를 썼습니다. 그들이 남긴 기록을 읽어 보면서 비슷한 이야기를 발견했습니다. 그들은 거의 다 "나는 하나님에게서 받은 은혜에 빚진 사람이다."라고 하였습니다. 그들은 하나님에게서 받은 은총을 조금이라도 갚고 싶어 했고 받은 은총을 다른 사람에게 전하려고 한국에 간 것입니다.

한편으로 이 전기를 쓰는 동안에 한국에 선교사로 갔다 온 분들 중에 여러 사람이 저에게 편지를 하여, 그들이 복음 증거를 하는 동안 도리어 한국 사람에게서 더욱 큰 은혜를 입었다고 말합니다. 그들이 준 것보다 받은 은총이 더 컸다는 말씀입니다. 그들이 한국에 간 것은 자기들이 하나님으로부터 은총을 받았다는 것을 인정하고, 하나님이 예수 그리스도를 통하여 온 인류에 베풀어 주신 은총을 증거하기 위해서입니다. 그런데 오히려 한국 사람으로부터 감사와 사랑으로 돌려받은 은총이 더 컸다는 말씀입니다.

은혜의 증인, 받은 대로 남에게 전하도록 우리는 파송된 사람이며, 우리의 시대와 상황에서 목자가 없는 양 떼를 돌보도록 부름받은 사람들입니다. 우리가 갖고 있는 재능을 가지고 자기가 가든지 아니면 남이 갈 수 있도록 지원하라고 부름을 받은 사람들입니다.

하나님 나라에서의 생활을 지금 살도록, 장래의 생활을 지금 살도록 우리는 부름받은 사람입니다.

# WITNESSES TO GRACE

John P. Brown

There have been many times in my life when I have received such generosity or kindness from people that I have not known how to respond. Over the last 6 months I have been writing a brief profile of each of the 126 people who have been sent from Australia to Korea as missionaries of the Presbyterian and Uniting Churches. I have been amazed at the number of times that people have commented that they went to Korea to repay some of the generosity, grace, kindness which they believe they had received from God. I want to speak this morning about life and mission as a response of gratitude for grace received.

Our text today says that Jesus had compassion on the crowds because they were like sheep that had no shepherd. These people were mostly landless laborers and their families.

When it says that they were like sheep without a shepherd, I think it means that they had no-one to guide them, no-one to fight for them, no-one to bind up their wounds, and no-one to protect them from the wild animals (metaphorically speaking).

There is a background to this text. Jewish writers used the word "shepherd" for national leaders. They referred to their kings as shepherds. They wrote of Moses as the model shepherd who had rescued their ancestors from slavery, and prayed that God would not leave the people shepherdless. David, who grew up as a shepherd, is remembered as the ideal king. The writers contrasted him with his descendants. The prophets condemned his descendants for exploiting and oppressing the people. "they who should feed the people, feed themselves." The prophets expressed the hope that God himself would shepherd the people whom the national leaders were exploiting.

Jesus criticized the political leaders of his time for exploiting and oppressing the people–King Herod, the Romans, the Temple leaders.

I think we should look carefully at the context in which Mark says that Jesus spoke these words. In Mark 6 we have the picture of Jesus having compassion on the crowd because they were like sheep without a shepherd ; stories about Jesus healing the sick ; Mark says that Jesus taught the people many things ; there is the story of Jesus feeding the crowd. He taught, healed and fed the people—education, health-care feeding the people—are not these the responsibility of governments? And what does Mark say the Government is doing while Jesus taught and fed and healed the people? Herod is partying on, and in the middle of this scene of debauchery, he has John the Baptist murdered because John had dared to criticize Herod.

Friends, notice what Jesus is doing here. This story of the despot Herod, beheading John ; the story of the feeding of 5000 ; the stories of Jesus healing all those who were brought to him-these stories are all told in the context of Jesus sending out the disciples and having them report back to him about what they had experienced. Am I pushing the interpretation too far to see at work here the opposite of centralizing power? Jesus sends out the disciples to preach, teach and heal the people. You, yourselves be the shepherds. Teach the people to shepherd one another. Let them also become disciples, teachers, healers, feeders of the hungry. This is also the point of the metaphors that Jesus used in other places—"You are the salt of the earth"-meant to give taste to the whole meal. "You are the yeast in the bread"—meant to permeate the whole loaf and make it palatable. "You are the light of the world", meant to provide light in the dark places.

Jesus still has compassion on the crowds of innocent people, because they are like sheep without a shepherd. He still sends out his disciples with the same commission—you go and heal the sick, preach the Gospel, cast out demons. You be the yeast, the salt, the light. When policy is determined by what the leaders think will get them into power or enable them to hold on to the power they have, it is time to light—fires all over the place fires to give light and warmth to shepherdless people, cells of caring, healing, protest. Thank God for all those people inside the Church and out, who act with compassion and speak out for the truth and for justice at such a time.

Three years ago I took part in the opening of a children's home for orphaned children in a city in the Democratic People's Republic of Korea (North Korea). It is a facility of which we may be rightly proud. It has accommodation for 120 children with all expected facilities, plus a library, a music room with piano and musical instruments, and a computer room with a dozen or twenty computers.

A few days before the opening of the Home, the 46 children who had been living in very poor conditions in another part of the city, moved into the new home. The other seventy four vacancies are being filled gradually. The Spirit moves in many ways. The initiative for the erection of a Children's Home came from the Mayor of the City—head of the Communist Party in the region. He addressed the request to CRAM, a Korean American Christian Group who have established several programs in the region, operating as a company. CRAM approached me and the Melbourne Korean Congregation of the Uniting Church. I asked the Uniting Church Assembly to take on the project as a mission project, believing that we ought to take every opportunity of witness and service, especially in places where doors are tightly closed for various reasons, and stereotypes prevail. Uniting International Mission took up the project and appointed an elder and his wife from the Melbourne Korean Church, and they have supervised the establishment of the Children's Home. The General Assembly of the Presbyterian Church of Korea contributed AUD 100,000. It turned out that nearly all of the children who have come into the home are suffering from TB. There is very little available in the DPRK by way of medicines, and so they have to be shipped from Australia, or bought and taken in from China.

So, two more projects have been developed in the City. First, a computer school has been built and equipped to provide IT education for senior children in the orphanage and for other young people in the city. Second, the local TB sanatorium was in such appalling condition that we are in the process of building a new small hospital and providing up-to-date equipment for the diagnosis and treatment of TB. A fourth project is now being planned the establishment of a nurse training school. What started with an expression of compassion is moving on to a focus on justice.

The Gospel of Jesus Christ has an amazing power to transform lives. Very early on in the story of the Australian Mission a Church was established on the eastern side of Koje Island, near the site of the great shipyards built over the last thirty years. A young lad heard the Gospel and became a Christian. He, his brother and their mates were up on the side of the mountain one day cutting brush for fuel. The boy kept singing hymns that he had learned. He sang them over and over. The young fellow working near him became annoyed and asked him to stop singing. But he kept on—he could not help himself. His mate grew angry, and in his anger lashed out with his sickle and slashed the boy in the groin. He cut an artery, and before they could get the boy down the mountain he died. But before he died, he said to his brother, "Brother, no pay-back. Please forgive him, and tell my parents to forgive him." And that is what happened. The dying boy had asked himself, "What would Jesus do in my situation?" The answer for him was clear. "He would forgive." The family of the boy who had inflicted the wound could hardly believe it when the dead boy's family forgave them. The village was transformed.

There is a church at Haeundae in Pusan which is named in memory of an Australian missionary. I do not know of any other churches named in such a way. But this one where I was invited to preach at their seventieth anniversary a few years ago is called the Albert Wright Memorial Church. Albert Wright was a remarkable man. When I asked Lucy, or was it Sheila about him some years ago, she replied, "Oh, Uncle?" To the children, he was just "Uncle". Many churches I visited thirty years later in Korea would asked me, "Did you know Rev Albert Wright". He was a very humble man. He spoke Korean poorly. All he ever did in Korea was visit and care for village churches. He walked and rode endlessly. At times he had the oversight of as many as seventy village churches. He visited each church two or three times per year, preached, baptized candidates for baptism and celebrated Holy Communion.

It was 1938. The churches were under enormous pressure. The Japanese Imperial Government had pulled out all stops as it pressed on to establish its empire across East Asia. The Church was the last bastion of resistance to its mobilization of the society for the planned war. The presbytery had appointed a committee named the *Committee on relations with the Government*. When the committee met in early 1938, the Japanese police sat in on the meeting and demanded that the committee issue a statement declaring that all the Christians as loyal citizens would from now on go out and worship at the Shinto shrines. When the members of the churches heard this, they were outraged. How can we as Christians go out and worship at the Shinto shrines?

They called a meeting of the presbytery. When the presbytery met, police were scattered around everywhere. Immediately the meeting was opened, the chief of police in Pusan, in full uniform, with his sword strapped to his side, went to the platform, and announced. There shall be no discussion of the issue of worship at the shrines. The committee has met and the matter has been decided. So the meeting proceeded for two or three days.

On the final evening, the moderator of presbytery led the presbytery in worship. He then announced, *"The Committee on relations with the government has decided that all church members shall be required to worship at the Shinto shrine. The Presbytery has rejected their recommendation and dismissed the committee. We will not be going out to the shrines."* He pronounced the benediction and members of the presbytery went their ways. Brave people, indeed! Sometimes mission is about opposing the forces of oppression. after the meeting one of the police officers said in some awe to Mr Wright, "I have been to many religious gatherings, but never a meeting like this."

Mission is a response of gratitude for grace received. When my wife, two year old son and I first arrived in Korea we were billeted with an American Presbyterian family Kenneth and Frances "Chick" Foreman. They were extraordinarily generous people. But whenever we would try to repay any of the kindness shown to us, Chick would always respond, "Pass it on. Do not try to repay it. Pass it on to someone else."

I have spent the last six months writing a profile of each of the 126 missionaries who went from Australia over the last 120 years to work in Korea. A certain pattern arises as I read the records which they have left. Almost all of them record some sense of indebtedness to God for grace received. They wanted to repay by some means the grace they had received. They went to Korea to pass it on. Their service in Korea was a repayment of some of the grace which they believed God had shown to them in Jesus Christ. So they went to pass it on.

And do you know something? As I have drafted these profiles of former missionaries, many of them have written to me to tell me about the grace that was showered on them by the Korean people whom they met and with whom they shared the Gospel in some way. They received back more than they gave. They believed that they had received grace and mercy from God ; they witnessed in Korea to the grace of God made known in Jesus Christ ; they received back showers of grace in gratitude and love.

Witnesses to grace. As we have received so we are sent to pass it on, shepherding the sheep without shepherds in our time and context. All of us sent with the equipment we have, going ourselves or supporting others who can go.

We are invited to live the life of the reign of God now to live the life of the future now!

# 제자이면서, 이웃을 제자로 초청하며, 예언자적인 목회

변조은

성경봉독 : 예레미야 1 : 4~10, 마태복음 28 : 16~20

사복음서를 쓴 모든 저자는 예수님이 그의 제자들에게 세상 만민들에게 복음을 전파할 사명을 위탁하였다고 썼습니다. 그 가운데 마태에 의하면 예수님은 제자들에게 이렇게 명하셨다고 합니다. “너희는 가서 모든 민족을 제자로 삼아 아버지와 아들과 성령의 이름으로 세례를 베풀고 내가 너희에게 분부한 모든 것을 가르쳐 지키게 하라 볼지어다 내가 세상 끝날까지 너희와 항상 함께 있으리라”고 말씀하셨습니다. 오늘 본 교회가 캔버라 노회를 통하여 서장원 목사께 위탁하는 것은 두 가지입니다. 첫째는 목사님 자신이 이미 밟기로 결정하신 예수의 제자 길을 계속하여 가시라는 것입니다.

첫째로 목사님은 예수님의 제자로서 자신의 생활을 양육하십시오. 처음부터 공부와 명상과 기도를 하여 예수님의 제자로서의 단련을 실습하기 바랍니다. 한국교회에는 숙고와 명상과 기도의 관례가 있습니다. 여러 사람이 시간을 정하여 산에 올라가 며칠 동안 공부를 하며 명상과 기도를 해 왔습니다. 목사님도 그러한 전통을 따르려고 할지 모르겠습니다. 캔버라 노회에서 매년 한 번씩 주관하는 묵상수련회에 여러 목사님들이 참여합니다. 목사님도 그런 모임에 참여하시고, 한인노회가 주관하는 목회자수련회에도 참여하시기를 바랍니다. 또 노회의 한 목사님을 영적 멘토로 정하여 정규적으로 그런 분에게 지도를 받기 바랍니다. 어떤 방법을 취하시든지 간에 예수님의 제자로서 목사님의 영적 생활을 계속해 양육하시기 바랍니다.

한인 목사님은 캔버라에서 매우 외롭게 지낼 수도 있습니다. 목사님이 당면하는 어려움을 생생하게 공감하는 사람이 별로 없을 것입니다. 노회에 속한 목사님 가운데서 친구를 사귀어 보십시오. 노회에 참석하여 영어로 토론을 듣고 한인교회와는 별 관계가 없는 안건 토의를 듣는 것이 퍽 지루한 일이지만, 우리는 예수님의 제자로 상호 간 책임이 있는 것입니다. 캔버라 북부에서 매주 화요일 오전에 모여 서로 격려하고 도전하는 목사 모임이 있습니다. 목사님이 거기에 소속하는 것이 도움이 될지 모르겠습니다. 또 한편으로는 각 교단에 소속한 한인목사 여러분이 캔버라에 있습니다. 그들과 함께 정기적으로 모여 서로 격려하며 같이 연구하는 것이 도움이 될 것입니다. 목사님의 이웃 연합교회에서 시무하는 목사가 노회장 목사이고, 박명화 목사님의 새인트 컬럼바연합교회도 근처에 있습니다. 이웃 교회 간에 관계를 맺는 것이 서로에게 격려와 도전이 될 수 있습니다. 무엇보다도 우리는 예수님의 제자로서 계속하여 자라나야 할 것입니다. 그러므로 목사님이 계속하여 제자로서 예수님을 배우시기 바랍니다.

둘째로 모든 교우를 예수님의 제자로 알고 그들의 영적 생활을 양육하십시오. 성경을 이해할 수 있도록 바로 가르쳐 주십시오. 성경은 우리가 당면하는 각 문제에 대한 해답을 주는 교과서나 백과사전이 아닌 수백 년에 걸친 여러 사람의 증언입니다. 하나님을 믿는 우리 신앙의 선배들이 어떤 경우에 하나님을 만나 그러한 환경에서 하나님이 그들에게 어떻게 말씀하시고 약속하셨는지, 또 그것을 어떻게 믿고 증거하였는지 이해할 수 있도록 가르치십시오. 그러한 상이한 환경에서 그들이 하나님께 무엇을 배우고 무엇을 믿게 되었는지 증명하며 가르쳐 보십시오. 그들이 어떤 경우에 하나님을 만났고 하나님은 그들에게 무엇을 지시하였다고 믿었습니까? 하나님이 그들에게 무엇을 하라고 하셨는지, 그들이 그러한 만남의 결과로서 하나님에 대하여 무엇을 믿게 되었는지, 그들이 다른 사람이 내린 결론과는 다를 경우에 그것을 우리가 어떻게 해석해야 할 것인지, 특히 예수께서는 하나님에 대하여 무엇을 가르치셨는지 말입니다.

물론 우리가 이 시대에 예수님의 제자로 우리 신앙의 선배들이 다루지 않던 문제를 다루어야 할 때가 많이 있습니다. 예를 들자면 기후 변화입니다. 우리의 신앙적 전통 가운데 이 문제를 다루는 데 우리를 도와줄 수 있는 전통이 무엇무엇이 있는지요? 이런 문제를 다루려는 우리는 어떤 태도를 취하며 어떻게 행하여야 하는 것인지요? 우리가 함께 생각하며 태도를 취하여 어떻게 실천할 것입니까?

모든 사람을 위하여 하나님의 기쁜 소식, 복음을 전파하십시오. 선포하면서 믿음의 응답을 초청하기를 바랍니다. 예수님을 따르려는 응답을 요청하십시오. 우리가 당면하는 상황은 초대교회 제자들의 상황과는 달라도 그들 못지않게 예수님을 오늘의 상황 속에서 따르는 생활이 어떤 모습인지 우리는 그들처럼 깨달아 따를 의무가 있는 것입니다. 앞서 가신 신앙 선배들에게서 배울 것이 많지만 우리는 이 시대에, 이 상황 속에 예수님을 따르는 것이 무엇을 의미하는지 우리가 우리의 신앙의 형제자매와 함께 찾아내야 할 것입니다.

그 다음에 예수님은 제자들에게 새로 믿기로 작정하는 사람에게 가르치라고 하셨습니다. 그런데 가르치려고 하는 우리들이 잘못하면 예수님의 말씀이 아주 보편적이고 진부한 말씀으로 들릴 수 있습니다. 예를 들면 예수님은 이웃을 내 몸과 같이 사랑하라 하셨는데, 세상이 아주 작아진 21세기야말로 우리가 아프리카나 방글라데시에 있는 사람에게 수초만에 이메일로 연락할 수 있습니다. 아이가 굶어 죽는 이 세상에서 이웃을 내 몸처럼 사랑하라는 말씀을 우리는 어떻게 실천하여야 할까, 어떻게 이 말씀을 생생한 말씀으로 들을 수 있는 것인가 하는 것입니다.

지난 이틀 동안에 우리의 주요 정치인 가운데 두 분이 (기독교인인데) 이 사회에서 가장 어려운 처지에 놓여 있는 피난민들을 공격했습니다. 그들은 어떤 정치적 목적을 위해서 피난민에 대한 미움과 공포를 일으키려고 하는 것 같습니다. 이런 장난에 대해서 우리가 어떻게 응답하여야 우리의 이웃을 우리의 몸처럼 사랑하는 일이 될까요?

그러니까 두 번째 초점은 목사님이 교우들을 예수님의 제자로 양육하시기 바랍니다.

셋째로는 목사님이 우리 가운데서 언제나 예언자의 역할을 하시기 바랍니다. 모슬렘 친구들이 예수님을 예언자로 존경합니다. 그리고 복음서에서도 예수님을 가끔 예언자로 말합니다. 물론 우리 크리스천들은 예수님을 예언자로도 생각하지만 주님이며 구주로 생각합니다. 그런데 어떻게 보면 예수님은 예레미야에 못지않은 예언자입니다. 그가 예레미야처럼 당시의 집권자들에게 도전하며, 하나님이 특별히 가난한 사람과 억눌린 사람을 사랑하며 돌보아 주신다는 것을 강조했습니다. 예수님이 가르치신 복음은 단순히 하나님이 모든 사람을 사랑한다는 싱거운 말씀이 아니었습니다. 예수님의 복음은 하나님의 나라와 하나님의 정의를 이 땅에 세우시려는 하나님 나라에 대한 복음입니다. 예수님을 따르는 목사님도 역시 예언자적 목회를 하여야 합니다. 목사님은 호주 사회를 이민자의 눈으로 볼 수 있겠습니다. 우리는 정의를 세우려는 사람으로서 아시아에서 온 이민자의 관점에서도 이 사회가 어떤 사회인지, 또 호주연합교회가 어떤 교회인지 볼 수 있어야 할 것입니다.

한편으로 목사님은 그저 캔버라 한인연합교회 교우들만 돌보아 줄 것이 아니고, 목사님의 목회는 캔버라에 거주하는 모든 한인에 대한 목회가 될 것입니다. 우리는 타 교회 교인을 빼앗아 교회를 성장시키는 사람들이 아니라 예수님을 믿는 사람이든 불신자이든 하나님의 사랑에 포함되기 때문에 차별 없이 돌보아 주는 것이 마땅합니다.

북한 사람도 포함됩니다. 북한 정부가 멀지 않아 대사관을 세울 것입니다. 우리는 그들에게도 그리스도의 은혜로운 얼굴을 보여 주는 것이 옳습니다.

예레미야처럼 목사님도 가끔 어떤 도당이나, 당파와 이데올로기와 정책에 도전해야 할 때가 있을 것입니다. 때로는 그들이 목사님을 공격하기도 할 것입니다. 두려워하지 말고 오직 억눌린 사람의 편이 되면 하나님이 붙들어 주실 것입니다. 이것만 기억하십시오. 목사님은 예수님의 제자이며, 사람들을 초청하여 예수님의 제자가 되게 하는 목회자이며 예언자로서 권세에 도전하는 목회가 될 것입니다. 성령의 통찰력과 지혜가 언제나 목사님과 함께 계시기를 빕니다(서장원 목사 취임 예배, 2003년 3월 2일).

# DISCIPLES, INVITE TO BE DISCIPLES, AND PROPHETIC MINISTRY

John P. Brown

Scripture Readings : Jeremiah 1 : 4~10, Matthew 28 : 16~20

All four Gospel writers agree that Jesus commissioned his disciples to go and communicate the Gospel to all peoples everywhere. Matthew's version of the commissioning is "Jesus came and told his disciples : Go and make disciples of all the nations, baptizing them in the name of the Father and the Son and the Holy Spirit. Teach these new disciples to obey all the commands I have given you. And be sure of this, I am with you always, even to the end of the age". Today, the Church through the Presbytery of Canberra region, asks you, Mr Seo, to continue to do two things among us. The first is to continue to explore what it means to be a disciple of Jesus. Dare to walk further down that path yourself and to challenge others to walk with you.

First, feed and discipline your own spirit as a follower of Jesus. It is very important that you plan from the beginning a discipline of study, meditation and prayer through which your own life, as a disciple of Jesus, is maintained, nourished and continues to grow. There is a Korean tradition of reflection, prayer and meditation. Many people have found it helpful to take time out from their church, go to the mountains and read, meditate and pray, sometimes with fasting. Maybe that is a pattern you will want to follow. Many ministers here go to an annual retreat organized by the Presbytery. You might prefer to participate in such a retreat organized by the Korean Presbytery. Others arrange to spend time with a spiritual supervisor each week. But whatever pattern you adopt, take time to grow your own life as a disciple of Jesus.

Build your relations with other members of the Presbytery. I know that attending meetings of presbytery conducted in your second language, and dealing with many matters not relevant to the Canberra Korean Uniting Church can be very frustrating. But we as disciples of Christ are accountable to one another for the way we respond to the command of Christ to his disciples. I am sure that there is a group of ministers of the Uniting Church here in North Canberra who meet every Tuesday morning for fellowship and mutual support, and to share their thoughts on the Lectionary readings set for the week. You may find that a helpful group with which to link up. I am sure Ivan can help you there. But there are also other Korean ministers of different denominations ministering here in Canberra. Link up with them for fellowship, mutual encouragement and accountability. In addition, your neighbouring Uniting Churches are City Church and St Columba's Church. I hope that we can continue to build mutually supportive relationships between our several congregations. So the first thing I want to say to you is, "Continue your life as a disciple of Christ".

Nourish the spiritual life of the entire congregation as disciples of Christ. Teach them the Bible not as a text-book that gives all the answers to the spiritual and ethical questions that we face today, as if it were a dictionary or encyclopaedia. Teach it as the record of the witness of many faithful people over the centuries about how and where they had experienced God ; about what they believed God had said to them through their prophets and poets and leaders. In what circumstances had they met God? What did they believe God had directed them to do? What did they believe about God as a result of those meetings? How does that relate to what others believed about the God who they believed had met them along the way? In particular, what did Jesus teach his followers about God, and about how they were to live in the light of those convictions?

Of course, there are many issues that we have to wrestle with today, which those who wrote the Biblical records did not have to struggle with. For instance, climate change. So what are the traditions of our faith from Biblical times onwards, which help us to adopt an attitude towards, and act in the light of the scientific consensus about climate change and its threat to life on the planet? What chapter will we write as our witness to our faith in the God made known to us through the witness of our forebears, as we wrestle with these and other contemporary issues?

You are to preach the Gospel as Good News about God, about life. You are to preach and ask for a response of faith. You, like those first disciples, are commissioned to preach the Gospel and ask for a response of faith and commitment to follow Jesus in the very different situation in which we live today. You are inviting people to commit themselves to follow Jesus, and to work out in conference with their fellow believers what that will imply for them along the way. Yes, we have much to learn from other believers who have gone before us about what it means to live as followers of Jesus in a changing world. But mainly we have to find our own way in conference and dialogue with our fellow believers, followers of Jesus on a path that no-one has walked before.

Further, the risen Lord commanded his disciples to teach the new believers to observe all that he had commanded them. But if we are not diligent, what Jesus taught to his disciples can come to us as mere generalities and clichs. I do not think Jesus meant them that way. We live in very different situations from those earliest followers, and I think we have to think carefully about what it means to love our neighbours who by email in this shrunken world are a second away from us, and in a world where the rich consume what is produced in the lands of the poor, we have to think carefully about what it means to love our neighbours as we love ourselves.

Just in the last two days, two of our leading politicians self-confessed practising Christians, have attacked some of the most vulnerable people in the country people who have come here seeking asylum-exploiting them for their own political ends. As followers of Jesus, how are we to respond to this situation?

So the second thing I want to say to you is, Be a discipler a trainer of disciples of Christ.

The third thing I want to say is that I hope you will also exercise the role of a prophet among us. Muslim friends respect Jesus as a prophet. And the Gospels also occasionally speak of him as a prophet. Of course, we Christians do see him as a prophet, but also as saviour and Lord. But Jesus was also a great prophet like Jeremiah. Like Jeremiah he challenged the rulers of his time, and stressed God's love for the poor and oppressed. Jesus did not just teach that God loves all people. The Gospel of Jesus is about God establishing the just reign of God on earth. And you as a follower of Jesus must exercise a prophetic role among us. You will see the Australian society through the eyes of an immigrant. As people who want to establish a just society here in Australia, it is important for us that you help us see this country through the eyes of a prophet, and the eyes of an Asian immigrant.

Further, yours is a ministry to the whole Korean community in Canberra to those who are members of this Canberra Korean Uniting Church, but also to those who are members of other churches and to those who are Buddhists or of no particular religion. We do not seek to minister to others in order to win them to become members of our church, and certainly not to steal them from their own congregations, but in order that all may know something more of the inclusive grace and love of God. We are uniquely placed to help new immigrants and temporary residents adjust to their new life in Australia.

This includes people from the Democratic People's Republic of North Korea. North Korea will probably re-open its embassy here in Canberra shortly. I hope that we will find ways of showing to them also the face of God in Jesus Christ.

Like Jeremiah there will be times when you find yourself in conflict with cliques and nations and republics and ideologies. Sometimes they will attack you with all their might. Do not be afraid. Stand only with the poor and oppressed for justice and the truth. And the Lord will strengthen you for all your witness and service.

# 이라크 파병 반대 집회 연설문

변조은
번역 : 김상만

오늘 이 집회를 개최한 호주 녹색당에 감사의 말씀을 드립니다. 우리는 우리가 모여 있는 이곳이 호주 원주민 나나왈족이 살던 땅임을 알고 있습니다. 그들의 선조들과 원로들에게 경의를 표하는 바입니다.

저는 오늘 목회자로서뿐만 아니라 호주교회를 대표해서 또한 캔버라 사회봉사실천협의회 의장 자격으로서 이 자리에 서게 되었습니다. 그렇기 때문에 이라크 전에 참전하려는 광적인 망상과 관련된 도덕적이고 사회적인 문제들에 관해서 말씀드리고자 합니다.

호주 총리 존 하워드 씨! 세계교회와 캔버라의 단체들은 이라크 파병을 전적으로 반대합니다.

미국과 유럽교회가 전쟁에 반대하기 위해 이처럼 연합한 적이 전에는 결코 없었습니다. 영국 성공회 주교들이 영국 정부가 취하고 있는 정책에 반하여 이토록 강하게 목소리를 낸 적이 없었습니다. 교황도 이라크 전쟁을 강하게 반대했습니다. 또한 세계교회협의회도 이라크 전쟁에 반대를 표명했습니다. 호주교회협의회도 역시 반대하였습니다. 제가 속한 교회는 일찍이 6개월 전에 전쟁 반대를 선언하였고, 그 반대는 매우 강력한 것이었습니다.

하워드 수상님! 우리는 여러 가지 이유로 당신이 이라크 전쟁에 미국과 연대하는 것을 반대합니다. 저는 그 이유를 크게 5가지로 정리해서 말씀드리겠습니다.

1. 이 전쟁은 정의로운 전쟁이라고 할 수 없습니다. 어떠한 도덕적 혹은 법적 주장의 확신도 이 전쟁을 지지하는 데 도움이 되지 않습니다. 이라크와 알카에다 사이에 어떤 연결점도 발견되지 않았습니다. 미국이 안전보장이사회를 각종 약속과 위협으로 부적절하게 회유했음에도 불구하고 지지를 얻지 못한 점으로 미루어 봤을 때, 이라크를 공격하는 것은 불법적으로 행동하는 것이라는 안전보장이사회의 관점은 널리 받아들여진 것입니다. 우리는 이 전쟁이 테러에 반하는 전쟁이라고 확신하지 않습니다. 이는 미국과 그 주변국의 힘을 훨씬 더 증가시키는 것과 더욱 관계가 깊다는 것입니다. 미국의 친구인 이스라엘을 더욱 보호하기 위한 것과 관련이 있습니다. 더욱이 이라크를 무장해제시키고자 하는 다른 의미들도 해소되지 않았습니다. 하워드 수상뿐만 아니라 어느 누구도 우리에게 이라크 파병을 정당화하는 이유들을 제시해 주지 못했습니다. 그러한 전쟁은 침략전쟁임에 틀림이 없을 것입니다. 우리가 그와 같은 전쟁을 시작하여 선제공격을 취하는 것은 우리 역사에서 두 번째가 될 것입니다. 그 첫 번째는 우리 조상들이 호주 원주민을 침략한 것입니다.

2. 이라크를 공격하는 것은 국제적 테러 위협을 줄여 주지도 않을뿐더러 오히려 위협을 증가시킬 것입니다. 왜냐하면 이라크를 공격하는 것은 아랍권과 모슬렘, 그리고 서구권이 애써 듣지 않으려 했던, 2001년 911 테러와 2002년 발리 폭탄 테러 사건으로 촉발된 분노를 가진 사람들을 더욱 화나게 하는 증거가 될 것입니다. 왜 세계인구 6%에 불과한 미국이 세계 부의 절반을 차지하고 있는 것에 대하여 분노하지 않습니까? 왜 전역에 퍼져 있는 에이즈와 같은 인간의 비극에 대하여, 호주와 같은 국가들이 국제원조에 사용되는 GDP 비율을 계속적으로 삭감하고 있는 것에 대해 분노하고 있지 않습니까? 유대인 정착지를 확장하기 위해 아랍인의 땅과 집과 가축들을 계속적으로 차지하는 이스라엘을 제지하지 않는 것에 대하여 왜 아랍권 사이에서는 분노하고 있지 않습니까?

3. 이라크를 공격하는 것은 많은 모슬렘들에게는 미군정이 단기간에 제안된 약속에 의한 것이 아니라 이슬람교를 향한 전쟁으로 해석될 것입니다. 대부분의 모슬렘이나 기독교인들은 후세인의 지지자들이 아닙니다. 그는 독재자로 알려져 있습니다. 안 됩니다. 이슬람교 심장부를 향해서 소위 이슬람 국가로 불리는 나라들에 대하여 소위 기독교 국가로 불리는 이들에 의해 자행되는 공격전쟁으로 보이기 때문입니다. 하워드 수상님! 우리는 이슬람교를 공격하여 세상을 둘로 나눈 편향된 기독교인이라는 부끄러운 유산을 우리 후손들에게 남기고 싶지 않습니다. 또한 가난한 사람들을 공격하는 부자들로서, 아랍권과 그의 동료들을 공격하는 서구권과 그의 친구들로 세상을 분열하게 하는 이들로 남고 싶지도 않습니다.

4. 이라크 전쟁은 불가피하게 막대한 비중의 인간 비극으로 이어질 것입니다. 아버지 부시에 의해 치러진 첫 번째 걸프 전처럼, 이 전쟁은 아마도 호주 파병군의 죽음과 부상뿐 아니라 당장 많은 아이들과 무방비의 시민들을 죽음으로 내몰 것입니다. 아프가니스탄의 테러에 대항하

는 전쟁에서 얼마나 많은 무고한 사람들이 죽었습니까? 왜 우리는 이 사실에 대해서 아무 말도 못하는 것입니까? 정령 그들의 목숨은 아무런 가치도 없다는 말입니까? 하워드 수상님! 우리의 형제요, 자매인 바그다드에서 말없이 죽어 간 이들과 어린아이들도 우리와 마찬가지로 하나님의 형상으로 만들어진 인간입니다. 주님은 자비로우십니다만 이라크전은 더 극심한 대참사로 나아갈지도 모릅니다. 만약 미국의 수뇌부와 그 동료들이 강하게 주장하는 것처럼 사담 후세인이 대량 살상 무기들을 가지고 있다면, 후세인과 그의 정부가 완전 전멸의 위기에 처했음에도 불구하고 왜 그 무기들을 사용하지 않았겠습니까? 모세 다얀(Moshe Dayan)의 충고에 귀를 기울여야 할 것입니다. "평화를 가져오고 싶거든 그대는 친구들에게 이야기하지 말라. 그대의 적들에게 이야기하라."

5. 마지막으로 저는 한 국가로서 우리에게 주어진 비용에 대해 생각해 보기를 촉구합니다. 이 비용에는 이곳 호주에 있는 빈곤한 자들에 대한 지원과 교육, 건강 관리에 사용되었어야 했던 돈임에도 불구하고, 그렇게 사용되지 못하는 경제적 비용뿐만 아니라 공동체가 분열됨으로써 야기되는 비용도 포함됩니다. 이미 여러 대학들의 모슬렘 학생들은 욕설과 비꼼, 차별의 대상이 되고 있습니다. 멜버른과 시드니 근교에 살고 있는 중동이나 동남아 사람들은 또 어떻게 될 것입니까? 이 전쟁은 사회 구석구석에 인종차별주의자들을 증가시킬 것입니다. 또한 인도네시아와 말레이시아의 우리 이웃들로부터 소외된다는 점에서 우리는 얼마나 많은 비용을 지불해야 할 것입니까? 미국의 위대한 기독교인인 마틴 루터 킹 목사의 연설 한 대목을 가지고 촉구하는 바입니다. "만약 여러분이 투쟁의 과정에서 폭력을 사용하고자 하는 유혹에 굴복한다면, 아직 태어나지 않은 세대들이 길고도 황량한, 쓰라린 밤의 수령자들이 될 것입니다. 그리고 여러분들이 미래에 남기는 최고의 유산은 무의미한 혼돈의 끝없는 통치가 될 것입니다."

하워드 수상님! 아직도 늦지 않았습니다. 호주를 위해서, 인류를 위해서 이라크 파병을 다시 한 번 숙고해 주시기를 촉구합니다. 이라크 전쟁 지지를 철회하여 주시기 바랍니다. 선제공격이 아닌 선제 평화 구축 정책을 시작하시기를 촉구하는 바입니다. 이는 단지 현 상황에만 적용되는 것이 아닙니다. 아시아와 태평양에 있는 사람들 간의 평화와 신뢰의 구축을 위한 연구자원과 인적 자원, 그리고 경제적 자원에 전념하는, 독립적인 외교 정책을 설립하여 주시기를 촉구하는 바입니다. 전쟁을 절대 반대합니다. 존경하는 하워드 수상님!

# ADDRESS AT ANTI-WAR RALLY OUTSIDE NATIONAL PRESS CLUB

John P. Brown

I am grateful to the Greens for organizing this rally. I recognize that we are gathered in the land of the Ngunnawal and pay my respects to their elders and forebears.

I speak as a Christian minister and representative of the churches, and also as President of the ACT Council of Social Services. I therefore want to address the moral and social issues involved in this apparent obsession with going to war.

Mr Howard, the churches of the world and the community service organizations of the ACT are overwhelmingly opposed to the proposed war against Iraq.

Never before have the Churches of the United States and Europe been so united in their opposition to a war. Never has the House of Bishops of the Church of England spoken out so strongly against the direction that the Government of Britain is taking. The Pope has spoken strongly in opposition to the war. The World Council of Churches has expressed its opposition to the war. The National Council of Churches in Australia is opposed. My own church declared its opposition six months ago, and that opposition has only strengthened.

Prime Minister, we are opposed to you joining the United States in a war against Iraq for many reasons. I want to state just five.

1. This war cannot be argued to be a just war. No convincing moral or legal arguments have been put forward to support it. No link has been established between Iraq and Al-Qaeda. In view of the failure of the United States to gain the support of the Security Council in spite of the unseemly use of promises and threats, the view is widely held that to attack Iraq would be to act illegally. We are not convinced that this is a war against terrorism it is more about increasing even further the power of the United States and its satellites. It is about further protecting the friend of the United States Israel. Further, other means of disarming Iraq have not been exhausted. Neither you, Mr Howard, nor any one else has given us reasons that justify going to war against Iraq. Such

a war would be a war of aggression. It will be only the second time in our history that we have taken pre-emptive action to start such a war. The first time was when our ancestors invaded Australia.

2. To attack Iraq will not lessen the threat of international terrorism. It will probably increase it. It will increase the threat because an attack on Iraq will be further proof to angry Arabs, Muslims and other people that the West refuses to listen to the anger that exploded in United States cities on September 11 and again in Bali last year. Why would there not be anger around the world when 6% of the world's population in the United States own half the world's wealth? Why would there not be anger when countries such as our own in response to the human tragedy of the AIDS pandemic continue to cut the proportion of our GDP that is spent on international aid? Why would there not be anger among Arabs when we do nothing to stop Israel from continuing to take over Arab lands, houses and livelihoods to expand Jewish settlements?

3. An attack on Iraq, not to mention the proposed appointment of an American military governor even in the short term, will be interpreted by many Muslims as a war against Muslims. Not that most Muslims or Christians are supporters of Saddam Hussein. He is known as a tyrant. No. It is because this war is seen as a war of aggression by so-called Christian nations against a so-called Muslim nation in the heart of Islam. Prime

Minister, we do not want to bequeath to our children a world divided Christian against Muslim. Nor do we want a world divided rich against poor, or the West and its friends versus the Arabs and their friends.

4. A war on Iraq will inevitably result in a human tragedy of enormous proportions. Like the first Gulf War, it will lead directly to the deaths of many children and defenceless civilian men and women, in addition probably to deaths and injuries among our own servicemen and women. How many innocent people died in our war against terrorism in Afghanistan? Why are we not told that? Do those lives not count for much? Mr Howard, they and the children of Baghdad are our brothers and sisters, fellow human beings made in the image of God. But, Lord, have mercy, a war on Iraq may lead to an even greater catastrophe. If as leaders of the United States and its friends so loudly claim, Saddam has weapons of mass destruction, why would he not use them if he and his government are threatened with annihilation? Take the advice of Moshe Dayan, If you want to make peace, you don't talk to your friends. You talk to your enemies.

5. Finally may I appeal to you to think of the cost to us as a nation. Not just the dollar cost, although that is money that should have been used for the support of the disadvantaged, for education and health care, here in Australia. But also the cost in terms of a divided community. Already Muslim students

even in the universities are subjected to abuse, innuendo and discrimination. What will it be like for Middle Eastern or South East Asian people living in the suburbs of Melbourne and Sydney? This war will increase racist hate in our streets. And what will it cost us in terms of alienation from our neighbours in Indonesia and Malaysia? I appeal to you in the words of a great American Christian, Martin Luther King, If you succumb to the temptation of using violence in the struggle, unborn generations will be the recipients of a long and desolate night of bitterness, and your chief legacy to the future will be an endless reign of meaningless chaos.

Mr Howard, it is not too late. We appeal to you to think again for the sake of Australia and for the sake of humankind. Withdraw your support for a war. We appeal to you to begin a policy of pre-emptive peace-making. Not just in the present context. We appeal to you to establish an independent foreign policy, that commits resources of research, people and money to building peace and trust between peoples in Asia and the Pacific. No war, Prime Minister.

Nourish the spiritual life of the entire congregation as disciples of Christ. Teach them the Bible not as a text-book that gives all the answers to the spiritual and ethical questions that we face today, as if it were a dictionary or encyclopaedia. Teach it as the record of the witness of many faithful people over the centuries about how and where they had experienced God ; about what they believed God had said to them through their prophets and poets and leaders. In what circumstances had they met God? What did they believe God had directed them to do? What did they believe about God as a result of those meetings? How does that relate to what others believed about the God who they believed had met them along the way? In particular, what did Jesus teach his followers about God, and about how they were to live in the light of those convictions?

# John P. Brown Brief History

## 변조은 약력

# BRIEF HISTORY OF JOHN PERCIVAL BROWN

| | |
|---|---|
| 1933. 9. 24. | Born in Mt Gambier, South Australia |
| 1949. | Graduated Hamilton High School |
| 1952~1954. | Melbourne University, Bachelor of Arts |
| 1955~1957. | Ormond College Theological Hall and Melbourne College of Divinity. Graduated Bachelor of Divinity |
| 1957. 8. 31. | Married Norma Ruth Beer |
| 1958. | Ordained Minister of the Word and Sacraments in the Presbyterian Church of Australia |
| 1957~1960. | Ministry at Omeo and Bairnsdale, Victoria. Christian Education Officer for Gippsland and Latrobe Valley Presbyteries |

| | |
|---|---|
| 1960. 9. | Arrived Korea as Missionary of the Presbyterian Church of Australia |
| 1960~1962. | Korean language study |
| 1962~1969. | Ministry in the Presbytery of Masan/Kyung Nam, particularly in Kojedo, Changyeong and Gimhae districts |
| 1964~1972. | Taught Hebrew and Old Testament Studies in Presbyterian Theological Seminary, Seoul |
| 1972~1977. | Superintendent Australian Presbyterian Board of Ecumenical Mission and Relations |
| 1975~1982. | Central Committee member, World Council of Churches |
| 1977~1985. | General Secretary, Commission for World Mission, the Uniting Church in Australia |
| 1982~1995. | Member of the WCC Commission on World Mission and Evangelism, and Urban Rural Ministry Committee |
| 1986~1992. | Director for Mission, the Uniting Church in Australia |
| 1986~1989. | Secretary for National Mission and Evangelism, the Uniting Church in Australia |
| 1993~1999. | Covenanting Coordinator, the Uniting Church in Australia |
| 1998~2005. | Co-chair of the National Sorry Day Committee |
| 1999~present. | Co-Chair, the Myall Creek memorial Committee |
| 2011~present. | Chairperson, North-East Asia Program Committee, Byul Bit Foundation |

Publications include

1. *A Hebrew Grammar for Korean Students*, 1970.
2. *With Jesus at the Fringes : a collection of addresses and studies on Mission Theology and Practice*, 1993.
3. *Committed to Change : Covenanting in the Uniting Church in Australia*(Joint author with Delphine Stanford), 1994.
4. *Witnessing Grace*–A record of the life and work of the Australian Missionaries who served in Korea from 1889 until, 2005.

Awards and Honours include

1. Doctor of Philosophy(Honorary) Keimyung University, Daegu, Korea, 21 February 1978.
2. Doctor of Divinity(Honorary) Presbyterian College and Theol–ogical Seminary, Seoul, 2002.
3. Member of the Order of Australia(AM) 14 June 1993.
4. Centenary Medal for services to reconciliation with Aboriginal people in Australia 2001.

# 변조은 약력

| | |
|---|---|
| 1933. 9. 24. | 호주 남 호주 주 마운트 갬비아에서 출생 |
| 1949. | 해밀턴 고등학교 졸업 |
| 1952~1954. | 멜버른 대학교 문학학사 취득 |
| 1955~1957. | 멜버른 신학대 오몬드칼리지 신학학사 취득 |
| 1957. | 노마 루스 비어와 결혼 |
| 1958. | 호주장로교에서 목사 안수 |
| 1957~1960. | 오메오와 번스데일 교회 목회, 깁스랜드와 라트로베 노회 기독교교육 직원 |
| 1960~1962. | 한국어 연수 |
| 1962~1969. | 경남 마산 노회 사역 |
| 1964~1972. | 장로회신학대학교에서 구약과 히브리어 강의 |

1972~1977. 호주장로교 총회 에큐메니컬 선교와 관계 총무
1975~1982. 세계교회협의회 중앙위원
1977~1985. 호주연합교회 총회 세계선교부 총무
1982~1995. 세계교회협의회 선교와 전도위원회, 도시농촌목회위원회 위원
1986~1992. 호주연합교회 총회선교국 총무
1986~1989. 호주연합교회 총회선교와 전도부 총무
1993~1999. 호주연합교회 총회원주민과의 화해 코디네이터
1998~2005. 국가참회의날위원회 공동위원장
1999~현재. 마일 크릭위원회 공동위원장
2001~현재. 별빛재단 북동아시아위원회 위원장

## 출 판

1. 「한국학생들을 위한 히브리어 문법」, 1970.
2. 「변두리에 계신 예수」, 1993.
3. 「변화를 위한 결단 : 호주원주민들과의 화해」, 1994.
4. 「은혜의 증인들」, 2009.

## 상

1. 명예철학박사(계명대학교, 1978)
2. 명예신학박사(장로회신학대학교, 2002)
3. 호주훈장(1993)
4. 호주건국훈장(2001)